صُوَرُ الوُجُودِ

IBRAHIM NASRALLAH / Portraits of Being: Cinematic Reflections

إبراهيم نصر الله

صور الوجود

السينما تتأمل

الدار العربية للعلوم ناشرون ش.م.ل
Arab Scientific Publishers, Inc. S.A.L

بِسْمِ اللَّهِ الرَّحْمَٰنِ الرَّحِيمِ

الطبعة الثالثة

1435 هـ - 2014 م

ردمك 978-9953-87-606-1

عين التينة، شارع المفتي توفيق خالد، بناية الريم
هاتف: 786233 – 785108 – 785107 (1-961+)
ص.ب: 5574-13 شوران - بيروت 2050-1102 – لبنان
فاكس: 786230 (1-961+) – البريد الإلكتروني: bachar@asp.com.lb
الموقع على شبكة الإنترنت: http://www.asp.com.lb

تصميم الغلاف: الفنان محمد نصر الله
صورة الغلاف: مشهد من الفيلم الإيطالي (سينما باراديسو)

الطباعة: **مطابع الدار العربية للعلوم**، بيروت - هاتف 786233 (1-961+)

صـور الوجود
ومعضلة الالتباس

حين شرَعتُ في التسعينيات بكتابة بعض الدّراسات عن بعض الأفلام التي أحببتها، كنتُ أعتقد أن هذه الدراسات لن تجد طريقها إلى المطبعة، فقد كنتُ أرى في تلك الكتابات معايشتي الدّاخلية الخاصّة للسينما، ورحيلا في بعض أجمل ما تقدّمه من جمال متاح، حيث لم يكن بوسعنا في ذلك الزمان! أن نُطلَّ على سينمات العالم المختلفة بيسر، كما يحدث اليوم.

.. وحين تأملت ذات يوم تلك الكتابات، وتأمّلها معي بعض الأصدقاء، كان الدافع الأساس لإصدارها في كتاب أن محورًا ما جمعها، بقصد أو دون قصد؛ وقد أطلقتُ على هذا المحور اسم (هزائم المنتصرين) وظللتُ أهجس به، وأبحث عن تجلياته في أفلام أخرى، إلى أن تحوّل إلى عنوان للكتاب الذي صدر فيما بعد.

عشر سنوات مرّت على ذلك الصّدور، ولم أكن أظن أن هناك كتابًا آخر سيتبعه، لكن ما نظنّه يختلف كثيرًا عما ينمو يومًا بعد يوم ويأخذ شكله ومعناه ومذاقه، ففي الوقت الذي كنت أواصل قراءاتي لعديد الأفلام، تبين لي أن هذه القراءات تذهب هذه المرّة في اتجاه آخر وهو: كيف تأمّلت السينما الوجود البشري وأسئلته على هذه الأرض وكيف استطاعت التعبير عن أزمات هذا

الوجود وهي تفتح أفقًا جديدًا وواسعًا يؤاخي بين شرعية السؤال وحيرة الإجابة، الإجابة التي ما تلبث أن تتحوّل إلى سؤال.. وهكذا.

قبل قرون كثيرة وِلِد الأدب، لكن فنّ السينما الفتيّ الذي تجاوز عمره المائة عام الآن! استطاع أن يحتضن، مدعومًا بكل ما توفّره التكنولوجيا له، أسئلة الأدب، وأن يجسدها أمام أعيننا بعبقرية فذّة وهو يخرجها من الكلمات ومن الخيال هازمًا خيالنا في أحيان كثيرة؛ كما لو أن سيرة التطوّر التكنولوجي هي سيرة هذا الفن الجديد. وقد استطاع هذا الفن أن يمضي بعيدًا طارحًا رؤاه بفنية عالية وقدرة استثنائية على الاستحواذ على قلوبنا وعقولنا وقد اتسعت أعيننا أمامه دهشة لا تفوقها دهشة أخرى.

ليس ثمة انقطاع هنا بين مشروع السينما ومشروع الأدب في تأمّلهما لقضايا الحياة والموت، الوجود والعدم، الجريمة والعقاب، الحب والكراهية، الحرية والعبودية، الحقيقة والخيال، العدالة والظّلم، وكل تلك الثنائيات التي طحنت القلب البشري وأشقت الوعي وهي تمضي به في دهاليز لا نهاية لها، وكلما أدرك هذا الوعي ضوءًا انطفأ، وكلما لاحت له واحة تبدّدت كالسراب الذي كان يحتضنها.

جاءت السينما لتفكّر وترينا كيف تفكّر، وتسأل وترينا مدى السؤال، وتجيب وترينا دم الإجابة وعبثيتها. لكنها وهي تفعل ذلك ظلّت تتكئ في كثير من مشاريعها الكبيرة على الأدب الذي لم يتوقّف تجدّد كثير من أهم أعماله رغم مرور قرون وقرون على كتابتها، وقد بقيت (مغامرة العقل الأولى) كمغامرته الثانية والثالثة والرابعة وإلى ما لا نهاية، حقلًا خصبًا لتوالد التأملات، في كلّ هذه الثنائيات، التي بقدر ما تبدو ذات خطوط واضحة ونحن ندعوها باسمها، بقدر ما تكمن كينونتها في هشاشة الحدود الفاصلة بينها، كما لو أنّ فكرة الحدّ، أو الخطّ الفاصل، ما هي إلا معضلةُ وهزيمةُ أولئك الذين تصوّروا ذات يوم أنهم حين وضعوها قد ختموا كلَّ قول وبدّدوا كلَّ التباس.

في هذه المنطقة التي يذوب فيها الخطّان الفاصلان ويندمجان، أو يذوب الخط الفاصل، نعيش، ويتسرب طرفا هذه الثنائيات، الواحد إلى الآخر، لتخلق مساحة أخرى، هي المساحة الإنسانية التي يختبر فيها البشر روحهم ويتأكّدون من أرضيَّتهم ويعثرون فيها على أخطائهم ومساحات تمرّدهم؛ علاقاتهم بأنفسهم وعلاقاتهم بالآخرين، وعلاقاتهم مع الواضح الذي كلّما اتّضح أصبح مجهولًا أكثر، ومع المجهول الذي كلّما أوغل في غموضه لإثبات حقيقة حضوره أوجد مساحة أكثر اتساعًا تتصارع فيها هذه الثنائيات، وأدواتها البشر هنا، كما تتصارع سكاكين (بورخيس) التي لم تستطع حسم معركة قديمة ذات يوم بعيد، فعادت لتتقاتل ثانية وتحسم ما ظلّ مُعلّقا منذ سنوات طويلة، ووسيلتها بشر جدد، ظنَّ كلّ واحد منهم أنه يريد أن ينتصر على خصمه، جاهلا أن ثمة سكّينا في يده هي التي تريد أن تهزم السكّين أخرى وهذا كلّ ما في الأمر!!

في هذه المساحة تنبت بذرة الشقاء الإنساني، لكن البشر هنا يتسللون إلى داخل أرواحهم بين حين وآخر متناسين الدّور الذي أعدَّته سكاكين بورخيس لهم وهي تحوّلهم إلى أذرع مفتولة لا غير!! يتسللون ليتأمّلوا وجودهم ومعنى هذا الوجود بالفن والأدب والموسيقى والسينما والفلسفة...

ولعلّ مناطق الالتباس التي تبدو لوهلة مقتصرةً على الوجود البشري، ليست حكرًا على هذا الوجود حين تتصارع صفات أخرى غير بشرية في مناطق التباس صفاتها، كما لو أن الإنسان الذي يحتل مركز الكون يُضفي على كل ما له علاقة به بعض ملامحه، أكان ذلك الكائن أقلّ شأنا أو أرفع بكثير.

***

لعل هذه المختارات من الأفلام تشكل جزءًا من فكرة هذا التأمل، وهي أفلام، في معظمها متاحة للجميع تقريبًا، وهذا أمر مهم، لأن الذهاب لتأمّل أفلام غير متاحة أبدًا، لن يصل بالقارئ إلى أي شيء، وعكس ذلك يعني أن

تتحوّل الكتابة إلى وصف دقيق لكلمة تفاحة، لا التفاحة ذاتها التي عرفناها وتذوقناها وأحسسنا بها.

***

إلى فكرة الاختيار يذهب فيلم (أسطورة 1900)، وهو بمثابة مديح مرٍّ لكلٍّ هذا التعدّد الذي تلقيه الحياة أمامنا، طالبة منا أن نختار من بين كل البلاد بلدًا واحدًا! ومن بين كل النساء امرأة واحدة! ويغدو المكان أكثر اتساعًا كلّما ضاق في هذا المنظور، وأكثر ضيقا كلما اتّسع، وتغدو الموسيقى قادرة بمفردها على احتضان كل العوالم، كما لو أن الذي يريد كلّ شيء لن يحصل على أي شيء فعلًا في النهاية، وكما لو أن الذي اختار شيئًا واحدًا قد فقد كل شيء أيضًا.

في فيلم (منصّة الجمال) تبدو معضلة الكائن كبيرة وهو يلعب الأدوار، دورًا بعد آخر في مسيرة حياته، بحيث يختلط (القناع بالوجه أو يتلاشى الوجه ويبقى القناع) لفرط ما التصقَ المطاط باللحم، ويمكن أن نرى ذلك في أفلام أخرى مثل (كاغيموشا) لكوروساوا و (دوني براسكو) الذي قام ببطولته آل باتشينو وجوني ديب و (أرض الخوف) لداوود عبد السيد.

كما يمكن أن نتأمل المكان المثال في (الربيع، الصيف، الخريف، الشتاء والربيع أيضًا) و (ملقى بعيدًا)، وتلك المساحة المُربكة ما بين تلك الفراديس وجحيمها، وتلك المقولة الملتبسة المنبثقة من لعنة الوجود في المكان الأمثل: (يوم لعين في الفردوس أم يوم جميل في الجحيم؟) أو بين (اجتماعية الفرد وفردية المجتمع) وتلك القدرة الفائقة التي يبديها المجموع للتخفّف بسهولة من أيّ كائن، بمجرد أن يتوارى، لا تحت التراب فقط، بل عن العين أيضًا، في حين يبدو ذلك الأمر عقابًا استثنائيًا للكائن إذا ما وجد نفسه محرومًا من اجتماعيته، أو حاضنته الاجتماعية.

يمكن أن نتأمل (العهد) الذي يقطعه الكائن على نفسه لكي يصل بهذه النّفس إلى توازنها، ولكنه لفرط اندفاعه يتحوّل إلى نقيض لذاته ويغدو العثور على نجاته هو هلاكه المُحتَّم.

كما يمكن أن نتأمل المسافة الملتبسة بين الجريمة والعقاب، بين المجرم والبريء وعبث القوّة المُطْلقة بالمصائر، وفكرة العدالة عن ذاتها وتلك الأسئلة الحارقة التي تبزغ أمامنا ونحن نرى الذين يستحقون الحياة يموتون وأعداءها يعيشون لينعموا بانتصارات لا حدود لها.

يمكن أن نتأمل آليّة البشر أمام إنسانية الآلة، وذلك الجنون الذي يقود إلى دمار ينتظر العالم على عتبات اليوم التالي. وتلك المسافة الفاصلة بين واقعية الخيال وخيالية الواقع، أو بين جدوى الخيال ولا جدوى الحقيقة.

كما يمكن أن نتأمل في النهاية تلك المعضلة الشائكة: حيث لابد من الجنّة الآن، بعد أن تحوَّلت الأرض إلى جحيم.

أسئلة كثيرة تؤرق هذه التأملات، ولكن الملاحظة التي لا يستطيع المرء القفز عنها هنا، هي الشحُّ الشديد في الأفلام العربية التي تذهب لتأمل هذه القضايا، ولعلنا هنا لا نعثر على الكثير، وإذا ما عثرنا على فيلم عربي وابتهجنا به تبين لنا، بعد حين أو قبل حين، أنه (محاورة) مباشرة أو شبه مباشرة لفيلم عالمي آخر.

كنتُ أتمنى أن يضم هذا الكتاب عددًا من التأملات في أفلام عربية، وقد شغلني (أرض الخوف) كثيرًا، لكن عددًا كبيرًا من القراءات تناولته؛ تقاطعت حينًا وتشابهت أحيان كثيرة، بحيث ستبدو الكتابة عنه هنا شبه تكرار لكثير مما كتب في أفضل الأحوال.

***

بقي أن أقول إن الطبعة الأولى من (صور الوجود) كانت قد صدرت في نهايات العام 2007 ضمن سلسلة (آفاق السينما) التي تصدرها الهيئة العامة

لقصور الثقافة في مصر، ونفدت خلال فترة قصيرة، وقد قمت بإضافة قراءات لثمانية أفلام أخرى ضمن هذا المحور الذي يكثفه عنوان الكتاب، بحيث يمكن القول إن هذه الطبعة (مزيدة ومنقحة)!

إبراهيم نصر الله

لعنة الاختيار

(أسطورة 1900):
حـــرّية الرفـض

لا شك أن المخرج الإيطالي جوزيبي تورناتوري المولود في جزيـرة صـقلية عام 1956 واحد من أهم المخرجين الإيطاليين الجـدد وأكثـرهم شـعبيّة عـلى المستوى العالمي، مذ قدّم تحفته السينمائية العذبة (سينما براديـسو) التـي غـزت قلوب وعقول مشاهدي السينما في كلّ مكان، وتوّجته واحدًا من أبرز مبـدعي السينما.

لكن إنجاز تورناتوري، غير الكبير على المستوى الكمّـي، لا يقـل سـحرًا وعمقًا عن سينما براديسو، ففي فيلمه (الجميع بخير) قدم مرثية حزينـة للغايـة للعلاقة بين الآباء والأبناء، والوحدة التي يجد فيها الآباء أنفسهم بعـد تبعثـر أبنائهم في الجهات، وفي هذا الفـيلم قـدم مارسـيليو ماسـتورياني واحـدًا مـن أدواره الخالدة، وكذلك الأمر مع تورناتوري في (صانع النجوم) الذي تتحوّل فيه السينما إلى جنون عام وسحر يعصف بألباب الجميع، بعـد أن قـدّم الـسينما سحرا يعصف بلبّ بطله الصغير في (سينما براديسو)، أمـا في (مالينـا) فيقـدّم تورناتوري ذلك الجنون الذي يعصف بإحدى البلدات الإيطالية بسبب ذلـك الجمال الاستثنائي الذي تتمتّع به (مالينا) التي تؤدي دورها مونيكا بيلوتشي في فيلم كرّسها نموذجًا مختلفًا للجمال، وفي هذا الفيلم تتحوّل هذه الهِبَـةُ الربّانيـة إلى لعنة: فالرجال يحلمون بامتلاكها والنـساء يلعنّهـا ويحقـدن عليهـا بـسبب

جمالها المفرط الذي يوقف الزّمن في الشوارع التي تمرّ بها، ولا يحظى بتلك الفتنة في النهاية إلا براءة تحلم بها دون أن تستطيع لمسها.

أما فيلم (أسطورة 1900 - Legend of 1900) 1999، الذي أدّى الدّور الرئيس فيه الممثل القدير (توم روث)، فقد يكون ثاني أهمّ أفلام تورناتوري، وقد شاهدته خلال السنوات الماضية أكثر من خمس مرات، وفي كلّ مرّة يزداد المرء تعلُّقًا به، ولعل سعة الفيلم التأويلية، كما سعته الجمالية قادرتان على تجديده باستمرار، وبعث أنفاس ونسمات مختلفة مع كلّ مشاهَدة. وإذا كان تورناتوري قد كتب قصيدة مديحه الكبرى للسينما في (سينما براديسو) فإنه يكتب قصيدة في الموسيقى لا تقل عنها عذوبة وتأثيرا، الموسيقى التي تشكّل الرّافعة الكبرى لجماليات العالم والرّوح التي لا بدَّ منها لكي يصبح عالم السّفينة المحدود بلا حدود، السفينة التي يمضي عليها (داني بودمان تي دي ليمون 1900) سنوات حياته.

يمكن للمرء مثلا أن يكتفي بالاستمتاع بالمعزوفات الموسيقية الرّائعة التي يتضمنها الفيلم، وهذه المعزوفات ليست قِطَعًا أخّاذة وحسب، بل درسًا كبيرًا في محبة الموسيقيِّ لموسيقاه، ودرسًا استثنائيًّا للغوص في العوالم التي يمكن أن تسكن أعماق هذه المعزوفة أو تلك. لكن الفيلم في النهاية طائر سحريّ لا تستطيع اختيار جناح واحد من أجنحته التي لا حصرَ لها، أجنحته التي تشبه إلى حدٍّ بعيد يدَي (1900) اللتين نراهما أثناء العزف، وفي غير مقطع، قد أصبحتا عشرات الأيدي بمئات الأصابع.

يقول (1900) في خطاب النهاية الذي يلخِّص به حكمة السنوات (تعرف أن هناك 88 مفتاحًا للبيانو، لا خلاف على هذا، ولكن لا حدود للموسيقى المؤلفة من هذه المفاتيح) وهذا ما سنراه حين نتابع بشغف أصابع (1900) التي تغدو في لحظات بعدد أصابع البيانو وأكثر.

***

في اليوم الأول من بداية القرن العشرين، نرى عاملًا في مراجل السّفينة يزحف على قدميه ويديه، في الصّالة الكبرى للسفينة، بعد مغادرة الرُّكاب لها باحثًا عن شيء ثمين يمكن أن يجده، قد يكون سقط من الأغنياء الذين يقصدون أمريكا في رحلات باذخة؛ لكنه يفاجأ برضيع فوق إحدى الطاولات؛ ومن هنا تبدأ الرّحلة الغريبة العجيبة لهذا الصغير الذي ولد في السفينة وسيعيش على ظهرها ويموت في جوفها.

ولأن مطلع القرن الجديد هو لحظة ميلاد الطفل فإنهم يطلقون عليه اسم (1900) ولأن هذا الاسم رقم، فإنهم يعززونه بسيل من الأسماء الرنّانة التي تُوحي بعراقةٍ وأصولٍ عائلية أرستقراطية.

فوق ظهر هذه السفينة تتفتّح مواهب هذا الطفل الذي يتمتّع بطيبة استثنائية، وبراءة لا تنقصها الحِكمة والقدرة على الرّحيل في جوهر البشر لفرط ما عايشهم في عالمه الصغير الواسع هذا.

أما على الجانب الآخر، فهناك المهاجرون الذي يحلمون بالعالم الجديد، بأمريكا، المهاجرون الذين يترقّبون الصيحة الكبرى لذلك الذي سيرى أمريكا منهم قبل الجميع، المهاجرون الذين ينتهون بمجرد وصولهم لليابسة، في حين تظل الحكاية الكبيرة هي حكاية (1900).

(لن تنتهي طالما لديك قصّة جيدة ومن تقصّها عليه) تتردّد هذه العبارة مرّتين في الفيلم على لسان السّارد ماكس توني (يؤدي الدّور الممثل بريويت تايلور فينس) نقلا عن قائلها 1900، بحيث يتحوّل شغف القصّ وقوّة القصّة وانبهار من يسمعها بها، إلى مقطوعة موسيقية أخرى، ولعل هذه الفتنة تستدعي قوة قصة فورست غمب في ذلك الفيلم الشهير الآسر؛ وليس ذلك بغريب، ففي مشهد يجمع 1900 مع مهاجر إيطالي فقد أبناءه الخمسة وزوجته وهام على وجهه، قبل أن يقرر أن يبدأ حياة جديدة من أجل ابنته التي بقيت له، يكون 1900 يعزف حكاية الرّجل وهو يستمع إليها مباشرة صعودًا وهبوطًا، وتغدو الموسيقى هي الوجه الآخر للتلقّي المبدع، ولعلّ حكاية هذا

الرّجل واحدة من أهمّ الحكايات التي ستترك أثرها العميق في حياة 1900 (وفي يوم ما، ذهبتُ إلى إحدى المدن التي لم أرها من قبل، وصلتُ إلى تل، ثم رأيت أجمل شيء في حياتي: البحر) يقول المهاجر، فيرد 1900 مستغربا: البحر؟!!

-لم أكن رأيته من قبل، لقد صعقتني رؤيته، لأنني سمعت الصوت. يقول.

- صوت البحر؟!! يسأل 1900

- أجل.

- لم أسمعه من قبل!! يهمس 1900

- صوت البحر كالصّرخة. صرخة كبيرة وقوية. كان يصرخ: إنك غبيّ للغاية، الحياة هائلة أتفهم هذا. لم أكن أفكّر في الحياة بهذه الطريقة، ثار عقلي، وهكذا قررت فجأة أن أغير حياتي.

وخلال هذا، نسمع الحكاية وقد تحوّلت مباشرة إلى موسيقى.

في مشهد لاحق ستوشك ابنة هذا المهاجر نفسه، أن تقلب حياة 1900 حين يراها عبر كوى السفينة تتجوّل، في الوقت الذي يكون فيه قد بدأ بتسجيل المقطوعة الموسيقية الأولى والأخيرة لإحدى شركات الموسيقى. وفي هذا المشهد تتحوّل القطعة التي يرتجلها إلى رحلة تأمّل في الجمال العذب الذي يظهر ويختفي ما بين كوة وأخرى، بل وتغدو القطعة الموسيقية التي يعزفها فصلًا بارزًا من حكاية حياته أو (القصة الجيدة) التي ستأسر كلّ من يسمعها.

إن اللغة الأكثر تعبيرًا عن حكاية 1900 ورؤيته للعالم هي الموسيقى بالتأكيد، فهو يصف بها مدنًا لم يرها من قبل، فيتجوّل فيها، ويصف شبابيكها، سكانها الذين غطّى الضّباب رؤوسهم، المصابيح، الطوابق العليا للمنازل، فروع الأشجار، كما أنها العين الثالثة التي تمكِّنه من رؤية دواخل الناس، هواجسهم وحكاياتهم الخفيّة من مجرد إلقاء نظرة واحدة عليهم.

ليس ثمة من مكان خفيّ لا تستطيع الموسيقى الوصول إليه، مدينة كان أم روحًا.

***

إن السؤال الكبير الذي نبتت في ظلاله هذه الحكاية الأسطورة، ماثل في ذلك الإصرار الغريب من قبل 1900 على عدم مغادرة السفينة، والاكتفاء بها عالما. وفي لحظات قد يتبادر للمشاهد أن الأمر عائد للخوف الذي يرزح البطل تحت ثقله، من كل مكان أوسع من السفينة، لكن الأمر غير ذلك، لأن العيش في السفينة هو عالم كامل لا ينقصه شيء، ثمة بشر يُقبِلون ويرحلون بلا عدد، وثمة موسيقى أشبه بالبساط السّحري لمؤلفها، قادرة على الرّحيل به إلى أي مدينة يشاء، وثمة أصدقاء مخلصون لا يمكن للمرء أن يحصل على عدد أكبر من عددهم على اليابسة!

فما الذي يمكن أن يدفع المرء لمغادرة مكانه الصّغير الجميل والدّخول في لعبة البشر السّقيمة التي تُسمى الاختيار؟!

ذات لحظة يقرر 1900 مغادرة السفينة، وهي لحظة مؤثرة، لكنه عندما يصل إلى منتصف سُلَّمها، يُلقي بقبعته، ويقف متأمّلًا بناياتها العالية، ثمة طائر نورس وحيد يُعَمِّرُ المشهد بالحياة تحليقًا، أما المدينة فهي ليست أكثر من صورة ثابتة، لا حركة فيها تشير إلى حياة، ولا حياة فيها يمكن أن تُغريه بقطع النصف الثاني من السُّلَّم، وهكذا يعود.

تبدو ابنة المهاجر الذي تعرّف إليها ذات رحلة، هي النّداهة التي تلاحقه، وقد وقع في حبها حتى قبل أن تطبع قبلة طيبة على خدّه، وتحدد له العنوان الذي ستكون فيه. لكن، حتى هذه النداهة الفائقة الجمال لا تنجح في الاستحواذ عليه.

يعود 1900 إلى مكانه الرَّحب خلف البيانو، ليفاجأ بعازف البيانو الشهير (جيلي رول) (الممثل كلارنس ويليامز) قادمًا لتحدّي (ذلك العازف الذي لم

يسبق أن وطأت قدماه اليابسة)، يأتي إليه ممتلئًا بالغرور والصَّلف الذي لا يتناسب مع موهبته العظيمة باعتباره مخترعًا لموسيقى الجاز.

لا يريد 1900 من العالم الخارجي شيئًا، لكنه أيضًا لا يريد من هذا العالم أن يطأ عزلته ويُجرِّحها بمعارك لا معنى لها: ما الذي يعنيه تغلُّبُ عازف رائع على عازف رائع؟ لا شيء بالنسبة لـ 1900، ولذلك حين يبدأ (رول) العزف لا نرى بطلنا مكترثًا بما يحدث، وحين يصل عزف رول إلى مراتب عالية من الإبداع نرى 1900 يبكي لفرط تأثره، إذ لا شيء يعنيه في أن يكون منتصرًا ما دام يحب الموسيقى إلى هذا الحدّ، وما دام هناك من يمنحه هذا الجمال الكامن فيها إلى هذا الحدّ.

يراهن ركابِ السفينة على فوز رول، ويراهن البحَّارة والموسيقيون وصديقه ماكس توني على 1900، لكن الأخير غير معنيّ بالرّهان، غير معنيّ بالفوز، بل ومستعد للمراهنة على غريمه! يرجوه توني أن يعزف كما يجب، إلّا أنه لا يفعل ذلك، يعزف أيّ شيء، فقط لكي يتمكّن من سماع المعزوفة التالية من رول، لكن رول الذي أهان 1900 حين طلب منه مغادرة مقعده خلْف البيانو، لأن (المقعد يعود لرول وليس له!!) يبالغ في الإهانة، مما يضطر 1900 لأن يقول له (لقد جنيتَ على نفسك).

كان رول قد أشعل سيجارة ووضعها على طرف البيانو حين عزف المقطوعة الأولى، وحين انتهى كانت السيجارة قد احترقتْ تمامًا دون أن يسقط رمادها، ويكون ردّ 1900 بسيجارة أيضًا، يضعها مطفأة على حافة البيانو ويعزف مقطوعته العظيمة التي تحبس أنفاس الجميع. المقطوعة ذات الإيقاع شديد السّرعة، وحين ينتهي وقد تحوّل إلى شلالات من عرَق، يعمُّ الصمت، فيتناول السيجارة ويضع رأسها على أوتار البيانو فتشتعل، وعندها يمضي بها إلى رول الذي تحوّل إلى صنم، يزجّها في فمه وهو يقول له: إنني لا أدخن.

تلك معادلة كان لا بدّ منهـا كـي تتـوازن شخـصية 1900 وكـي لا يبـدو كرجل خائف يخشى العالم، رجل هروبيّ غير قادر على المواجهة، وقد كان لهذه المباراة التي فُرضتْ عليه، بُعْدها الأهم، الذي يقول: لا أريـد مـن هـذا العـالم الخارجي شيئًا، ولكن، لا أقبل أن يأتي إليّ ليدوسني هنا.

إن حكمة 1900 التي يطرحها علينا تتمثَّل في أن كـلَّ الأمـاكن واسـعة، ضيقة كانت أم رحبة، لأنها تحمل في جوهرها كثافة الوجود، أما الذي يمكـن أن يكون ضيقًا فهو الإنسان نفسه.

في لقائه الأخير قبل تفجير السفينة بلحظات، يبوح 1900 لصديقه ماكس روني بالسّبب الذي جعله يتراجع عن مغادرة السفينة: (كانت المدينـة كبـيرة، ولم أستطع رؤية نهايتها. النهاية! بالله عليك، أيمكنك أن تجعلني أرى نهايتهـا، لم يوقفني ما رأيته، بل ما لم أره، أتفهم هذا؟ كـلّ شيء كـان موجـودًا في هـذه المدينة سوى النهاية، لم تكن هناك نهاية العالم!! البيانو على سـبيل المثـل توجـد بداية ونهاية لمفاتيحه، ولها عدد محدود، لكن لا حدود لـه ولا حـدّ للموسـيقى المؤلَّفة من هذه المفاتيح، .. على السُّلم رأيت أمامي مفاتيح لا حدّ لها، ملايين! فكيف يمكنك أن تعزف على لوحة مفاتيح كهذه؟)

إن عدم القدرة على رؤية النهاية، هـي بمثابـة عـدم القـدرة عـلى الاختيـار وإدراك المصير، إنها المتاهة البشرية التي يبدو فيها الإنسان ضائعًا لفـرط تـوافر الاختيارات. إن الشقاء ماثل في أن تختار من بين كلّ هـذا المتنـاثر حولـك بـلا حدود، وكل اختيار هنا هو بمثابة هجاء لشيء جميل آخر لمجرد أنـك اخـترت غيره، في حين أنه قد لا يقلّ جمالًا عما اخترت.

يقول 1900: (هل رأيت الشوارع؟!! يوجد آلاف منها، كيف تعيش على اليابسة وتختار شارعًا واحدًا منها فقط، امـرأة واحـدة، منـزلًا واحـدًا، قطعـة أرض واحدة، منظرًا طبيعيًا واحدًا تنظر إليه. هذه الأرض سفينة كبـيرة أكثـر مما يجب، كامرأة أجمل مما يجب، عطر أكثر نفاذًا مما يجب، وموسيقى لا أعـرف كيف أؤلفها).

تلك معضلة 1900 الكبرى، أو معضلة القرن الجديد الذي تعدّدت الخيارات فيه، أو معضلة الإنسان المجبر على أن يختار في النهاية. لا لشيء إلا لأنّ عليه أن يختار كي يعيش حياة بقية البشر المألوفة الطبيعية، في حين أن 1900 يرفض أن يُجبر على هذا، ففي عدم اختياره تكمن حريته.

يعيش 1900 ويموت رافضًا أن يختار ورافضًا أن يكون مجبرًا، يعيش في المنطقة الثالثة، منطقة الحرية الحقيقيّة بالنسبة إليه. ولعلّه يذهب في ذلك أبعد من هذا بكثير حين يتخيّل الانفجار يطوِّح به ويفقده يده اليسرى، وكيف لن يجدها في النهاية، بعد الموت، ويكون مضطرًا لوضع يد يمنى مكانها (فهذا أفضل من لا شيء!) حسب تعبيره، ولذا نراه في اللحظة الأخيرة يطرح على صديقه ماكس روني ذلك التصوّر الغريب (تخيّل أيّ موسيقى تلك التي يمكن أن أعزفها بذراعيين أيمنين؟!!!).

ليست فيلمًا قاتمًا، هذه التحفة السينمائية، وإن كان مجمل الحكاية محكومًا بنهاية قاسية. لكن جمال الفيلم قائم في مدى وعي المرء لحياته وما يريد منها، قائم في القدرة على أن يكون هو صاحب القرار، لا محيطه ولا ما هو خارج محيطه، لكن تورناتوري، وسط هذه الجماليات الكثيرة المتوّجة بأحزان كثيرة أيضًا، يفاجئنا دائمًا بمشهد هنا، وآخر هناك، للتخفيف من جهامة الحالة، بل ويدفعنا للابتسام حينًا والضَّحك حينًا آخر.

فيلم علامة، نال سبع جوائز، وبه استطاع تورناتوري أن يضيف تحفة أخرى لسجل إنجازاته.

أما السؤال الذي لا بد منه، فيكمن في: لماذا لم يجعل تورناتوري بطله ينزل من السفينة؟

هل كان يريد أن يقول: إن هنالك شخصًا رأى أمريكا آلاف المرّات من فوق ظهر السفينة ولم يصرخ دهشًا: أنظروا.. أمريكا!!!! أم كان يريد أن يقول: ولماذا يختار إنسان مثل بطله بلدًا واحدًا من كل بلاد العالم، هو أمريكا؟!!

هل كان لا بدّ من وجود شخص واحد لا يفتتن بها ، واحد على الأقل، شخص يصمّ أذنيه وهو يسمع صوت نداهة أرض العالم الجديد؟!!!

(ملقى بعيدًا):
يوم لعين في الفردوس
أم يوم جميل في الجحيم؟!

بعد اختبار العالم ومعايشة المجتمع؛ والجريان غير العادي من أجل الظفر بالبقاء في أروقة هذا العصر ودهاليزه؛ بعد الدخول في دوامة اليوميّ الشّاق، المُرهِق الذي يحوّل البشر إلى حبات ذُرة تتقافز في المقلاة في طريقها لأن تصبح شيئًا آخر لا يشبه الصورة الأولى؛ بعد الخروج من دوامة السِّباق مع الزّمن والضوضاء وتحوّل الإنسان إلى كائن يعيش، تمامًا، وفْق نظرية الارتباط الشَّرطي، وإن كان جرس بافلوف للكلب يجعل لعابه يسيل، فإن صوت رنة (البيجر) أو أيّ إشارة أخرى، تصدر عن جهاز آخر، تجعل الإنسان يقفز من مكانه كما لو أنّ الأرض بعد قليل ستنخسف تحته إن لم يتحرّك.

بعد رفع الانضباط إلى درجة التّقديس، بحيث يغدو المرء عبدًا طيّعًا له، مسيّرًا بأحكام الضرورة؛ بعد أن يغدو الجمال في الحياة وعلاقاتها أشبه بساعة الشمس التي تتوسّط أيام السّجن الطويلة؛ بعد أن يغدو الفرح مختلسًا، والجوهري مؤجلًا والحميميّ أشبه ما يكون بشهاب يعبر الظلمة غير قادر على أن يخلِّف وراءه سوى ذكرى الضوء الخاطف..

بعد هذا كله، ما الذي يدفع إنسانًا للعودة إلى هذه الرَّحى القاتلة المتمثّلة في المدينة الحديثة، بعد أن أتيح له أن يجد له مكانًا هادئًا في جزيرة ليس فيها أيّ

من هذه المكابدات؟! وكيف يصل إلى نتيجة تدفعه للقول في هذا المكان القصيّ وهو يراقب شروق الشمس: يوم لعين آخر في الفردوس! هو الذي يعرف أن هناك في انتظاره يومًا جميلًا آخر في الجحيم!

هذه هي حالة تشاك نولاند في فيلم (ملقى بعيدًا) أو (**Cast Away**) 2000، كما تمَّ تداول الاسم، الذي قام ببطولته الممثّل اللامع توم هانكس وأخرجه روبرت زيميكيس عن سيناريو لبيل برولز وتوم هانكس استغرق العمل على إنجازه في صورته النهائية ستّ سنوات!

ذات يوم أسرَّ هانكس لزيمكيس مخرج أعظم أفلام هانكس على الإطلاق (فورست غامب): إنه راغب في فيلم يجد المرء فيه نفسه في عزلة تامة.

طبعًا، من الصّعب العثور على تفسير لهذه الرغبة، بخاصة وأن فكرة الإنسان الناجي الذي يجد نفسه على ساحل جزيرة مهجورة أمرٌ استهلكه الأدب واستهلكته السينما، استهلكه الأدب منذ (روبنسون كروزو) وقبله بزمن طويل وإن كان بدلالات أخرى (حيّ بن يقظان)، واستهلكته السينما في عشرات الأفلام، لعل أجملها وأرقّها حتى اليوم هو فيلم (الفحل الأسود) وفيه الكثير من فيلم هانكس هذا، بل وهندسة الفيلم أو بناؤه القريب للغاية من بناء ومحاور (ملقى بعيدًا)، مع فارقين أو ثلاثة لا غير، كأن يكون البطل هناك طفلًا، وكأن يكون له رفيق ينجو معه هو الحصان الأسود غير المروّض، وكأن تلتقطه في النهاية سفينة تمرّ أمام الجزيرة، دون أن يكون مضطرًا لصناعة قارب نجاة يصارع به الأمواج العاتية من أجل الخروج من (فردوسه) الإجباري.

يصوِّر زيميكيس المشاهد الأولى في موسكو، حيث الثّلج، والصقيع، ودرجات الحرارة المنخفضة، وبطله المختلف القادم من زمن الانضباط وتقدير أهمية الزّمن، إنه ببساطة الأمريكي الذي يستطيع أن يقدِّم الدّروس بصوت مرتفع لعمّال البريد في الإمبراطوريّة المنهارة التي كانت تسمى الاتحاد السوفييتي، والمشهد ليس سوى هجاء مستعل لبقايا دولة عظمى، يوحي بأنها

ما كانت ستنهار لولا هذا الكسل السّاكن في أوصال عمالها وعدم إدراكهم لمعنى الزمن الذي هو الحياة نفسها، تقدُّمها أو تأخُّرها.

هذا التناقض بين وجود أمريكي في موسكو، وفي السّاحة الحمراء أمام ضريح لينين في مشهد تال، وهو يحاول تفريغ سيارة بريد (معطَّلة) هناك لنقل محتوياتها إلى عربة أخرى لشركته، شركة (فيديكس) للبريد السريع، إشارة مهمة تحمل دلالتين، الأولى تتمثّل في وجود تشاك نولاند في مكان غير مكانه، المكان الجنّة لاستثمارات الشركات الأمريكية، والمكان (المعطَّل) الذي لا يمكن لنا أن نحسّ بفداحة العطل الذي أصابه إلّا إذا وضعنا موظفًا أمريكيًّا ناجحا فيه!! لمعرفة الفرق الحقيقي بين الأبيض والأسود، أو بين التقدُّم والتخلّف، حيث نرى المُخرج هنا، ومعه هانكس وزميله الآخر في كتابة السيناريو، لم يجدوا مكانًا يُهْدَرُ فيه الوقت أكثر من موسكو! تمهيدا لانتقال البطل إلى ساحل الجزيرة المهجورة في الباسيفك التي سيجد نفسه ملقى عليه بعد تحطُّم طائرته.

حسنًا، ها هو تشاك نولاند يعثرُ على اسمه (نولاند)، أي بلا أرض، أو الذي لا يملك أرضًا، وكل ما بقي من ماضيه الدّقيق ساعة جيب كان لا بدّ أن تكون معطلة إشارة لدورة الزّمن الجديدة التي ستطحنه، بعد سقوط الطائرة، التي كان يستقلها، في البحر وغرق كلّ ملاحيها.

نحن إذن بمواجهة رجل يجد نفسه مضطرًا أن يعيشِ كلّ ما يُناقض حياته السّابقة، وأن يبدأ من الصفر.

هل أراد صنّاع الفيلم الذهاب إلى أبعد حدٍّ في معلّقة الهجاء لتشاك؟ بحيث حوّلوا وجوده على تلك الجزيرة إلى نوع من العقاب لحضارة بأكملها، وتحويل الجزيرة نفسها إلى مَطْهَر من نوع جديد، بخاصة وأن الجزيرة فعلًا عذراء، وليس عليها أيّ مبنى أو بصمة من بصمات بني البشر؟ تلك أسئلة تنتاب الإنسان وهو يتابع الحياة الجديدة لتشاك نولاند، حين يتمّ إعادته إلى العصر الحجريّ: عليه أن يجد طعامه بنفسه، أن يصطاد، وأن يعاني لتحقيق

أبسط حاجاته اليومية، بدءًا من الحصول على قطرات الندى التي يجمعها عن أوراق الشجر قطرة قطرة، وانتهاء بالسّمكة التي عليه أن يبذل الكثير من الجهد كي يستحقّ الفوز بها، وصولًا إلى العثور على جُحْر يحميه من عوامل الطبيعة، الطبيعة السيّدة التي تعطيك تمامًا بقدر جهدك المبذول لا أقلَّ ولا أكثر، الطبيعة العادلة، المحبة، الصّافية، التي يمكن القول إنها لعبت الدّور الأبرز في الجزء الأول من الفيلم إلى جانب هانكس. حيث يجد نفسه في صراع غير عادي مع عواملها، مع عناصرها الأولى وخاصة: الماء، الهواء، والنار. ويذهب الفيلم في هذا الصراع إلى أقصاه حين يحرم تشاك نولاند من أيّ رفيق، يحرمه من أيّ حيوان، أو إنسان يمكن أن يعقد صداقة معه أو حربًا (نذكر فيلم (جحيم في الباسيفيك) الذي أخرجه الكبير جون بورمان وقام ببطولته لي مارفن وتوشيرو مايفون، حيث قسوة العزلة والعداء بين جنديين متحاربين يجدان نفسيهما مضطرَّين لخوض الحرب في جزيرة مهجورة استكمالًا للمعارك البعيدة لجيشيهما!)

في (ملقى بعيدًا) لا نرى من الطبيعة سوى صفائها وغضبها، أما من المخلوقات فلا نلمح سوى بضع أسماك لا غير، وسلطعون أو اثنين، وباستثناء ذلك ليس هناك ما يدل على وجود كائن حيّ آخر، فلا غناء طائر ولا نقيق ضفدع، ولا، حتى، فراشة عابرة. أين يذهب زيميكيس بكل هذا؟! وهو أمرٌ غير منطقيّ على أيّ حال، فنحن لا نلمح حتى طائرًا واحدًا يمرُّ في سماء الجزيرة.

يذكّرنا ذلك أيضًا بما فعله أولئك الشباب الموهوبون فعلًا في فيلم (مشروع ساحرة بلير) حين جرّدوا أبطالهم من كلّ شيء، وتركوهم في مواجهة غموض تلك الغابة، بحيث لا نسمع أو نشهد أيّ أثر لمخلوق حيّ مهما كان ضئيلًا. هل أفاد زيميكيس من هذا العمل حين دفع الأمور إلى أقصاها؟! لا يستبعد المرء ذلك، فمشروع ساحرة بلير بدأ فيلمًا مجهولًا وانتهى إلى أكثر الأفلام ربحًا في تاريخ السينما مقارنة بميزانيته المتقشّفة.

لكن زيميكيس لا يلبث أن يشقّ طريقًا خاصًا، هو في الحقيقة جزء أساس، إن لم يكن الجزء الأساس في الفيلم، فحينما يستطيع تشاك نولاند أن يحقق أسباب بقائه، أو شروط حياته البدائية التي تُوِّجتْ بقدرته على إشعال النار!! نجده مصادفة يعثر على رفيق، وقد كانت المصادفة في تاريخ الوعي البشري اليد الحانية التي تمتدّ للبشر بين حين وآخر وتنتشلهم من عماهم ومن الظلمة المحدقة بهم، أو تشقّ لهم طرقهم المسدود. رغم أن تشاك نولاند القادم من الحضارة، يعرف بالتأكيد رحلة البشر الأولى ومفردات حياتهم، مثل الصيد بالحربة، إشعال النار بالاحتكاك.. وما إلى ذلك، لذا يمكن القول على هذا الصعيد أن لا مصادفات..

لكن المفارقة تلعب دورها الأهم في الفيلم حين يعثر تشاك المهجور، المنبوذ مصادفة على ما ينقصه فعلًا، الرفيق، حين يصاب بجرح أثناء محاولاته اليائسة لإشعال نار، ويمسح دمه بكرة كانت في أحد الطّرود التي جرفها الموج للجزيرة بعد سقوط الطائرة في البحر وغرقها.

المصادفة أنه يرى في شكل الدّم الذي طُبِعَ على الكرة ما يشبه وجه كائن، ولكنه كائن غامض، لا ملامح له، ليس فيه سوى ما يشبه الأنف، عندها فقط، يدرك تشاك مأزقه الحقيقي: أنه بلا رفيق. وإذا ما تذكَّرنا أنه وصف الجزيرة بالفردوس حين قال: (يوم لعين آخر في الفردوس) فإننا نتذكّر مثلنا الشعبي الذي يقول (الجنة من دون ناس ما بتنداس) أي لا تُسْكَن. لذا يبدأ تشاك بتشكيل ملامح رفيق رحلته ولا يلبث أن يطلق عليه اسمًا هو (ويلسون) حيث لا وجود حقيقيًا للكائن إن لم يكن يملك اسمًا يدلّ عليه.

وهنا نتوقف عند نقطة لا نستطيع تجاوزها وتتمثل في أن صنّاع الفيلم كان يمكن أن يسوقوا هذه المصادفة نحو اتجاه آخر، كأن تسقط الكرة في الطين ويتشكل الوجه أو بعض أجزائه، ثم يُترك الأمر لتشاك نولاند أن يكمل المهمة، لكنهم لم يفعلوا ذلك، وحسنًا فعلوا، فأن يكون الرّفيق أو الصّديق أو هذا المولود الجديد الذي يُدعى ويلسون جزءًا من دم تشاك، يدفع المعنى نحو

أبعاد أعمق، ويحوّل ويلسون إلى جزء حقيقي من تشاك، وُلِدَ من دمه وشكّلته يده؛ لذا، كان من الطبيعيّ، حين يركل تشاك ويلسون في موجة يأس - ويلسون الذي أصبح تشاك يحادثه ويبوح له بكل شيء- ويطير ويلسون نحو الشاطئ، كان من الطبيعيّ أن يدرك تشاك بعد ثوان حجم جريمته، ليبدأ بالبحث عنه مناديًا عليه، مردِّدًا اسمه بصوت مجروح في ليل الجزيرة الموحش، إلى أن يجده (قتيلًا)؛ ونقول قتيلا لأن الموج تكفَّل بإكمال ما فعلته ركلة تشاك، لقد تمّ محو وجه ويلسون.

حين يصل الأمر إلى هذا الأمر، لا تقوم المصادفة بإعادة ويلسون للحياة، بل الوعيّ الكامل، حيث يقوم تشاك بفعل ذلك مستخدمًا دمه، ولكنه هذه المرّة يقوم بجرح نفسه ورسم وجه رفيقه بدمه لا بأيّ شيء آخر.

في حال ويلسون ما في حال تشاك، إذ نرى الثاني ينْحَلُ، وهو أمر مدهش فعلًا وفي غاية الصّدق والإخلاص للعمل الفني، حيث يفقد توم هانكس أكثر من عشرين كغم من وزنه ليُقنع المشاهد بأنه أمضى فعلًا أربعة أعوام على أرض الجزيرة يعيش بأقل القليل، بعد أن تمَّ وقف التصوير لمدة عام كي ينخفض وزنه. ونرى في الجانب الآخر ما يصيب ويلسون، فالوجه المرسوم على الكرة بدأتْ التجاعيدُ تغزوه يومًا بعد يوم، لأن الهواء يقلّ تدريجيًّا داخل الكرة؛ وهو أمر منطقي، لكن دلالاته تتجاوز هنا الحقيقة العلمية، فويلسون أملتْ الضرورة وجوده في غياب حرية الاختيار، لذا من الطبيعي أن يمضي به زيميكيس إلى مصيره حين يخطو الخطوة الثانية في فيلمه، أي حين ينجح تشاك بصناعة قارب قادر على عبور جبال الموج التي تحفُّ بالجزيرة، وبعد أن يدرك سرّ نبض البحر بحيث يصبح قادرًا على معرفة الزّمن الدقيق لمدِّه وجزْره.

ينجح تشاك إذن باجتياز الموج رغم نحوله وضعفه البادين، وينجح معه ويلسون الذي يقف منتصبًا كبحار في مقدمة القارب، لكن ذلك لا يمكن أن يستمر إلى النهاية، إذ لا بدّ من موجة أخرى تصوغ المسار الروائي للفيلم

وبطليه، تهزم الحيّ دون أن تدمِّره، وتُلقي بالكائن الرّمزي إلى حتفه وقد أصبح تشاك على حافة النجاة.

في الوقت الذي يبدأ تشاك باستعادة وعيه تكون الأمواج قد بدأت تجرف ويلسون إلى مصيره، أو إلى نهايته الطبيعية، حيث لا يمكن أن يكون له مكان في أرض البشر، وحينما يدرك تشاك ما حلَّ برفيقه يندفع خلفه (رغم الإنهاك الذي يُفتت أوصاله) يندفع للماء محاولا إنقاذه، لكن ويلسون يبتعد أكثر فأكثر، وهنا يؤدي توم هانكس واحدًا من أقوى مشاهد الفيلم، بل ربما أهمّها، وهنا ندرك أنه قد فقد جزءًا غاليًا من ذاته، أولمْ يولد ويلسون مرّتين من دم تشاك نولاند؟!

قبل الانتقال إلى الجزء الثاني من الفيلم، أي عودة تشاك إلى مدينته، لا بدَّ أن نتساءل: لماذا لم يكتف تشاك بصورة حبيبته كيلي (هيلين هنت) التي كان ينوي الزواج منها بعد عودته مباشرة، حين كان يعيش على تلك الجزيرة، لماذا كان لا بد من ويلسون حتى يجد توازنه؟

ربما كان ذلك يعود إلى أن الحبيبة كائن متحقِّق الوجود في مكان آخر، وحلمه أن يعود إليه لا أن يكتفي بصورته في حياته على الجزيرة؛ نلاحظ مثلًا أنه يرسم صورة حبيبته على إحدى الصّخور بحجم كبير، لكنه لا يتوقّف طويلًا عند الصورة حين يرحل، لأنه لا يتعامل معها باعتبارها الأصل، فهي في الحقيقة الكيان الشّاحب لوجود مكتمل هناك في البعيد يناديه. عكس ويلسون الذي لا وجود له خارج الحيِّز الذي يشغله والدَّور الذي يؤدّيه.

كان إذن من الطبيعي أن يغدو ويلسون جزءًا من تشاك، لكن الطبيعيّ أكثر أن يفقده حتى يسترد فعلًا حياته القائمة على الحقيقة لا الوهم.

مشكلة تشاك في الجزء الثاني من الفيلم أنه يجد نفسه في مهبِّ وهْم آخر، وهْمه الخاص المتشكِّل والسّاكن فيه طوال سنوات العزلة، وهْمه الذي لعب دور طوق النجاة هناك كي يعود إلى العالم الذي هو منه، لكنه في الحقيقة يعود إلى صورة مغايرة غير تلك الصورة التي كان يظن أنها الحقيقة الوحيدة، حيث

كان الزمن كفيلًا باختبار الحقائق كلّها وإعادتها إلى أصلها: الوهْم؛ وفي ذلك مسحة عبث غير مشتقّة من كابوس العقل، أو من تشاؤمه الذي انبثق نتيجة تأمّل هذا العقل صورة الوجود في مدينة أمريكية، بل لتأمّله جوهر الحياة نفسها، الحياة بمطْلقها ربما، حيث يتجاوز المعنى الحياة الأمريكية في نهايات القرن العشرين وبدايات القرن الجديد التي هي زمن الفيلم.

ثمة حياة تسير غير عابئة بالفرد الذي تخسره، لأن خسارته تتمثّل في تلك اللحظة، لحظة الفقدان وما يليها من زمن قصير، وذلك بعكس حياة الفرد الذي لا يمكن أن يحقق حضوره إلّا بوجود الآخرين.

هل يمكن القول هنا إن المجتمع بأكمله كائنٌ ضخم غير اجتماعي حين ينظر للفرد كجزء ضئيل منه، مهما كان حجم هذا الفرد وأهميته في النهاية، لأن الحياة دونه قادرة على أن تسير، أو تواصل سيرها باستمرار؟! وهل بالتالي نقول إن الفرد لا يمكن أن يكون خارج الجماعة ومكتفيًا بذاته حتى لو كان في لحظة ما أهم من كتلة هائلة من البشر وأكبر منها؟

هل يمكن الوصول إلى هذه النتيجة بالتالي: إن الفرد هو الكائن الاجتماعي، إي أن صفة (الاجتماعي) لصيقة بالفرد لا بالمجتمع؟

***

المخرجون الكبار لا يتركون شيئًا للمصادفة، حتى وهم يجعلون المصادفة جزءًا من بنية أو مفاصل عملهم أحيانًا. وهكذا زيميكيس ومعه هانكس وبيل برولز. فوهْم تشاك العائد يتمثّل في أكثر من صورة، أهمها بالتأكيد وهْم الحبيبة التي تزوجت من طبيب أسنانه، في الوقت الذي كان هناك على الجزيرة يقاسي عذاب الألم من أحد أسنانه! مضطرًّا لاستخدام حذاء للتزلّج على الجليد لاقتلاعه (وجده بين الطّرود أيضًا). وحينما يتمكن من ذلك يفقد وعيه من شدة العذاب. هل كان زيميكس يلعب في ملعب المصادفة هنا؟ بالتأكيد الإجابة هنا هي النّفي، لأننا لا نستطيع أن ندرك مغزى ما كان يعانيه تشاك إلّا حين نعرف أن الحبيبة قد غدت زوجة لطبيب أسنان، وإلاّ لكان بإمكان

زيميكيس أن يفجّر الألم في أيٍّ عضو آخر من أعضاء جسد تشاك نولاند في معزله المرّ ذاك.

كما أن الوهْم الثاني قائم في أنه عاد للمجتمع حيًا، لكن الحقيقة الاجتماعية التي تخلَّقتْ وراءه حوَّلته إلى ميت من زمن، بل إنها حفرت له قبرًا وخصَّته بشاهدة عليها اسمه وتاريخ موته.

يسأل تشاك: وما الذي وضعتموه في التابوت؟

ويجيء الرد: بعض أشيائك الحميمة التي كانت في حوزتنا.

وهذه مفارقة أخرى تدلّ على المعنى الذي قصدناه حين أشرنا إلى أن الفرد هو الكائن الاجتماعي وليس المجتمع. لأن تشاك كان يفعل النقيض على الجزيرة، كان يتشبّث بكلّ ما يرمز للأشخاص الذين يحبّهم، في الوقت الذي كان فيه المجتمع يفعل العكس؛ أي دفن كلّ ما يشير إليه. كما نلاحظ أن الاحتفاء بعودته كان مظهريًّا تمامًا، فهم يطلبون منه أن يبتسم فقط في حفل عودته، مما يشير إلى أن النّصر الوحيد الذي يمكن أن يتحقّق هنا هو نصر الإنسان الخاص ببقائه حيًّا، لا نصر الآخرين بعودته، لأنهم طووا صفحته من زمن بعيد. بما يعني أن قضية الموت كقضية الحياة في النهاية لا يمكن أن تكون سوى قضية خاصة؛ بحيث يمكننا القول إن الفيلم يتحوّل في النهاية إلى اختبار للعلاقة القائمة بين اجتماعية الفرد وفردية المجتمع.

ربما يكمن هنا اتساع معنى هذا الفيلم، وفحواه، وقد كان بإمكان صنّاع الفيلم أن يواصلوا تألّقهم هذا ليخرجوا بفيلم آسر بالتأكيد رغم الأعمال الكثيرة المشابهة التي تستدعيها مشاهدته، لو أنهم اكتفوا بهذا الغنى، لكنهم أصروا في آخر مشوارهم على كسر هذا الأفق الرَّحب للفيلم بتلك النهاية الملفّقة إلى حدٍّ يثير السخرية.

تشاك نولاند واحد من المنتصرين المهزومين، الذي يفقد في طريقه إلى تحقيق نصره أهم شيء سعى إليه: هدف النصر.

لكن السؤال الذي لا بدّ منه في النهاية: رغم هذه النتيجة: هل كان الأمر يستحق كل هذا العناء والمكابدة للعودة إلى الحياة الاجتماعية مرّة أخرى؟

والجواب بالتأكيد: نعم. لأن ما حققته إرادة تشاك نولاند لا يقلُّ سموًّا وأهمية عما كان يتوق إليه؛ سواء أكان يعي ذلك أم لا يعيه. لقد عاد من هناك وكأنه ذلك الشخص الذي بنى العالم من نقطة الصّفر. لذا كان من الطبيعي أن يُلقي نظرة ساخرة على ولّاعة أوتوماتيكية يمسكها بيده ويشعل نارها، يتأمل الشّعلة الصغيرة ويتذكّر أنه، ولا أحد غيره، استطاع أن يشعل ناره الخاصة بيديه هو لا بيدي سواه؛ بخاصة إذا ما تذكرنا أن صرخة النصر الوحيدة التي يطلقها على الجزيرة هي التي تعقب إشعاله للنار؛ النار التي كانت على الدوام في المخيلة البشرية سرّ الأسرار الذي لا بدّ من امتلاكه كي يكتمل الوجود.

(العــهد):
الصياد فريسةً

حين يحدد جيري بلاك في فيلم (العهد – The Pledge) 2001، بيقينه غير القابل للمساومة أضلاع المثلث الذي عليه البحث داخله كي يكتشف القاتل المتسلسل لفتيات صغيرات دون الثامنة من أعمارهن، يكون بهذا قد حدد المسافة المحيطة بإحكام بقدره كإنسان معذّب بلعنة المعرفة.

ورغم أن جيري لم يكن أقلّ قلقًا وتشظيًا في أيامه الأخيرة في سلك الشرطة، إلا أن المساحة المتصحِّرة الواسعة التي كان يتحرّك فيها هناك، لا تقاس بهذه التي قادته روحه إليها؛ ولم يكن بإمكانه، وهو المحقق الناجح، أن يغادر نجاحه القديم، إلا بقوة خارجة عنه؛ وهذه القوة تتمثّل هنا في الانحدار (الطبيعيّ) باتجاه الهَرَم وفقدان الوظيفة، الممهَّد لهما بانعدام أيّ موهبة للتواصل مع الحياة، باستثناء مهنته كمحقق، وهوايته كصيّاد سمك.

نحن أمام رجل في ساعاته الأخيرة، أُحيل إلى التقاعد، وكلّ ما لديه شريكة (سكرتيرة) شبه صمّاء، عايشته طويلًا، ومجموعة من صوره في أيام شبابه، وست ساعات من النهاية، أو من وداع هذا الذي كانه. ولذا حين نراه يتأمل ماضيه عبر تلك الصّور، في مكتبه، أثناء تجميعه لأغراضه الشخصية، فإنه يتأمل في الحقيقة مستقبلًا لن يكون على هيئة هذا الماضي، أو يشير إليه.

رجل وحيد غير متزوج، يتّضح لاحقًا أمام أسئلة الطبيبة النّفسية التي ذهب لاستشارتها، آملا أن تقدِّم له صورة داخلية للقاتل، أنه ذلك الشخص المشوّش، غير المتأكّد من شيء حتى ذكورته. إذ يبدو سؤال حول حياته الجنسية مفاجئًا له، بحيث نشعر فورًا أن هذا الجانب الطبيعي من الحياة مُغيَّبٌ؛ ويوحي بأن جيري لم يُقم أيّ علاقة فيما مضى مع امرأة. وإذا حدث ذلك، فإنه حدث منذ زمن طويل جدا، بحيث لا يتذكر. وأمر كهذا يمكن أن يعصف بالبشر الذين يمضون حياتهم في دائرة واحدة لا يغادرونها، أو ما يمكن تسميته بلعنة الدائرة، وحين يضطّرون لذلك، نجدهم ضيوفا ثقلاء على العالم، أو ضيوفًا يبعثون على السخرية، ومصدرًا للفرجة، تمامًا مثل شخصيات فُقِدَتْ في إحدى الغابات وعُثر عليها بعد سنوات. وفي أفضل الأحوال يمكن أن يتحوّلوا على يدي مخرج عظيم إلى عنصر اكتشاف زيف الدّائرة الخارجية، مقابل غنى الحياة في الدائرة الضيقة، كما فعل ذات يوم بيتر سيلر في (أن تكون هناك) لكن أمرًا كهذا نادر جدًا.

يقف جيري بلاك - جاك نيكلسون على الجانب المضاد لشخصية سيلر، وإن لم يكن مصيره بأيّ حال أقلّ مأساوية من مصير (رجل الحدائق) ذاك.

يتحرّك جيري، وكأن كلّ ما فيه من حواس وأفكار قد أصبح مُلكًا لغيره، مُلكًا لتلك النّداهة التي لم يعد بمقدوره أن يسير عكس ندائها؛ عكس الاتجاه الذي يأتي منه صوتها. وكما في الحكايات، يشير الصّوت إلى مصدره، لكنه لا يُفضي إلى صاحبه أبدًا، لأن ثمة ما هو أكبر دائمًا من قوّة البشر على احتمال السير إلى نهاية الطريق، أو قدرتهم على هتك ستائر الخفاء دون أن يكونوا قد دفعوا ذلك الثمن الباهظ، وهو عادة ذاتهم.

في لقطة قريبة يحتل فيها وجه جاك نيكلسون الشاشة، تكشف لنا كاميرا الممثل والمخرج اللامع شون بن، ما هو أكثر بكثير من ملامح هذا الرجل الذي تتقاطع صورته مع سرب طيور سوداء تعبر السماء، تكشف لنا ما خلفَ هذا الوجه. وقلّة هم الذين يمكن أن يؤدوا هذه اللقطة بالذات بين ممثلي

السينما، قد يكون روبرت دي نيرو أحدهم، دون أن نستطيع استدعاء وجه ممثل آخر سواه. لكننا حين نشاهد لقطة النهاية الموسّعة، والتي تعيدنا لوجهه في البداية نعرف أن نيكلسون وحده من يستطيع أن يؤدي مشهدا عظيما كهذا.

يتجسّد في هذا المشهد قَدَرُ جيري بلاك، ورغم أن الكاميرا لا تتراجع لترينا ما حوله في لقطة الافتتاح، إلا أن ذلك اللون الترابي المُرْهِق وسحابة الغبار الخفيفة، تنبئان عن وجود رجل وحيد وضائع في برية لا يؤنس وحدته فيها سوى رف طيور سوداء، لا تشير في وجهتها لشيء غير ذلك القدر المحتوم الذي يقبع وحيدًا فيه.

لقطة البداية هذه، والتي هي جزء يسير من لقطة النهاية، تحيل الفيلم إلى دائرة مقفلة، كالدائرة التي تشكّلها أفعى قامت بابتلاع ذنبها، لأنها تتضح في المشهد الأخير كنهاية ليست معنية (بالحكاية) التي رواها الفيلم، بقدْر ما هي معنيّة بذلك المصير الذي آلت إليه روح جيري. ويمكن أن تكون الدقائق القليلة هذه موضوعًا مستقلًا لدراسة كاملة، وستبقى بلا ريب من أكثر مشاهد السينما قوّة.

ليس في الماضي ما يكفي من ضوء ليكون المستقبل أقلّ سوادًا؛ ولذا، فإن حكاية الفيلم ليست في الحقيقة سوى الخاتمة الصغيرة لحياة كاملة طويلة ومملة قبْلها؛ فالفيلم المخفي يقبع هناك فيما لم يصوِّره شون بين أو يذهب إليه السيناريو المأخوذ عن رواية المسرحي السويسري الشهير فريدريش دورنمات. ولذا، يمكن أن نفهم الفيلم باعتباره نتيجة منطقية لتلك الحياة الضّحلة المحاصرة بين واجبات الوظيفة، وتقشف الهواية، وفراغ الحياة خارج هذين الخطَّين. أي أن حياة جيري، وبقليل من التحليق في قراءة النص، قابعة بين أضلاع هذا المثلث الذي يحاصر وجوده الكبير، قبل أن يرسم على تلك الخارطة، التي يتتبع فوقها حركة القاتل، أضلاع ذلك المثلث الصغير الذي يحدّد فضاء مصيره المُقفل.

يبني شون بن لقطات فيلمه بشعرية عالية، تفتح المجال واسعًا لتدفّق الدّلالات، فبعد مشهد التيه الأول، ينتقل للمشهد الأول فعليًّا، وهو هنا فراغ جليدي يكسر امتداده كوخ صغير بالكاد يكفي لاستيعاب رجل واحد في حالة وقوفه. وحين تتقدّم الكاميرا باتجاه ذلك الكوخ، نكتشف أنه مُقام فوق نهر متجمِّد، وثمة حفرة مستديرة فيه، كافية لإنزال الصّنارة إلى المياه في الأسفل واصطياد السّمك. وفي المشهد الصغير المعبِّر هذا، يتكشّف وجود جيري بلاك، عزلته، عدم وجود رفيق له سوى تلك القارورة التي يسحبها من بين الخشب الذي يشكّل سقف الكوخ ويكرع منها، والسمكة، هذا الصيد الضئيل في الحقيقة أمام ذلك العناء الذي يبدو أنه تكبده كي يبني صومعته على سجادة الصقيع المُطْلق. (صوِّر الفيلم في شتاء كندا، ويقول نيكلسون في مقابلة معه: إن فريق التّصوير كان يطارد الثلج والجليد، وكلّما كان يذوب في منطقة يهرعون إلى منطقة سواها) ويتبع هذا المشهد، مشهدان دالّان آخران: الأول يمرّ به بعد انتهاء رحلة صيده، وهو لخيول تتراكض، يوحي انطلاقها لوهلة بأنها خيول برية، وحين يتّسع الكادر، يتبين أنها محاصرة بالأسلاك الشائكة! والثاني، تأمّله من شباك نافذة مكتبه لرجل عجوز يتكئ على عكازه ويسير بصعوبة. هذا المشهد الذي يُفضي تلقائيًّا إلى مشهد تأمُّله (لصوره في شبابه).

يغري فيلم مثل فيلم (العهد) بالذهاب لقراءة الجزئيات، بالحرارة نفسها التي يمكن أن تتدفّق مع تأمل الفيلم كوحدة كليّة، وهذا الإغراء يمكن أن تقع القراءة تحت سطوته بيسر، وله ما يبرره كثيرًا، كما وقَعَ جيري نفسه تحت تأثير صوت ندّاهته الداخلية. كما يستدعي بناء (العهد) تلك العبارة الجميلة لأحد السينمائيين الألمان: يجب أن يكون بطل الفيلم مثل عود الكبريت الذي لا ينتهي، وهكذا، فإن مروره في أيّ مشهد وملامسته لأي شخص أو حدث، يجب أن يُصدر شعلة ما بحجم هذا الاحتكاك أو العبور، وإذا لم تحدث هذه الشعلة، فإن المشهد غير ضروري للبناء العام.

يحوك شون بن مشاهد فيلمه كما لو أنه يعمل بأدق ما في هذه الوصيّة من أبعاد، ولذلك يبدو (العهد) (وعلى الرغم من احتشاده بالمعنى) متقشّفًا إلى حدٍّ بعيد، لأن كلّ مشهد بُني باحتراف فني نادر. ولذا نلمس بوضوح أن ليس هناك أيّ مشهد فائض عن الحاجة. ولعل هذا الفيلم، بهذا، واحد من الأفلام القليلة التي تضمّ مشاهد كثيرة لا تُنسى، إضافة لمشهد النهاية - البداية؛ ويفسّر الأمر هنا، ذلك التوجّه العملي لشون بن وهو يختار ممثليه الكبار ليؤدوا مشاهد قصيرة لا تنسى. فرغم الظهور السّريع لهم، إلا أن ظهورهم يظل باهرًا على الدّوام، فينسيا ردغريف في المشهد الذي تؤدي فيه دور جدّة طفلة قُتلتْ، ميكي روكي المُنهار في المصحّة، والذي يؤدي دور والد طفلة قُتلتْ قبل هذه بزمن. ميكي روكي هنا ممثل مختلف تمامًا، لا يشير من قريب أو بعيد إلى أدواره الشهيرة في (تسعة أسابيع ونصف) و (الأوركيديا المتوحشة)، دور يذكّرنا بأهمية هذا الممثل في (رامبل فش) الذي أخرجه الكبير كوبولا. وكذلك الأمر مع الممثل بينيسيو دل تورو الذي أدى شخصية هندي معتوه أُتُّهم بقتل الطفلة واعترف بذلك، لينتحر بعد دقائق بعد نجاحه في اختطاف مسدس شرطي؛ مشهد تورو هنا، واحد من أقسى وأقوى مشاهد الفيلم.

يمكن أن نذهب في الحديث عن هذه المشاهد بعيدًا ونحن نتحدّث عن المشهدين الصغيرين اللذين ظهرت فيهما أم الطفلة القتيلة: في مزرعة الدّيوك الرّومية، حيث تبدو الدّيوك ككائنات مخبولة وهي تحرك رؤوسها من اليمين إلى الشمال بزاوية مئة وثمانين درجة، في الوقت الذي تناول الأم زوجها أحد الدّيوك النافقة، ممسكة الدّيك من عنقه. ثم مشهدها بعد أن يحمل جيري الخبر الفاجع لها؛ والأمر ذاته مع مشهد صاحب محطة البنزين الذي باع لجيري محطته، لتكون بؤرة للقاء أضلاع المثلث وزواياه. يمكن أن نتحدّث عن المشهد الخاطف للطبيبة النفسية التي راح جيري بلاك يتصبّب أمامها عرقًا بعد عدة أسئلة صائبة ونافذة وجهتها إليه. ثم ذلك الحضور الآسر للممثلة روبن

رايت، والممثل سام شبرد، رغم أن مساحتي دوريهما في الفيلم هي الأكثر اتساعًا بعد نيكلسون.

يمكن التحدّث عن ذلك التقاطع المتزامن بين أحداث جريمة قتل الطفلة في عيني الصبيّ الشاهد المفجوع بما رأى، وأحداث الحفل المقام على شرف جيري بلاك بمناسبة انتهاء خدمته؛ لأن لحظات التيه التي يعيشها الصّبي أمام هول ما يراه، يوازيها تمامًا لحظات التيه والضياع التي يعيشها جيري في الحفل، حيث الرّقص الذي يُصوَّر بحركة بطيئة، يتقاطع مع وجه جيري الذي يدرك أنه لم يعد له أيّ مكان بين هؤلاء.

وعلى الرّغم من أن فيلم بن هذا هو الثالث له كمخرج، بعد (العدّاء الهندي) و (حارس المعبر)، إلا أن هذا الممثل يبدو واحدًا من المخرجين الكبار، بخاصة حين يذهب، وينجح في تحرير مساحات جديدة في روح نيكلسون الممثل. وهذه هي تجربتهما الثانية معًا بعد حارس المعبر، الذي كان بحثًا غير عادي في ذلك الإحساس المسمّى (عقدة الذّنب) التي يرزح تحت ثقلها أب الضحية بتقصيره، وقاتل البنت الصغيرة باستهتاره العابر حين يصدمها فوق الممر المخصص للمشاة.

في تأمل هذا الفيلم، يظهر بوضوح أن الأحداث وِلدت منذ زمن بعيد، خارج الشريط، لكنها تعود لتبحث عن مبرراتها، أو نهاياتها، لا غير، فالعهد الذي يقطعه المحقق جيري بلاك للأم المفجوعة بقتل واغتصاب صغيرتها، هو العهد الذي يحتاجه جيري بقدْر حاجة الأم له.

- لا يمكن أن يكون هناك شرير كهذا. تقول الأم.

- إنهم موجودون. يرد جيري.

- من فعل هذا؟

- سنكتشفه.

- هل تعدني؟

- أعدك.

- بروحك؟ هل تقسم بخلاص روحك أنك ستفعل؟

- أجل.. بخلاص روحي أُقسِم.

كان جيري بحاجة للعهد لأنه بحاجة إلى أن يثبت لنفسه أنه لم يمت بهذا التقاعد، ولم يُقصَ بعيدًا، أو يُرمى بعيدًا بوساطة تلك الهدية التي جمع زملاؤه ثمنها لتقديمها له في حفل وداعه: تذكرة طائرة، لكي يذهب لصيد السمك (الحقيقي) في المكسيك؛ السمك الذي لا يشبه أسماكه المتواضعة التي يعود بها من رحلاته المحلية. ولذا، نراه يزن ظروف اعتراف الهندي بقتل الفتاة بمنظارين في الحقيقة: الأول، هو شك المحقّق الخبير؛ والثاني، رغبته الجامحة لتلبية نداء سريّ يطلب منه إلّا يمتثل لمصيره كشخص زائد عن الحاجة، في محيط قدّم له تلك التذكرة الهدية، كما لو أنها سترتّب له حياته إلى أن يموت.

كان من الطبيعي إذن أن يلقي بالتّذكرة إلى الجحيم، متأمّلا الطائرة المغادرة للمكسيك دون أسف، ليعود لعيش ساعاته السِّت الأخيرة في العمل كمحقق.

لا يشبه جيري بلاك ذلك الجندي الذي يموت بعبث باذخ بالطلقة الأخيرة التي تُطلق في اللحظة الأخيرة لانتهاء حرب شرسة، ولكنه أقرب إلى ذلك الذي لا يملك القدرة على الخروج من هذه الحرب حيًّا لهول ما رأى، ففي مساحة عذابه التي تُبسط باتساع ساحة الحرب وما فيها، يجب أن تكون الخاتمة هنا، لأنه لا يقبل أن يخرج منها دون أن يطرح سؤاله عن معنى الحرب ومعنى وجوده فيها. لا يستطيع الخروج مخلِّفًا الإجابة وراءه.

في برج المراقبة: محطة البنزين التي اشتراها، ودفع فيها أكثر بكثير مما تستحق، بحيث أغرى صاحبها الذي لم يفكر ببيعها، يجلس جيري هناك مراقبًا البشر، البشر الذين يتحوّلون إلى مشبوهين في نظره. ووسط بحيرة المشتبه بهم هؤلاء، يمضي بدأب باحثًا عن ذلك الشخص القاتل الذي يدرك أنه موجود، بخلاف كلّ من حوله، وأولهم زملاء المهنة القدامى الذين يرْثون

حالَ صديقهم، ويرى بعضهم فيه صورتهم التي سيصبحون عليها ذات يوم: (لقد كان محققًا عظيمًا) يهمس أحد زملائه زاجرًا زميلًا آخر تطاول على جيري. ولعل اتّساع رقعة المشتبه بهم، هو جزء أساس في زيادة حجم الرّقعة الممزَّقة في روح المحقِّق المتقاعد، الذي ينجح بين حين وآخر، في رتق ثقب هنا، وثقب هناك، وهو يواصل تحقيقاته، والتي ما تلبث أن توصله فعلا إلى خيوط لا يمكن القول أبدًا إنها واهية. لكن التغيّر الحقيقي الذي يطرأ، هو دخول نادلة الحانة المُرهَقة إلى حياته، تساعده في البداية في شراء أثاث مستعمل لبيته- المحطة، ويساعدها أخيرًا حين يفتح الباب لها ولابنتها الصغيرة للعيش معه، بعد أن جاءته في حالة انهيار بسبب اعتداء زوجها السابق عليها بالضرب المبرح.

دخول ظلّ هذه المرأة الشابة، السّاحرة الحضور، يدفع تلك النار في داخل جيري لأن تكون أقلَّ جهنمية، وتبدو يدها كما لو أنها الهِبَة الإلهية التي لا يمكن أن تُصدَّق بالنسبة إليه. ويكفي (نيكلسون الممثل بعض الحركات التي تفيض بها ملامحه ليعبرِّ عميقًا عما يدور في داخل الشّخصية التي يؤديها.) وتتصاعد علاقته بالطفلة إلى حدٍّ جميل للغاية، تدفع الأم (روبن رايت) أن تدخل إلى إحدى غرف بيت جيري وتنشج بكل ما فيها من تأثر وقهر وفرح. وإذا كانت أم الطفلة القتيلة قد سألت جيري: هل يوجد شرير كهذا؟ وهي تسأله عن ماهية ذلك الوحش المقيم في عمق القاتل، فإن سؤال نادلة الحانة الذي لا نسمعه كلامًا، ونسمعه نشيجا هو: هل يوجد رجل بهذه الطيبة؟ وهي ترى جيري يقرأ القصص لابنتها في السرير قبل النوم.

وجود النادلة وابنتها اختبار حقيقي لعمق سؤال الوجود الذي كان يعصف بجيري، وعلاقته بها وبابنتها هي في الحقيقة حبل النّجاة الذي يمكن أن يكون كافيًا لإخراج أيّ شخصية عادية من دوامة قلقها العادية أيضا؛ الشخصية المسطّحة التي تكتفي بأول فسحة في جدار حصارها الكبير كي تفرّ

تاركة كل أسئلتها في الداخل، أو تلك التي تفرّ بجسدها وهي تدرك أن روحها لم تطاوعها وظلّت هناك وراءها.

هذه العلاقة، هي الفرصة التي يتاح لنا فيها أن ننظر إلى جيري نظرة مغايرة غير تلك التي عرفناه من خلالها في الثلث الأول من الفيلم. فهنا، يظهر لنا أنه ذلك الشخص الذي يمكن أن يُحَب، دون أن يُصدِّق تمامًا أنه يمكن أن يكون شخصًا محبوبًا فعليًّا. يظهر لنا جيري شخصًا يمكن أن يتورّط في علاقة أبوّة ناجحة، هو الذي اعتاد العزلة. لكن ذلك كلّه لا يكفي لبداية جديدة تمحو كل ما قبلها؛ إذ إن خلاص روحه يقبع في مكان آخر خارج دائرة الجمال الأخَّاذة هذه. (يفعل الشيء نفسه روبرت دي نيرو في فيلم (حرارة) بعد أن يكون على أبواب نجاحه في الهرب، ومعه مصادفة عمره الوحيدة الجميلة: المرأة التي أحبته.) فبمجرد أن تتكشف خيوط أخرى، يذهب محمومًا وراءها، تمامًا كما يحدث حينما يهتز خيط الصنارة في يد الصياد فتستيقظ حواسّه كلّها في لحظة خاطفة.

لقد أدرك جيري أن القاتل مهووس بفتيات صغيرات يرتدين الفساتين الحمراء، وحين تختار ابنة النادلة الصغيرة ثوبًا أحمر في ساحة الكرنفال، وتشتريه، يستيقظ السؤال من جديد، لقد اكتملت الفتاةُ، كطُعْم، وفوجئ هو بذلك، وأدرك بشيطانيته أن الخيط تحرّك في يده. ويوسع المخرج هذا الحس حين يقف جيري في بيته أمام التلفاز (بعد شراء الفستان) يراقب خطفًا برنامجًا عن صيد أسماك القرش، يقول فيه الصيّاد للمذيع: إذا أردتَ أن تصطاد سمكة قرش حقيقية، فيُفضَّل أن يكون الطُّعْم حيًّا!

هكذا، بوعي أو دون وعي، بإرادة حرّة أو مسيّرة، تتحوّل الصغيرة، ابنة النادلة، إلى طُعم حيّ يلقيه جيري أمام محطّة البنزين ويتركه متأرجحًا في الهواء فوق أرجوحة بناها بنفسه، تاركًا عين الصيّاد فيه مثبّتة عليها. وحين ينجح في استدراج سمكة القرش إلى المكان الذي هو فيه، بعد أن عجز هو عن الذّهاب إلى وكر تلك السّمكة، تُضْحي علاقته الأجمل جزءًا من الماضي الذي

لا يحبّ أن يتذكره، تغدو ذريعة لا غير لحلّ اللغز الذي فيه خلاص الرّوح، ولو داست هذه الرّوح في طريقها أرواحًا أكثر براءة بما لا يقاس منها. لأن شخصية جيري تتحوّل في هذه اللحظة لتتماهى مع شخصية سمكة القرش نفسها. فإذا كان القاتل مستعدًّا للإقدام على ارتكاب جريمته بكل ذلك الاندفاع، فإن جيري لا يتردّد في أن يغامر، بكل ما تعنيه كلمة مغامرة، بحياة الطّفلة للوصول إلى سمكة القرش.

يبدو سؤال الفيلم هنا أكثر تعقيدًا، وعمقًا في آن، ويتجاوز كثيرًا حدود شخصية جيري بلاك إلى ما هو أبعد بكثير منها؛ لأن القاتل يتحوّل في النهاية إلى مجاز، رغم تجسُّد أفعاله؛ إنه مختف، لا يُرى، ثمة ما يدل عليه، ولكنه خارج دائرة التحقق بصريًّا، هنا طرف ثوبه، زاوية من وجهه ملتقطة من الخلف، هداياه التي يستدرج بها البراءة لينتهكها ويمزّقها ببشاعة؛ وهنا على مسرح الوجود ذلك الشخص المتطلع للوصول إليه بأي ثمن. ولذا، فإن جيري في الحقيقة يقدِّم خلاص روحه لذلك الغامض المتوحش بالقدر الذي يقدم فيه الصغيرة له. وهنا تكمن تراجيديته التي يمكن أن يُفهم من خلالها غضب الأم وقد اكتشفت أيّ شرير ذلك الذي يقبع داخل جيري، إنه والقاتل وجهان لمرآة مزدوجة تسعى لاختصار وجهيها في وجه واحد لا غير؛ ولا يمكن أن يتم ذلك سوى بتقديم هذا القربان له، لأن الصغيرة التي تمضي لموعدها مع الشيطان، لا تكون آمنة أبدًا مع كلّ ما يحيط بها من عناصر الحماية التي يبسطها زملاء جيري، بعد استدعائه لهم، وهم يراقبونها عن بُعد ببنادقهم وأجهزة اتّصالهم، بعد أن صدّقوا أخيرًا أن في الغابة وحشا.

وهكذا، تبدو السرعة المميتة التي يقود بها القاتل سيارته السوداء الشبيهة بعربة الموتى للوصول إلى الفتاة الصغيرة، هي السّرعة المجنونة نفسها التي تندفع بها روح جيري طائرة كي تصل إلى خلاصها الذي تحوّل إلى هلاك، منذ تلك اللحظة التي استسلم فيها لفكرة وجود الطُّعْم الحيّ. ولذا، سيغدو طبيعيًّا تمامًا أن يلاقي الاثنان: القاتل والصياد حتفهما؛ الأول بموته حين

يصطدم بشاحنة كبيرة لنقل الأخشاب، والثاني باصطدامه بفراغ سؤاله وعبء بحثه الذي لم يفض إلى أيّ إجابة، ليصطدم بالتالي بجنونه وينتهي كذات إلى الأبد.

إن عذاب القاتل في لحظته الأخيرة قائم في عدم قدرته على الوصول للضحية التي تنتظره، كما أن عذاب الصيّاد قائم في أنه كان على يقين من أن سمكة القرش موجودة، وفي مرمى صنارته، وأنها هزّت الحبل إلى درجة لم تعد فيه حواسه قادرة على الاحتمال؛ ورغم ذلك لا يتمكّن من الإمساك بها أو حتى رؤيتها، وهذا هو عذابه.

.. وما كان يمكن للفيلم أن يحقق شرط جماله، لو أن المخرج اختار هواية أخرى غير صيد السمك لجيري، لأن مفردات هذه الهواية هي في الحقيقة ما يُلخّص العلاقة بذكاء حاد، بين الصياد الذي يطارد الفريسة، والفريسة التي ما تلبث أن تتحوّل إلى صياد، يقول نيتشه (في مطاردته للتنّين يصبح الصّياد تنينًا بدوره).

من هنا يبدو مشهد نهاية جيري هو المشهد الأكثر قسوة من مشهد الاصطدام، فالقاتل انتهى متفحّمًا في لحظة، دون أن يراه جيري، أو يتحقق زملاء جيري من وجوده فعلًا؛ حتى وهم يعبرون بجانب ذلك الحادث المروِّع، ويلمحون تلك القامة المتفحِّمة التي يتصاعد منها الدّخان، لذلك العملاق، كما وصفته، ذات يوم، الصغيرة التي قتلها في بداية الفيلم خلال حديثها عن علاقتها به لابنة صفّها، وكما رسمته ببراءة ألوانها وخطوطها. فمقابل تلك الجثة المتفحّمة، نرى في مشهد طويل وصعب الرّوح المتفحِّمة لجيري في ذلك العراء، حيث الخراب قد حلّ مُبدِّدا المنزل- المحطة، وكل ما يحيط به، وحين يمرّ رفُّ الطيور السوداء في سماء المكان، تبدو الأجنحة السّوداء للغربان في الأعالي هناك، هي ذلك الدّخان المتصاعد من هذه الرّوح هنا، ولا شيء آخر!

(الجنة الآن):
التحليق في المناطق المحظورة

لم يأت فوز فيلم المخرج الفلسطيني هاني أبو أسعد (الجنة الآن – Paradise Now) 2005، الذي أدى الأدوار الرئيسة فيه الممثلان الفلسطينيان قيس ناشف وعلي سليمان والممثلة المغربية الأصل لبنى الزبال من فراغ، ولكن هذا الفوز ليس أقل من مفاجئ، ومصدر المفاجأة قائم في أن السينما الفلسطينية إذا ما قورن تاريخها الفعلي بتاريخ السينما في العالم العربي والعالم فهي سينما في أول طريقها، رغم أن الفلسطينيين سعوا بدأب إلى إنشاء صناعة سينمائية منذ ثلاثينيات القرن الماضي، وإن كانت البدايات الروائية الحقيقية قد أعطتنا ثمارًا رائعة بعد ذلك بكثير، كما حدث حين قدم ميشيل خليفي فيلمه العلامة (عرس الجليل)، وتبعه بفيلم (حكاية الجواهر الثلاث)، وجاء المخرج رشيد مشهراوي ليقدِّم (حتى إشعار آخر) و (حيفا) ويتراجع بعدهما بصورة لافتة، وإيليا سليمان ليقدم (سجل اختفاء) و (يد إلهية) ويأتي هاني أبو أسعد نفسه ليقدم فيلم (القدس في يوم آخر.. أو عرس رنا). وقد استطاع بعض هذه الأفلام أن يحقق نجاحات عالمية بارزة في عدد من أهم المهرجانات وعلى رأسها مهرجان (كان) السينمائي.

أما الوجه الآخر للمفاجأة فهو ما حققه فيلم (الجنة الآن) وهو يقوم بهذه القفزة العملاقة ليصل إلى جائزة الجولدن غلوب لأفضل فيلم أجنبي التي لم

يصلها فيلم عربي من قبل، رغم الحمْلة الصهيونية التي شُنَّتْ ضده، وما كان يعنيه هذا الفوز من فرص كبيرة للوصول إلى جائزة أوسكار أفضل فيلم أجنبي.

أما مفاجأة المفاجآت فهي أن الفيلم الذي تمكّن من تحقيق هذا كلّه، هو فيلم عن أخطر قضية عربية وهي القضية الفلسطينية وأخطر جانب في هذه القضية والأكثر مدعاة للنقاش الحادّ ونعني: (العمليات الاستشهادية).

كل تلك المفاجآت تدعونا لتأمّل الفيلم من زاوية جديدة، وقد كُتِبَ الكثيرُ عنه، وتبرّع بعض الكتّاب بالهجوم عليه قبل مشاهدته، وتبرع آخرون بالدّفاع عنه قبل مشاهدته أيضًا، ودافع عنه أو هاجمه عدد لا يحصى لمجرد أنه حقق هذا الانتصار الكبير، لأننا نعيش زمنًا لا نفتقد فيه شيئًا مثلما نفتقد النّصر، أيَّ نصر، ولا نستكثر شيئًا على أنفسنا أكثر منه!!

كنت شاهدتُ فيلم هاني أبو أسعد (القدس في يوم آخر) وخرجتُ منه، مثل غيري بانطباعات جميلة عن سينما جميلة ونظيفة، وقدرة هائلة على تحريك الكاميرا ببراعة وبجماليات عالية وبخاصة تصويره لمدينة القدس، ولا أظن أن هناك فيلما قدَّم هذه المدينة العظيمة بهذا الجمال والروعة وذلك النور الذي يشعُّ من حاراتها وشوارعها، وقد كنت واحدًا ممن تمنوا أن تواصل (رنا) الركض في تلك الشوارع بحثًا عن حبيبها إلى أقصى حد ممكن، لا لشيء إلا لأننا مع اندفاعها هذا كنا نرى المزيد من فتنة وجمال القدس (رغم وجود ملاحظات كثيرة على الفيلم)، لكننا افتقدنا جماليات مدينة نابلس في (الجنة الآن).

أمام واحد من الحواجز أقامت (رنا) عرسها أخيرًا، وقد قدّم لنا ذلك الفيلم رسالته بوضوح: يستطيع الفلسطيني أن يحيا رغم الحواجز كلّها، وأن يفرح رغم كل أشكال الموت، وجاء (الجنة الآن) ليقول لنا: يستطيع الفلسطيني أن يموت أيضًا، وقد تزايدت الأوضاع سوءا، رغم كل هذه الحواجز ضد كل أشكال هذا الموت أيضا!!

كان اختيار هاني أبو أسعد، المولود في مدينة الناصرة عام 1961، لموضوعه جريئًا، وهو كاتب السيناريو الأساس، إذ إن موضوعًا كهذا محفوف بالمخاطر، كما أشرنا، لكنه في النهاية الموضوع الذي يستحق، لأن الفنان لا يتحرّك في إطار المتَّفق عليه بل في إطار المختلف عليه، وإذا ما عمل في المنطقة المسموح له العمل فيها، فإن عليه أن يَقلِبَ أبجديتها من جديد ليُقدِّم رؤياه التي تُبدد بلادةَ السّائد وأكذوبة الاتفاق عليه أو معه.

قبل عشرين عامًا، كتبت قصيدة طويلة عنوانها (الحوار الأخير قبل مقتل العصفور بدقائق) عن أربعة من الشبان الفلسطينيين قاموا باختطاف حافلة إسرائيلية وتوجّهوا بها من عسقلان إلى رفح، للمطالبة بإطلاق سراح زملاء لهم في السجون الإسرائيلية. وقد كان يشغلني أيامها تلك النظرة الجاهزة حول فكرة (اختطاف الرهائن) لا سيما في الغرب -لم تكن العمليات الاستشهادية جزءًا من مشهد المقاومة آنذاك- ولذلك رحتُ أبحث في تلك المنطقة المغيّبة بالإدانة الجاهزة، بحثًا عن ذلك الذي يدفع شبابًا في مثل عمرهم للمجازفة بحياتهم في عملية من هذا النوع.

تتحدّث القصيدة عن رحلة الذهاب ورحلة العودة والتفاصيل الإنسانية لطفولتهم، ويفاعتهم، وعن تلك النهاية المأساوية حين قُتِلَ منهم اثنان على الفور بعد اقتحام القوات الإسرائيلية للحافلة المختطفة، وقُتِلَ الاثنان الآخران بعد أسرهما، وقد حدثتْ فضيحة كبرى، ظلّتْ تُشغل الرأي العام الإسرائيلي والفلسطيني أكثر من عشر سنوات بعد ذلك، لأن صحيفة إسرائيلية تمكّنت من التقاط صور للأسيرين ونشرها، في حين أن القوات الإسرائيلية كانت ادّعتْ أن الأربعة قتلوا فورا.

فيما بعد، تبيّن أنه تم تحطيم جمجمتي الأسيرين بالحجارة والهراوات بعد أن تم اقتلاع أعينهما. وقد قالت امرأة إسرائيلية كانت في الحافلة إنهم تحدّثوا عن السلام وكانت أعمارهم موزعة بين السابعة عشرة والعشرين، وإنهم قاموا بإنزال امرأة إسرائيلية حامل من الحافلة.

وفي نيسان 1985 أي بعد مرور سنة، تمت مكافأة الضابط إسحق مردخاي الذي أشرف على عملية قتل الشهيدين بترقيته إلى رتبة (لواء). وظل مردخاي يتقدم في الجيش إلى أن أصبح وزيرا للدفاع!

من المؤسف أن من قام بإنتاج عمل تلفزيوني طويل عن تلك العملية كان التلفزيون الإسرائيلي، وكانت تفاصيل ما حدث فيها فرصة حقيقية لا للشّعر الملحمي وحده بل للسينما أيضًا لتأمّلها، ولا أظن أن الوقت فات رغم مرور كل ذلك الوقت على تلك الواقعة المُزلزِلة.

تأتي أهمية (الجنة الآن) في كونه يغامر في الذّهاب إلى منطقة أخطر، ينقسم العرب والفلسطينيون في آرائهم حولها، قبل أن يتّحد العالم ضدّها تقريبًا. ولذلك، فإن حجم الشَّك الذي خيّم حول هذه التجربة في العالم العربي، وفي الوطن الفلسطيني المحتلّ، جعل بعض الكتّاب يُصدرون الحكم عليها قبل معرفة تفاصيل القضيّة.

ولكن قبل أن نمضي للفيلم نفسه أحب أن أقول: يبدو أن الكتابة عن هذا الفيلم لن تكون أمينة إلّا إذا كانت تشبه الطريقة التي اتّبعها المخرج في إخراج فيلمه.

يبدأ الفيلم بواقعة صغيرة دالَّة وموحية وذكية، لا يستطيع تقديمها سوى مخرج ذكي ولمّاح إلى أبعد الحدود، فخالد وسعيد العاملان في محلٍّ لتصليح السيارات على مشارف مدينة نابلس يخوضان نقاشًا، يبدو عبثيًّا، مع صاحب سيارة قاما بإصلاح واقي صدماتها الأمامي، حيث يصرُّ صاحب السيارة أن هناك اعوجاجًا في الواقي، ويؤكد له سعيد أن ذلك غير صحيح لأن الواقي القديم قد استُبدل بقطعة جديدة، لكن صاحب السيارة يصرّ على رأيه مما يضطر سعيد لإحضار ميزان ماء، فيواصل الأول إصراره، فيضعون الميزان على الأرض فيصرّ صاحب السيارة على أن الأرض مائلة أيضًا؛ في حين أن النتيجة مؤيدة لرأيهما. وفي ظلّ هذا الحوار الذي يُدرك سعيد أنه لن يؤدي إلى أيّ نتيجة، الحوار العبثي الذي يقلب الحقائق التي تراها العين ويثبتها العِلم

أيضا، يمضي ويحضر أداة ثقيلة ويحطِّم بها واقي الصّدمات؛ في حين نرى المشهد التقليديّ (القهوة تفور على النار) قبل أن يُنهي سعيد ذلك العبث بطريقته الخاصة.

لعل هذا المشهد هو التَّلخيص الرّمزي لحكاية العمليات الانتحارية، وكما سيرد ذلك بوضوح على ألسِنة أبطال الفيلم الذين يحسّون بأنهم أمام باب مغلق، حيث فشلت كلّ الطرق التي قَبِلَ بها الفلسطينيون لتحقيق جزء من العدالة التي يستحقّونها مقابل دولة لهم، لقد جربوا الحجارة وجربوا معاهدات السّلام وحاوروا اليسار وحاوروا اليمين ولكنهم في النهاية وجدوا أنفسهم في المكان نفسه عامًا بعد.

بعدد قليل من الشخصيات يقدِّم هاني أبو أسعد رؤيته، وبإنتاج بسيط، لا يزيد حجمه على مليوني دولار، وإن كان مبلغًا كهذا ليس ضئيلًا ضمن معادلة الإنتاج السينمائي الروائي العربي: سعيد، خالد، سهى، الأم، جمال، مسؤول تنظيمي، صاحب الكراج، وعدد من الممثلين الذين لا بدّ منهم لتصوير مشهد يتحرّك فيه البطلان! لكنّ ما يُسجَّل للمخرج والممثلين هنا تلك القدرة الفائقة على تقديم الحكاية بصدق فنيٍّ عال، وبحساسية رائعة لا أثر للمبالغة فيها أبدًا. ولعل ما يساعد في تعميق هذا الأداء قائم في تلك الحالة التي يعاني بسببها الجميع والمتمثّلة في ذلك الحزن العميق الذي يحتلّ الملامح كلّها، وهي حقيقة حياة الممثلين فعلًا. ولذلك، كان من الطبيعي أن يفشل سعيد أمام المصوِّر الذي طلب منه أن يبتسم قليلًا لكي يصوّره. وتلك لقطة من أذكى لقطات الفيلم أيضًا، إذ في واقع لا يستطيع البشر فيه أن يبتسموا حتى أمام عدسات التصوير، تغدو الحياة أقسى من أن تُوصف.

(يحرموننا من أن نحيا في حياتنا، سنحاول أن نحيا في موتنا) تلك جملة سعيد، الشّخصية الأكثر تركيبًا في الفيلم؛ سعيد الذي يعاني من طفولة حزينة بسبب مقتل والده على يد رجال المقاومة بتهمة التّعاون مع الإسرائيليين، والذي يخوض حوارا جانبيًّا مع شخص في أحد المطاعم بعد أن طالب ذلك

الشخص بإعدام كلِّ العملاء مع أولادهم وزوجاتهم ومعارفهم، ويكون ردّ سعيد: إن من يتعاملون مع الاحتلال هم ضحية لوجود الاحتلال أولًا وأخيرًا فما بالك بأولادهم ومعارفهم و..

في ظلّ ذلك الماضي الدّامي الذي يُوزَّع فيه دمُ الأب ما بين احتلال مستمر وتفهُّم مُضمر لمقتله على يد المقاومة، يشبُّ هذا الفتى غير قادر على الفرح بشيء ما، أو رؤية أحد ما، حتى تلك الصَّبيَّة المتعلِّقة به، الصَّبية الفلسطينية التي عاشت في أوروبا وأمضت جزءًا من حياتها في المغرب العربيّ! إنها غير مرئية، إذ ثمة حاجز ينتصب ويحجبها، لأن سعيد (ويا لها من مفارقة تلك التي تسكن اسمه)، ضائع في المكان الذي هو فيه، ضائع في وطنه.

أما خالد، فيتذكر ذلك اليوم الذي اجتاح فيه جنود الاحتلال منزلهم خلال الانتفاضة وخيَّروا والده بين أن يكسروا قدمه اليسرى أو قدمه اليمنى فاختار اليسرى، فكسروها!

ولذلك، فإن هاني أبو أسعد لا يتوانى لحظة عن تقديم الحجّة إثر الحجّة في مجال إدانة الاحتلال وبعبارات لا نستطيع إلا أن نقول إنها واضحة جدا، وفي أحيان كثيرة واضحة أكثر مما يجب، لأنها تُحوّل الحوار إلى خطاب وتفقده قدرته على الإيحاء؛ لكن ذلك مبررٌ أيضًا ومفهوم، إذ يبدو أن المخرج كان قد قرر أن يقول كلّ ما في قلبه، وبهذه الكثافة التي يتيحها فيلم لا يصل طوله إلى ساعة ونصف الساعة.

لقد هجا كثيرون الفيلم قبل أن يشاهدوه، وهجاه آخرون قبل أن يتم المخرج تصويره حين قاموا باختطاف أحد العاملين فيه أثناء التّصوير بمدينة نابلس!! ولكننا هنا يمكن أن نذهب لمسافة أبعد في تأمّل رسالة الفيلم التي كان يشير إليها المخرج في البدايات، أي قبل أن يحقّق الفيلم كل هذه النجاحات، ويصفها بأنها رسالة محايدة، لا تدين العمليات ولا تقف معها، وفي ظني أنه راوغ كثيرًا في هذا من أجل التمويل، لكن الفيلم في جوهره،

ورغم كل الحوارات المتضاربة حول شرعية مثل هذه العمليات، يبذل كلَّ ما لديه كي يفهم المشاهد دوافعَها ويتفهّمها.

ومصدر القول بأنه يتفهمها، قائم في الطريقة التي قدَّم من خلالها المخرج نتائج ذلك القهر المتراكم المتوَّج بانفجار؛ وأول مصادر التفهّم قائم في كونه يقدّم الصورة الإنسانية للاستشهادي: صورة حياته البائسة على المستوى العام وهو يُحرَم من أبسط شروط الحياة وأبسط العلاقات الأسرية الطبيعية. وبالتالي فالفيلم مرافعة الضَّحية وقد أصدرتْ بنفسها قرار إعدام نفسها أمام صمت العالم كما تقول ذلك بوضوح في الفيلم. ثم إن المخرج نزع الصّورة التقليدية الجاهزة عن بطلي فيلمه والمتمثلة في التشدد أو التعصُّب أو الأصولية الإسلامية، فهما شابان عاديّان، غير متديّنين، لا نراهما حتى في مسجد، ولا نرى أيًّا منهما في جلباب أبيض لا يكاد يغطي نصف الساق! ولا نراهما متعصِّبين في إطار الأسرة، بل لا نرى حجابًا واحدًا في الفيلم؛ فالأم يمكن أن نُشاهدَ مثلها في كلّ مكان، طيِّبة ومثقلة بالهموم، وقلِقة لا تبوح بما في داخلها. وسعيد نفسه لا يُقصيه عن سُهى التي تحبّه أيّ دافع ديني بقدر ما يُقصيه عنها عدم امتلاكه لأيّ يقين، وهو لا يتردد كثيرًا حين تدعوه، وقد مضى لتسليمها مفاتيح سيارتها في الرّابعة فجر يوم تنفيذ العملية، حينما اكتشف أن مفاتيحها في جيبه وأن عليه مسؤولية تسليمها، لا يتردّد في دخول بيتها، هي التي تعيش وحيدة ولا يتردّد أيضًا في احتساء الشّاي معها. وسيتبين لنا بوضوح أكثر أنه يحبّها ولكنه لا يستطيع أن يحبها، أو غير مسموح له بأن يحبها حين يقبِّلها بهدوء شديد ويمضي لتنفيذ العملية. وليست مصادفة أن الرأي الوحيد الواضح ضد العمليات الاستشهادية هو رأي سُهى التي عاشت خارج فلسطين ما بين أوروبا والمغرب العربي!!

كما أن المخرج يتفهّم العملية الاستشهادية حين يدافع بطريقة غير مباشرة عن سعيد، بل عن الفلسطينيين، في تلك اللقطة الذّكية: ففي وقت تتاح له الفرصة كاملة للصعود إلى حافلة ركاب إسرائيلية تُقلُّ مدنيّين إسرائيليين، لا

يصعد، لأنه رأى فتاة صغيرة فيها، رغم أن سائق الحافلة يدعوه بنفسه للصعود. ونراه بعد ذلك في اللقطة الأخيرة من الفيلم داخل حافلة تغصُّ بالجنود الإسرائيليين، ولعله كان يمضي في تفهّمه إلى أقصى حدٍّ حين أنهى فيلمه بذلك الصمت المفاجئ الذي يحتلّ الشاشة البيضاء تمامًا، دون أن يُرينا عملية التفجير، والتي قد تدفع كثيرين للوقوف ضدَّ شخصيات الفيلم لو أنه صوَّر نتائجها. لقد أعطى (سعيد) فرصته الكاملة لكي يفسِّر ما قام به، وكان حذرًا من أن يجرّ ذلك الذي قد يتفهّم حالته إلى الوقوف ضده حين يصحو على عملية تفجير تجعله يعيد النظر في حساباته وتفهُّمه الذي قد يكون أحسّ به (إنسانيا) وهو يتابع أحداث الفيلم.

لكن الفيلم خارج دائرة بطليه هذه يرسل إشارات لاذعة، وغير مباشرة لأولئك الذين يجنّدون هؤلاء الشباب، فالمدرِّس الذي يمثل حلقة الوصل مع الشابين، والذي اضطرّ للنوم في منزل سعيد، ليلة تنفيذ العملية، نراه يغطّ في نوم عميق للغاية، نوم مطمئن كما لو أن الشخص الذي بجانبه سيعيش إلى الأبد. إنه ينام هناك بحجة وجود الجنود في الجوار، في حين أنه يريد الاطمئنان على أن (سعيد) لن يقول لأحد أو يُغيِّر رأيه، في حين أن (سعيد) لا ينام تلك الليلة أبدا لأنه إنسان وتعنيه حياته. وفي مشهد تصوير رسالة/ وصية خالد بالفيديو قبيل تنفيذ العملية نرى عُمَر ومن معه يأكلون السندوتشات التي أعدَّتها أم خالد له، في الوقت الذي يكاد خالد فيه أن يبكي وهو يرسل تحيته إلى أهله، ويتوِّج المخرج هذه العبثية بالكاميرا التي يكتشف حاملها أنها بحاجة لبطارية ويطالبه بإعادة قراءة رسالته كما لو أنه يقوم بدور عادي في مسلسل يمكن أن يُعاد تصويره مرّة تلو أخرى؛ وإن كان المخرج يحرص بدقة على تقديم مضمون مهم للرسالة نفسها، مضمون (عقلاني) يعيد التذكير بحقيقة الحقّ الفلسطيني وهو نموذج مثالي لأفضل ما يمكن أن يقال للغرب، ويختتم ذلك بخروج خالد عن النص حين يطلب من هؤلاء أن يبلغوا أمه أن تشتري بضاعتها من بقالة، يحدد اسمها، لأن البضاعة فيها أقلَّ سعرا!!

إنهما يفكران بالحياة أكثر من الموت، خالد بوصيته هذه لأقرب الناس إليه، وسعيد برسالته للمُشاهد حين لا يصعد الحافلة التي تركبها الطفلة الإسرائيلية.

ولكنّ هناك سؤالا لا بدّ منه هنا، وهو: كيف يختار المخرج الشخصيات التي ستؤدي الأدوار في فيلمه، وهل هذا الاختيار خارج مضمون الفيلم أم في صلب رسالته؟

لا شك أن اختيار ممثل ما، ليؤدي دورا ما، أمر في غاية الحساسية، إذ يكفي أن تختار مثلا شابين بشعين لأداء الدّورين الرئيسين حتى تتغير طريقة الاستقبال ومعنى الفيلم، في حين أن اختيارهما جميلَين يؤدي إلى نتيجة معاكسة، إذ سيظل حاضرا في ذهن المشاهد بوعي أو دون وعي سؤال يتردد: لماذا يكون مثل هؤلاء مضطرين للموت؟!!

يختار هاني أبو أسعد ممثلَين وسيمين طويلين ليؤدّيا هذين الدّورين؛ ولا شك أن ذلك جزء من منظوره الخاص للعمليات الاستشهادية، رغم أن أحاديثه حولها كانت متذبذبة إلى حدٍّ بعيد؛ فحين عُرض الفيلم في معهد العالم العربي في باريس قال: (إن العملية الانتحارية هي أقصى ما يمكن أن يقوم به الفرد وأدينها.) وفي حوار مع جريدة الحياة وردّا على هذا السؤال: (على رغم عدم رغبتك التأكيد في الفيلم على موقفك من هذه العمليات، نستطيع أن نلحظ وجود تعاطف مع الانتحاريين؟) يجيب: (وظيفتي ليست الإدانة أو التعاطف. هذه أحداث واقعية ولم يكن هدفي إدانتها أو تمجيدها. ولست سياسيا لأقوم بذلك!! الفيلم هو لطرح الأسئلة وليس للإجابة عنها. ما لدي هو قصة درامية وشخصيات، وصراع في وجهات نظر أحترمها. هي مجرد لوحة سينمائية، صورة من تاريخنا.)

لكن هل يمكن أن يكون هناك حياد في الفن؟

يقول أبو أسعد في حوار تال دافعًا تهمة الحياد: (إنها ليست حياديّة سطحيّة وإنما فاعلة)، وربما تكون هذه الإجابة هي الأقرب للحقيقة، إذ لا بدّ من توافر

الحيادية الفاعلة بين المخرج وشخصياته والكاتب الروائي وشخصياته. بل نراه يضيف: (الاستشهاد جزء من مأساتنا، كما أنه جزء كبير من بطولاتنا، ونحن في مجالها لم نقدّم شيئًا أمام أسطورية الفعل الذي يخرج صاحبه به عن دائرة البشر العاديين، وبذلك نكون بحاجة ماسّة إلى أفلام تقول جزءًا منه.)

لكن هاني أبو أسعد يتوّج حقيقة مشاعره الوطنية، في كلماته التي قالها في حفل تسلم جائزة الغولدن غلوب: (هذا الفوز اعتراف بأن الفلسطينيين يستحقون الحياة والمساواة من دون شروط.)

أما السؤال الذي لا بدّ منه في النهاية: لماذا الجنة الآن؟!

إن الجواب الذي يقدمه الفيلم: لأن الفلسطينيين ليس لديهم الآن سوى الجحيم!

(الربيع، الصيف، الخريف، الشتاء والربيع أيضًا..): الطبيعة: حقيقة ..البشر: محاكاة

لا تستطيع أن تعرف ما تفتقده تمامًا إلّا حين تعيشه حقًا وتفتقده، أما قبل ذلك فلا شيء هناك سوى الشّوق المبهم لهذا المُفتقد، ولعل هذا المدخل يصلح للتعبير عن حالتين: حالتنا كمتفرجين مكتفين بما يقدَّم لهم من سينما رائجة قانعين بها؛ وعن شخصية ذلك الطفل الذي تتوزّعه الفصول فيما بينها في فيلم المخرج الكوري (كيم كي - دوك) (الربيع، الصيف، الخريف، الشتاء والربيع أيضا.. Spring, Summer, Fall, Winter and Spring) 2004.

وإذا ما بدأنا بأنفسنا كمشاهدين أتيح لهم أن يشاهدوا بعضًا من سينما العالم المختلفة عن معظم ما يُنتج في السينما الأمريكية، فإننا سنكتشف أننا ضُلِّلنا طويلًا بالنمط السّائد الذي لا يشبه في أفضل حالاته أكثر من فصل واحد يتيم يتكرر دون انقطاع، لكننا سنكتشف عظمة التنوّع ونحن نتنقّل بين ربيع السينما الكورية وصيف السينما اليابانية وخريف السينما الأمريكية الجنوبية وصيف السينما الأوروبية؛ ونحن إذ نتذوق طعم هذه الفصول يتتابنا ذلك الإحساس بأننا لا نستطيع التخلّي عنها بعد ذلك.

ثمة غنى غير عادي وتنوّع استثنائي وموضوعات أكثر رحابة وتجدّد فني وعين أخرى لكل كاميرا، عين ترى ما لا تراه الكاميرا الأخرى. وفوق ذلك كلّه وقبله، ثمة أطروحات وتأملات عميقة في مصير هذا العالم، ورغم قدومها

من ثقافات أخرى إلا أنها تمسّنا في العمق، وتحمل الكثير من الإجابات لكثير من أسئلتنا المعلَّقة.

.. وفي وقت تحاول فيه السينما الأمريكية الرائجة أن تصُبَّنا جميعا في بوتقة معدنية تحدّد ملامحنا وتستولي على أرواحنا، فإن كثيرًا من سينمات العالم تمنحنا أجنحة وتُطلق أرواحنا في مدارات لم نكن عرفناها.

فيلم (الربيع، الصيف، الخريف، الشتاء والربيع أيضًا) نموذج متقدِّم لسينما لا تملك البصر فقط بل البصيرة أيضا، وهي تذهب عميقًا نحو بساطة الأشياء ورموزها الأولى لتؤسس عالمها الكبير وتكشف ما يدور فينا رغم كوننا نعيش على هذا البعد، وننهل من ثقافات مختلفة، ونعيش ثقافتنا الخاصة وأسئلتها.

فيلم لا ينسى، هكذا يمكن أن نلخص هذه الملحمة البصريّة والملحمة الإنسانية التي لا يتجاوز عدد أبطالها أصابع اليد. ولكنّ ما يرفع يومهم من إطاره العادي إلى إطاره الملحمي هو ذلك التوحّد بما حولهم؛ إذ يغدو الكون كلّه قطعة من أنفسهم، الأشجار، المياه، السماء، الجبال، تحوّلات الطبيعة وتحولات الإنسان التي نراها في مختلف مراحله العمرية.

يأتي المخرج (كيم كي - دوك) إلى السينما مُعززًا بعين الرّسام التشكيلي، فهذا المخرج الذي لم يدرس السينما، دخل عالمها من بوابة الفن التشكيلي، ولعل هذا ما منحه كلَّ تلك القدرات على تقديم العالم كلوحة استثنائية، يفاجئنا بها، ويفاجئ الرّسم والسينما بها أيضًا، وهو يقدّمها نابضة تمتزج ألوانها أمام أعيننا فتولد ألوان وتختفي ألوان، كما نولد ونتجّلى ونختفي.

كنت دائما حذرًا في تناول أفلام لم يرها الجمهور العربي بصورة واسعة، لأن الحديث عن مثل هذه الأفلام يبدو حديثا مع النفس ومع عدد قليل جدًا ممن أتيحتْ لهم فرصة أن يروا هذه الأفلام، لكنني بتّ أرى انتشارًا أكبر لهذه النوعية من الأفلام في بعض محلات استئجار أفلام (DVD) بصورة معقولة،

ولم يعد أمر الحصول عليها مهمّة مستحيلة لأولئك الذين يهمّهم فعلًا متابعة أفضل ما تقدِّمه سينما العالم من اقتراحات.

***

في معبد بوذي يبدو عائمًا فوق الماء، أكثر مما يبدو مبنيًّا في وسطه، وفي تلك البحيرة المحاطة بالجبال من جميع الجهات، تدور أحداث الفيلم انطلاقًا من الربيع. وحين نقول الربيع أو الشتاء أو أيّ فصل آخر، فإننا نعني ذلك تمامًا، لأن المخرج لا يُرينا الربيعَ فقط بل روح الربيع أيضًا، وكذلك روح الخريف؛ يرينا كل فصل في أوج بهائه كما لو أنه لن يسمح لأي سينمائي آخر أن يتفوّق عليه مستقبلًا!

في ذلك الربيع الفريد والخاص يتفتّح ربيع ذلك الطفل الصغير (وهو بلا اسم مثل بقية الشّخصيات)، الطفل التلميذ أو المُريد الذي يعيش في كنف معلِّم راهب، يعلِّمه ويراقبه، يزجره ويكافئه، يأسره ويحرره! ولذا فإن ذلك الطفل يلعب الدّور الذي يلعبه كل إنسان أم القوة العُلويَّة!! في حين يبدو الرّاهب راهبًا وأعلى من ذلك بكثير وهو يشير ضمنًا إلى قوة أعلى تراقب بدقة لا يفوتها شيء من سلوك وحتى أحاسيس ذلك الطفل الجميل المشاغب الذي يتحرّك في ذلك المكان الشبيه بجنة حقًا!

(لو نظرت إلى الفيلم عن كثب، يقول المخرج، لرأيت أنه أكثر من مجرد شخصيات. عناصر مثل الشجرة تنشأ من المياه ولها ذات الشّأن والثقل كما الأشخاص. المياه التي تحيط بالمعبد ذات معنى لكلّ شخص، لذا فإن المعبد لا يطفو في منتصف اللامكان بل إنه في قلب لندن أو سيئول).

كونية الفيلم إذن حاضرة في كلٍّ لقطة من لقطاته، وفي كلّ كلمة تصدر عن الشخوص، وكل مصير يترقّب الكائنات فيه.

لا يشير المخرج في أيّ من لحظات الفيلم إلى أصل ذلك الطفل، ولا يتحدّث الطفل عن شيء سابق للرّاهب، لا يتحدّث عن أم أو أب أو أخ أو أي شيء، وفي ذلك ترميز لا يستطيع المرء أن يغضّ الطّرف عنه.

يقول (كيم كي – دوك) في حوار معه قام بترجمته الكاتب أمين صالح: (بدأت العمل بخمس صفحات فقط من المعالجة الموجزة، بعد ذلك - وعبر التأمّل والتفكير - تكوَّنت لديّ الفكرة، فباشرت بالتّصوير.. المنتجون والمستثمرون طلبوا قراءة سيناريو كامل، لكنني وجدتُ بأن ذلك سوف يحبس الأشياء في قفص أو إطار محدّد.. بالنسبة لي وللممثلين، في حين أنني أردتُ تجاوز ذلك).

كل شيء في الفيلم يشير إلى فكرة مُضمَرة لا ينقصها الوضوح إذا ما تأمّلها المشاهد، بدءًا من تلك الطفولة التي تتفتّح في الربيع، وانتهاء بالطفولة التي تعود لتتفتح في الربيع الثاني الذي يمثل دورة الطبيعة والحياة في آن. وحين نقول الطبيعة هنا فإننا نقصد الإنسان لأنه جزء من هذه الطبيعة وتجلِّيها أيضًا.

لكن المخرج ينأى بنفسه بعيدًا عن تصوير الطبيعة كما لو أنه يقلِّدها، لأنه لا يقدِّم لوحة طبيعة صامتة، بل يقدم رؤياه لهذا العالم الذي اختار أن يصوّره عبر هذا الموضوع الطافح بالدّلالات.

ولعل أهم ما يمكن قوله هنا، هو أن المسافة التي تفصل هذا الجمال الخارجي الرائع للطبيعة عن الإنسان كبيرة، رغم أن هذا الإنسان جزء أصيل من هذه الطبيعة، بل ولعله هدفها الأكبر. فما يحدث فيه لا يمتُّ حقيقة، كما يطرح الفيلم، لذلك الانسجام الهائل بين شجرة وبحيرة وضفدع وجدول وأفعى وسمكة.

إن الانسجام الأكبر قائم في الخارج، لكنه مشتتٌ في الدّاخل الإنساني ومعاكِس ومتمرّد، وعلى الجانب الآخر من هذا السّلام الكلّي؛ ولذلك كان لا بد من وجود المعلم الزّاجر المُعاقِب.

لا يفهم المرء لماذا كلّ هذه الرّغبة بإلحاق الأذى، التي تسكن نفس الطفل (البريء)، وهو يسعى لتعذيب الكائنات الأخرى، مع أنه يعيش في ظلّ هذا المعلم الكبير، سوى أن المخرج يريد أن يشير إلى سلوك لا يُقَوَّم لأنه سلوك

أصيلٌ فوق التعلُّم وفوق الزَّجر، كما لو أن جوهر الإنسان هو الأذى وجوهر المعلِّم هو الزّجر لا أكثر!

يمسك الطفل الصغير بسمكة ويربطها بحجر، بضفدع، ويربطه بحجر، بأفعى، ويربطها بحجر، ويُطلق هذه الكائنات تكابد ثقل هذا (الميراث) الذي وضعه الإنسان على كاهلها. السمكة تموت، الأفعى تموت، الضّفدع وحده الذي يستطيع الصمود قبل أن تمتدّ يد الطفل إليه وتنزع عنه ذلك الثقل الذي يكاد يسحق روحه بعد أن طلب الراهب من الطفل أن يمضي لتصحيح أخطائه، بل خطاياه.

الشيء الذي لا نستطيع إلّا أن نتساءل بشأنه هنا هو مدى مساهمة المعلِّم نفسه في فصول التعذيب هذه!! التي سيكون الطّفل أسيرها في (الصيف) فيما بعد، وفي وضع مشابه تمامًا، حيث يراه المعلم يفعل ما يفعله مكتفيا بالمشاهدة كما لو أنه لا ينتظر شيئًا، سوى اللحظة التي ستتاح له فيها معاقبة ذلك المخلوق الآدمي.

يراقب المعلِّمُ الطفلَ في كلِّ حركة من حركاته، ويشاهده وهو يُعذِّب السّمكة، ولكنه لا يفعل شيئًا، ويُعذِّب الطفلُ الأفعى والضفدع ولكن المعلِّم لا يفعل شيئًا، بل نراه يبتعد مكتفيًا بهز رأسه بعد أن أمسك بالطفل متلبِّسا.

يعرف المعلِّم العالِم أن هذه الكائنات يمكن أن تموت بالتأكيد، بل تلك هي الحقيقة، ولكنه لا يتحرّك في اللحظة المناسبة ليعوِّض بعِلمه ما بدا من جهل الطفل، وبذلك يمكن القول إن علْمَه جزءٌ من الجهل، وقرارٌ واعٍ بموت تلك الكائنات التي لا يدرك الطفل حقًا أن فعلته ستؤدي إلى موتها، أو أنه بفعلته هذه يعذِّبها بسبب فرط البراءة القاتلة التي تسكنه.

ولذا، يتساءل المرء في النهاية: مَن قَتَل السمكة والأفعى في الحقيقة، الطفل أم المعلِّم الذي يعي ما يدور، ولا همّ له سوى أن يوقِع هذا الإنسان البريء في الخطيئة حتى يعاقبه، أو يُعلِّمه بالعقاب؟ وهذا ما يحدث حين يربط الطفل بحجر كبير يتلاءم مع وزنه ويطْلقه في الغابة باحثًا عن تلك الكائنات

لينقذها، وقد كان الأحرى به أن يطلقه خفيفًا ليتمكّن من إنقاذها بسرعة أكبر، ثم يعاقبه فيما بعد بربْطه بهذا الحجر الذي يعوق حركته؛ بحيث تحوّل الحجر فوق ظهر الطفل إلى وسيلة لقتل هذه الكائنات بصورة مباشرة في ذلك السِّباق مع الزّمن للوصول إليها قبل هلاكها.

وما يؤكد هذه الفكرة نراه في (الصيف) وقد تحوَّل الطفل إلى شاب وقَبِلَ المعلم بدخول تلك الفتاة إلى عالمهما، الفتاة المريضة، المصابة بما لا نعرفه ولا يبوح به الفيلم. وفي وقت لا نرى المعلِّم جزءًا من علاجها، يتحوّل الشاب إلى علاج حيّ لها فعلًا، فبالحب تشفى الفتاة وتتعافى، وبالتجربة التي زُجَّ فيها الشّاب يتعذّب، وفي كلِّ لحظة نرى الراهب مراقبًا ومنتظرًا اللحظة التي تبرر له أن يعذِّب هذا الشاب بطريقة مختلفة.

يُحذِّر المعلِّمُ الشاب من الرغبة في الامتلاك لأنها طريق للقتل، ولكنه في الحقيقة يراقب طوال الوقت بعين الخبير الذي يعرف تمامًا إلى أين تمضي الأمور وكيف تتطوّر، وبالتالي فإنه يدرك أن عقاب الشاب قائم هذه المرّة في أمرين: خروجه من هذا العالم الآمن الهادئ، والعقاب الذي سيقع عليه لارتكابه جريمة قتل الفتاة التي أحبّها؛ ولذلك فإن الشاب مُعذَّب بمعرفة المعلِّم التي تدفعه إلى مصيره وتوحي له بذلك المصير ومُعذّب بالفقدان الذي نفّذه بيديه ونتائجه الحتمية التي تنتظره هناك كما قال له معلِّمه.

تقديم المرأة كسبب للخروج من ذلك العالم الآمن مثالي الجمال، يحمل دلالاته البعيدة التي تتخطى تراث البوذية، ويحوّلها لسبب للرّغبة ومن ثمّ القتل، وإن كان قتلها، سيحوّلها إلى خطيئة كبرى تحتّم على الشاب أن يمضي العمر كله للإفلات من براثنها التي تمزّق روحه. ولعل الموقف من المرأة هو أكثر الأمور وضوحًا في هذا الفيلم، فالمرأة الأولى التي تظهر تكون سببا لخروج الشاب وترك المعلِّم وحيدًا، المعلم الذي لا يلبث أن ينتحر وقد أقفر العالم من حوله وغدا وحيدًا بلا أي إنسان!! ولذلك فإن عقاب هذه المرأة القتل على يد ذلك الذي تعلّق بها، كما أن المرأة الأخرى التي تظهر في الربيع

التالي في بداية الدّورة الثانية للفصول تموت بعد أن توصل الطفل إلى الراهب، وفي هذا المشهد إشارة ما، شبه واضحة، إلى أن المرأة كانت خاطئة، ولذا فإن الموت هو عقابها الحقيقي.

ينهل الفيلم من ثقافات أخرى، كما أشرنا، ولذا كان من الطبيعيّ أن يصبّ فيها ويجد هذا القبول الواسع؛ ولكن الشيء الملفت هنا أن الطفل يقوم بقتل الأفعى، بما ترمز إليه في الديانات السماوية التي تُحمِّلها وزر خروج الإنسان من الجنة، لكنه رغم ذلك يخرج من الجنة، كما لو أنه يريد أن يقول إن الإنسان هو المسؤول الأول عن عذابه هو والأقدار المحدقة به.

ولكن ماذا عن هندسة هذا العالم الذي يقيم فيه الرّاهب مع تابعه الصغير؟

يبني المخرج عالمه متكئًا على حواجز قوية لكنّها وهمية في آن، فالدّخول إلى البحيرة يتم عبر بوابة عملاقة واسعة، تُفتَح وتُغلق، مع أن باستطاعة أي شخص أن يدخل من جانب البوابة بسبب عدم وجود أي أسيجة أو جدران تحول دون ذلك! كما أن ضفاف هذه البحيرة العجيبة متّصلة تمامًا مع الغابة والجبل. وما يقال عن البحيرة، يقال أيضًا عن ذلك المعبد الوحيد نفسه المبني وسط المياه تمامًا، فما إن تدخل إليه حتى تكتشف أن هنالك أبوابًا ولكن ليس هنالك جدران، ورغم أن المريد يستطيع عبور هذه الجدران الوهمية للتسلل خارجًا أو للقاء المرأة في الزاوية الأخرى المقابلة، إلا أنه لا يستطيع الوصول إليها إلا عبر الباب!!

إن وجود الباب هنا رمزيّ بالتأكيد، لأن المخرج يقول إنه صورة لسلطة أعلى تستطيع أن تغلقه وتستطيع أن تشرعه في وجه من تشاء، وعلى الرغم من وجود هذا الفراغ الذي يمكن العبور منه، إلا أن الدخول الفعلي لهذه المملكة لا يتم إلا عبر الباب، فالباب مؤشر على الرضا والسماح والقبول بهؤلاء البشر.

وهنا يبرز سؤال آخر، وربما معضلة أخرى تمثّل الوجه الثاني من الانقياد لقوة المعلِّم الرحيمة القاسية، وذلك السؤال هو: لماذا يقبل ذلك الإنسان في

مراحل عمره المختلفة أن يظلَّ حريصًا على إتباع التعليمات والالتزام بما وضِعَ له من قوانين تُلزمه بأن يسير في الممرّ الذي حُدِّد له، سواء أكان ذلك من أجل القيام بالتكفير عن خطأ ارتكبه أو القيام بهذا الخطأ؟

إن كل خروج في الفيلم كان يعني دائما خطيئة أو عقابًا.

في الربيع يخرج الصغير ليُعذِّب الكائنات. في الصيف يخرج للقاء المرأة وممارسة الحب معها، ومن ثم الخروج وراءها؛ وصولا للخروج الثاني الذي يؤدي إلى طرده عشر سنوات (في سجن خارجي) هو بمثابة الجحيم. أما الشتاء فيشهد عودة الشاب إلى المعبد وقد أصبح شيخًا، ليقوم بدور الراهب بعد انتحار الرّاهب القديم. وانتحار الراهب يثير أسئلة لا نهاية لها، فهو إذ يخلو عالمه من مريده تمامًا ويغدو وحيدًا، لا يجد أمامه سوى الموت. صحيح أنه يحلّ في روح أخرى، ويتمثل في الأفعى التي يصوّرها المخرج فوق قميصه بعد موته مباشرة؛ إلا أن موته، أو الحكم بموته وخروجه أيضًا من تلك البحيرة بما ترمز إليه يعني الكثير.

أما الشيء الآخر فهو أن الشاب القاتل الذي عاد ليلعب دور الرّاهب أو المعلم ويُكمل مسيرته، قد أتى من خطيئة القتل ليُطبِّق قوانين لم يلتزم بها أصلًا. وفي هذا الفصل تظهر المرأة الثانية في الفيلم وقد أخفتْ وجهها تمامًا حاملة طفلًا بين يديها، تُوْدِعَهُ لدى الراهب الجديد وتتسلّل خارجة في العتمة لتقع في حفرة في البحيرة المتجمِّدة وتموت، في الوقت الذي نشاهد فيه طفلها يحبو فوق الجليد كما لو أنه علم بما حدث لأمه.

إن دورة (الرّهبان) هنا مثل دورة (الإنسان) أيضًا، والخطيئة جزء من العالَمين، ولهؤلاء الرّهبان ربيعهم وصيفهم وخريفهم وشتاؤهم وربيعهم أيضًا!

خروج الراهب الجديد إلى قمة الجبل نصف عار في البرد القارص للوصول بتمثال بوذا إلى أعلى قمة مطلّة على البحيرة، هو محاولة للتكفير عن

خطاياه، وهذا ما يعيد الفيلم إلى ثقافته الأصلية. وإن كانت رحلة الرّاهب أشبه ما تكون برحلة سيزيف وحكايته مع صخرته.

فيلم (الربيع، الصيف، الخريف، الشتاء والربيع أيضا) هو مُعَلَّقة مديح للطبيعة كُتِبَتْ بالكاميرا، إذ تبدو وحدها النقيّة الصّافية لأنها الربيع والرصيف والخريف والشتاء والربيع أيضًا، أما الرّهبان والإنسان معًا، فما هم سوى تلك المحاولة المتكررة لاستعارة جمال لا يستطيعون بلوغ أكثر من قشرته وهوامش رمزيته، كما لا يستطيعون الاحتفاظ به أبدًا.

ولذلك، ليس من الغريب أن يقول المخرج -وهو الذي أدى دور الرّاهب الجديد-: اخترت أن أقوم بتأدية دور الراهب (الثاني) في طور الرّجولة لأنني لم أجد ممثلا آخر يتلاءم مع الدّور. لقد جاءت لحظة أردت فيها أن أكون مثل السّمكة، أردت أن أفهم وجع الثعبان والضفدعة لكنني لستُ ممثلا، لذا فإن هذا القسم من الفيلم ذو عنصر وثائقي، حيث أردتُ أن أختبر ذلك الألم. الوثائقية تُسجِّل محاولة شخص يكابد الألم الحقيقيّ، بينما الدراما هي مجرد تظاهر، محاكاة).

وهكذا انتقل المخرج من وراء الكاميرا ليعاني أمامها فعلًا في واحد من أقسى مشاهد الفيلم.

وما يمكن أن يقال هنا عن الوثائقية والدراما يمكن أن يقال عن الطبيعة والبشر، إذ تبدو الطبيعة هي الحقيقة والبشر مجرد تظاهر، محاكاة.

(كابينة الهاتف):
بطل من هذا الزمان!!

على الرّغم من أن فيلم (كابينة الهاتف ـ Phone Booth) 2003، للمخرج جويل شوماخر، يدفع مخيّلتك لاستدعاء عدد لا بأس به من الأفلام التي قدَّمت الفردَ وحيدًا وخاضعًا لمشيئةٍ تحكم مصيره وتتلاعب به، أو تعمل على محوه، إلّا أن هذا الفيلم يبدو مميزًا على أكثر من صعيد. بخاصة وهو يبدو أشبه بمشهد واحد، طويل متقن، أنيق ومشغول، ويستغرق الجزء الأعظم من زمن الفيلم الذي لا يتجاوز طوله الثمانين دقيقة.

وقبل الذّهاب إلى علاقة هذا الفيلم بأعمال سينمائية أُنجزتْ قبلَه، نقول: إن ستو شيبرد الذي يقوم بدوره الممثل (كولين فاريل) يعمل وسيطًا فنيًّا ورجل دعاية، حين نراه يعبر شوارع مانهاتن نحسُّ بأنه، وعبر جهاز الموبايل الذي في يده والآخر الذي بيد معاونه، مسيطر على كلّ شيء: البشر ومصائرهم؛ من الفنانة الناشئة المتطلِّعة للأضواء، حتى صاحب المطعم الذي يُنظِّم فيه، أو يدفع الناس لتنظيم حفلات كبيرة فيه، مقابل امتيازات خاصة لستو. وفي جملة واحدة يقولها في هذا الشارع، الذي يبدو كما لو أنه مكتب شاسع له، يدير العالم منه، تتضح سمات بطل هذا الزمان، حين يقول: باستطاعتي أن أحوِّلهم إلى آلهة أو أُلقي بهم إلى الحضيض.

ليس ثمة مسافة زمنية كبيرة، أو خطوات كثيرة، تفصل المكان الذي هو فيه عن (كابينة الهاتف) العمومية التي اعتاد مكالمة صديقته منها، كي لا تكتشف زوجته الرّقم من فاتورة هاتفه الخلوي.

بعد أن يهاتفها، ويغلق السماعة، يأتي رنين الهاتف من جديد، وبدافع الفضول يرفع سماعة هاتف الكابينة ويجيب؛ وبمجرد أن يضع السماعة على أذنه تبدأ مشكلته ويبدأ امتحانه، ويتحوّل إلى شخص من أولئك الذين يمضون مسرعين للحضيض. إذ فجأة، أطلّتْ القوّة التي لا بدَّ معها من أن يتضاءل، ولم تكن هذه القوة سوى ذلك القنّاص الذي يعرف أدقّ تفاصيل حياة ستو.

تبدأ المسألة أشبه باللعب، إذ إن الأمر غير قابل للتّصديق، فكيف يُصَدِّق ستو الواثق الذّكي طُرفةً كبيرة بهذا الحجم؟ كيف يُصدِّق فكرة وجود قناص مستتر خلف واحدة من آلاف النوافذ التي تحيط بالساحة التي يوجد فيها الهاتف العمومي؟! قناص يطالبه بالاعتذار علنًا عن أكاذيبه؟

مع كلِّ دقيقة، تبدأ الأحداث بالتقدُّم بتسارع غريب مُفضيةً إلى النتيجة الأخيرة التي يقف فيها ستو عاريًا أمام عيون الجميع؛ ونعني هنا العري المعنويّ، الذي يجعله يطفح كلَّ ما فيه من أكاذيب في اعتراف يتلوه اعتراف تحت سطوة الخوف والفزع، والتهديد الذي يتلوه تهديد آخر، لأن الاعترافات تأتي على دفعات، ملتوية أحيانًا ولا تملك فصاحةَ القول الكامل أحيانًا أخرى.

بهذا المعنى تتحوّل (كابينة الهاتف) إلى غرفة تعذيب يلعب فيها القناص دوْر المحقق والقاضي معًا، ويلعب الجمهور والزّوجة ورجال الشرطة أدوار المحلَّفين.

لكن المفارقة هنا في زاوية النظر لمعضلة ستو هذه، فالصحافة تنظر إليها كقنبلة إخبارية، والزّوجة والصّديقة اللتان تأتيان للموقع، تنظران إليها كخيانة فادحة، والسائح يلتقط صورًا، فرِحًا بهذه المغامرة التي تدور أمام عينيه، ورجال الشرطة -الذين أدركوا ما يدور أخيرًا- ينظرون إليه كضحية،

بعيدًا عن فضائحه الشخصية، لأن حياة ستو هي المهمّة هنا، لا اعترافاته. ولنتصوّر ما كان يمكن أن يكون عليه الفيلم لو أن (رامي) ضابط الشرطة الذي يقوم بدوره الممثل القدير فورست ويتكر قد وجد أن أكاذيب ستو سبب كاف لقتله، وتواطأ بذلك، بصورة مباشرة أو غير مباشرة، كي يدفع القناص لقتل ستو؟

أي فيلم مختلف عند ذلك سيكون هذا الفيلم؟!!!

وإذا كانت النّجاة هي مصير ستو، النّجاة التي تتحقّق بمساعدة الشرطة، إلّا أن ثمة شيئا نشعر أنه مات فيه، بل إنه لم يعد، ولن يعود ذلك الشخص الذي كانه قبل الدّخول لكابينة الهاتف التي تلعب دور المَطْهر. إلا أن هناك ما يدعو للتأمل هنا وهو: هل كان ستو يتطّهر، أم كان يزداد أنانية بسبب حرصه على حياته؟! فكل اعتراف كان يُدلي به، كان في الحقيقة قاتلًا لزوجته، وقاتلًا لصديقته المخدوعة أيضا، بقدر ما هو قاتل له؛ وكان يمكن أن يكون التَّطهُّر الفعلي هو النتيجة الفعلية لو أننا رأيناه مستعدًا للتضحية بنفسه وهو يرزح تحت ثقل معادلة: الصِّدق أو الحياة. ويمكن أن نمضي في تأمل هذه النقطة أبعد حين نتذكّر أنه أعطى الأمر للقناص بأن يتدخّل حين رأى أن حياته معرّضة للخطر من قبل ذلك الشاب - الفتوّة، الذي يحمي مجموعة من الغانيات اللواتي يردن إجراء مكالمة ضروريّة لعملهن بعد أن شغل ستو الكابينة أكثر مما هو محتمل!!

يصرخ ستو: لماذا قتلته؟

فيرد القناص: لأنك طلبت مني ذلك، وقد كان هذا خيارك.

: ولكنني لم أكن أقصد!! كنت أريد أن يوقف اعتداءه عليّ!!

هكذا يمضي الفيلم الذي أُنجز السيناريو الخاص به، قبل عشرين عاما كما قيل، وانتظر طويلًا تحققه، نحو مساحة أرحب، يكون فيها المسيطِر والمسيطَر عليه في سلة واحدة، ويختفي الفرق بينهما، كما حدث مع الطفل والراهب في فيلم (الربيع، الصيف، الخريف، الشتاء والربيع أيضًا).

.. ومن المصادفات الغريبة، أنه بعد فترة وجيزة من بداية عرض الفيلم خرج إلى الواقع قناص واشنطن الذي أرعب الولايات المتحدة كلّها قبل إلقاء القبض عليه؛ ولذا تمَّ سحب الفيلم من صالات العرض، كي يكون المشاهد مستعدًا لرؤيته متحررًا من أصداء الحادثة الواقعية التي شغلت العالم.

أما على المستوى الفني فيمكن القول: إن فيلمًا كهذا يمثل اختبارًا للمخرج واختبارًا للممثّل الذي يؤدي الدَّور الرَّئيس: اختبارًا للمخرج لأنه مضطرٌّ للبحث عن حلول فنية وابتكار لغة مختلفة لكي يظلَّ التصوير في ساحة ضيقة فعلًا فنيًّا وجماليًّا رحبًا، يتجاوز معضلة وجود البطل في مساحة أصغر هي الكابينة التي لا تتجاوز مساحتها المتر المربع الواحد.

كما أن في الأمر اختبارًا للممثّل الذي تحوّل إلى شبه ممثل مسرحي في هذه الـ (مونودراما)، وبات عليه تحمّل أعباء الفيلم بمفرده، رغم أهمية بعض الأدوار مثل دور ضابط الشرطة.

إن فعل الانهيار القادم من ثقة مطلقة العلوِّ، كان يحتاج إلى ممثل ليس أقلّ أبدًا من كولين فاريل، الذي يبدو أنه ولد من أجل هذا الدَّور، أو هذه المغامرة التي وصلت حدودًا غير عادية وهي تؤكِّد أصالتها وريادتها.

كما أن الاختبار الآخر قائم في الدَّور الذي يلعبه الممثل كيفر سذرلاند، الذي لا نراه سوى في مشهد ضبابي واحد في نهاية الفيلم، أما الفترة السابقة، وعلى طول الفيلم، فهو المُصَعِّد الحقيقيّ للأحداث من خلال حضور صوته عبر سماعة الهاتف أثناء تأديته لدوْر القناص. ويسجَّل لممثل بحجمه حماسه لأداء دور في شريط سينمائي لا نراه فيه سوى ثوان قليلة.

وإذا ما عدنا للبداية، فعلى المستوى الفنيّ والفكريّ يقترب (كابينة الهاتف) من فيلم (الوقت الحاسم)، ففي ذلك الفيلم يكون البطل مضطرًّا لتنفيذ أمر القتل حتى لا تُقتل ابنته. وهنا يمكن أن نلاحظ أن العقاب لا يقع على القاتل فقط، بل على الضحية البريئة أيضًا، فالابنة الصغيرة مهدّدة هنا بدفع حياتها ثمنا لشيء لم تقترفه، وزوجة (ستو) وصديقته في كابينة الهاتف تدفعان الثمن

حين تُذلّان على المستوى العام أمام كاميرات المحطات التلفزيونية بسبب اعترافاته بخيانتهما؛ لأن الصديقة لا تعرف بأنه متزوّج، ونلاحظ كيف يخلع خاتم الزّواج حتى وهو يكلّمها من تلك الكابينة التي شهدت الأحداث.

يتحوّل المُذنب والضحيّة إلى ضحايا لقاض لا يستطيع المرء مناقشة حقّه في إطلاق العنان إلى هذا الحدّ لقراراته. فما دام يمسك بالبندقية ولا تراه العين (كابينة الهاتف)، أو تراه كما في (الوقت الحاسم)، أو يُمسك بأكثر من آلة قتل ويعدُّ قوائم بخطايا البشر في المدينة (المَجاز)، في فيلم (سبعة)، فالأمر نفسه من حيث الدلالة.

ذات يوم قال ميلان كونديرا (الرواية اليوم تمتحن الشَّرك الذي استحال العالم إليه.. ثمة شيء قد حدث عندما وصل (كافكا).. لقد تمَّ وعي العالم على أنه الشَّرَك.)

ذات يوم استعدنا هذه المقولة في قراءة (الوقت الحاسم)، ويبدو أن استعارتها لا يمكن أن تتوقّف ما دام العالم يوغل أعمق وأعمق في كابوسيته.

وإذا كانت مقولة الشَّرك قد تحققت في (الوقت الحاسم)، فإنها تتجسّد في (كابينة الهاتف)؛ وإلى ذلك فإن الفيلمين يلعبان اللعبة الفنية ذاتها والمتمثلة في أن يكون زمن الأحداث هو الزّمن الفعليّ للفيلم.

كما يستدعي فيلمنا هذا بقوة فيلم (سبعة)، الذي يخرج بامتياز ملفت، عن إطار الفيلم البوليسي التقليديّ، لأنه لا يستعير من هذه النوعية من الأفلام إلّا قشرتها الخارجية. بعيدًا عن (كابينة الهاتف) الذي تدور أحداثه تحت الشمس، تتحرك أحداث (سبعة) في مواقع أشبه ما تكون بالأقبية، حيث الظلمة شبه دائمة، وحيث لا يبدو هنالك أيّ نور.

يلتقي (كابينة الهاتف) مع (سبعة) في هذا كثيرًا، لكن طموح (سبعة) أكبر بكثير، لأن القاتل المحترف في الجانب الآخر من فيلم شوماخر هذا يبدو معنيًّا بإنسان بعينه، يمكن لنا أن نعتبره النموذج لبشر آخرين؛ لكن تجسيد العقاب بصوره المتعدّدة في فيلم سبعة، يجعل منه فيلمًا غير قابل للتّجاوز حتى الآن.

ويبدو كابينة الهاتف بأنه ملحقٌ له، لاستكمال العقاب على إحدى الخطايا التي تم نسيانها وهي الكذب!

كما أن هناك فيلمًا آخر يستدعيه فيلمنا هذا، ونعني هنا (عرض ترومان) للمخرج بيتر وير، وهو بالتأكيد التّصعيد النّوعي المختلف لفيلم (سبعة) إذ يدفع الأمور إلى أقصاها، ويتحوّل مخرج العرض في الفيلم إلى قوة مطلقة ليس في قاموسها فكرة (الخَيار)، لأن الشخصية الرئيسة تتحوّل إلى شخص مُسَيَّر مستعبَد إلى حد يتجاوز أي مفهوم عرفته البشرية للعبودية.

لكن، ما الذي يعنيه هذا الانشغال بفكرة ضرورة وجود عقاب، ومُعاقِب، سوى ذلك الحسّ العميق بأن الخطايا قد بلغت أوجها، سواء على مستوى الحياة اليومية للإنسان العادي، أو الحياة السياسية التي تتلاعب بكل حياة وهي تستعير دوْر القناص حينا، وهدفَه المنهك في مرمى بندقيته حينا آخر، هدفه الذي يدفع الكذبَ بكذب آخر، حيث لا وجود لكلمتي الاعتراف والتَّطهُّر في قاموسه، وهو يتطهّر من القتل بقتل جديد، ومن الذنوب بالذنوب الأكبر. ولذا، لم تكن مصادفة أبدًا أن يكون عمل ستو في مجال صناعة النجوم وبيع أخبارهم، فالإعلام مهنته، الإعلام/ الإعلان الذي يدرك أن العالم يسير بالاختلاق لا بالحقيقة.

ولذا، فإن هاجس فيلم شوماخر يمكن أن يُقرأ على مستوى آخر، إذ يبدو الكذب الرّذيلة الكبرى المتحكِّمة في حياة الأمريكيين فعلًا، وهي ماثلة اليوم بصورة مفزعة ممتدّة من هذه الكابينة إلى البيت الأبيض، وما يقوله الرئيس، إلى كل بقعة تصلها آلة الإعلام والدعاية الأمريكية.

(مغنوليا):
كل هذا الأسى في يوم واحد؟

يقول بنجامين مارتن بطل فيلم (الوطني): طالما كنت أحسَّ بأن آثامي ستعود وتواجهني، وأنّ ذلك سيفوق طاقتي.) وليس الأمر أقل من هذا في فيلم (مغنوليا - Magnolia) 1999، للمخرج اللامع بول توماس أندرسون، رغم انتماء الفيلمين إلى عالمين مختلفين تمامًا، بل ويقفان على طرفي نقيض.

يقدّم أندرسون هنا واحدًا من أفضل أفلام نهايات القرن العشرين، بل لعلّه أبرزها، وأكثرها قوة وقدرة على إحداث صدمة عنيفة للغاية في روح المتلقي، ورغم أن المساحة التي تتحرّك فيها أحداث مغنوليا هي في الحقيقة يوم واحد في مدينة لوس أنجلوس، وأن شخصياته الرّئيسة عشر شخصيات، إلا أن الفيلم ينجح باقتدار في بلوغ مناطق خفيّة متوارية في أرواح كثير من البشر، هذه الأرواح التي تتأرجح على الحافة الفاصلة بين قرنين، دون أن تملك أي يقين يثبت أنها حققتْ شيئا ما في القرن (العشرين) المنصرم غير سلسلة طويلة من سنوات الندم، أو أنها ستحقق شيئًا مغايرًا في القرن الحالي، غير أن تحصد ما زرعته هناك في الماضي.

(برأيي إن الأمور الغريبة تحدث أحيانًا، وهكذا الأمور تدور وتدور وتدور، وكما قال الكتاب: ربما كنا نسينا الماضي، لكن الماضي لن ينسانا أبدًا)..

هذه واحدة من مقولات نهاية مغنوليا الحادّة، التي لا تقبل اللعب في المناطق الرّمادية.

يتقدّم أندرسون في فيلمه هذا بجرأة نادرة لمخرج في الثامنة والعشرين من عمره (عند ظهور الفيلم)، ذاهبًا لارتياد منطقة مغايرة، قليلة هي الأفلام الأمريكية التي تملك جرأة الوصول إليها. لأن مثل هذه الأفلام الريادية المبدعة، تولد معزولة، وتكتبُ نهاياتها وهي تحقق إنجازاتها المختلفة والمؤثرة على المستويين الفني والإنساني، وهي مفارقة مليئة بالأسى. فمنذ البداية تُحاصر، لا في دور العرض الأمريكية فقط، بل في دور العرض العالمية غالبًا، فمغنوليا، ظلَّ بعيدًا عن صالات دور العرض العربية، باستثناء عاصمة أو اثنتين، رغم أنه حقق إنجازًا باهرًا عندما تمكّن من الفوز بجائزة الدّب الذهبي في مهرجان برلين؛ لكن مثل هذه الجائزة على أهميتها، لا تستطيع أن تُشرع أمام الفيلم سوى أبواب عدد قليل من العواصم، لأن العالم محكوم بجائزة الأوسكار التي غدت المفتاح السّحري لشبابيك التذاكر، والصالات، وكذلك المجلات والإعلام بأشكاله المختلفة.

يُلاحَظ مثلًا، أن فيلم مغنوليا كان غائبًا بشكل سافر من صفحات معظم مجلات السينما، ففي ثلاث مجلات سينمائية متخصصة لم يكن له وجود سوى في مساحة نصف صفحة لا غير، خلال أكثر من عامين. ويكفي أن نقارن حضوره بحضور فيلم آخر لبطله توم كروز، ونعني هنا فيلم (مهمة مستحيلة 2)، ليتبين لنا حجم الغَبن الذي لحق بفيلم مغنوليا الكبير بكل المعايير. وتلامس هذه الملاحظة صوابيّتَها أكثر، حين نعلم أن ثمة اتفاقًا شبه كامل على أن دوْر كروز في مغنوليا هو أهم لعبه حتى ذلك التاريخ، رغم أنه قدّم دورًا متزامنا مع هذا في فيلم المخرج الكبير ستانلي كوبريك الأخير (عيون مغلقة على اتساعها). بل كتبت الصحافة إن كروز وافق، بعد قراءة السيناريو، أن يؤدي دوْره في مغنوليا مجانًا، بسبب إعجابه بالدّور، ومحاولة منه لإنجاح هذا

المشروع الفني للمخرج الشاب، مع العلم أن كروز من فئة ممثلي ما فوق العشرين مليون دولار على الدَّور الواحد!!

***

في هذا الفيلم تبدو الشخصيات عند خطِّ النهاية، ولكنه خط الخسران، لا خط الفوز بأيّ حال، كما لو أنها ظلّت طوال عمرها تعمل بكل ما تملكه من قدرات كي تبلغ لحظة هزيمتها الكاملة هذه.

الأب (الممثل جيسن روباردس)، لا نشاهده إلّا في مشهد طويل تعود له الكاميرا بين فترة وأخرى، ممددًا على فراش مرضه، يعتصره النّدم وآلام سرطان الدماغ، ويتطلّع للقاء أخير يجمعه بولده (توم كروز) الذي أصبح رجل استعراض شهيرًا وبذيئًا يقدم النّصائح الفجّة للرجال لإغواء النساء والإيقاع بهن، معليًا من قيم الذكورة، التي تبدو هنا، كما لو أنها واحدة من الأفكار العنصرية، النازية؛ ولكن في حدود علاقة الرجل المتفوق بالمرأة الفريسة، الدّونية.. الابن الذي تخلّى عنه أبوه مذ كان في الرّابعة عشرة من عمره وتركه وحيدًا يعاني ويرعى والدته المريضة بالسّرطان، إلى أن ماتت. وعلى الجانب الآخر زوجة (روباروس) الصّغيرة (جوليان مور)، التي يعتصرها الندم، والتي تستيقظ على حقيقة مرضه لتكتشف أنها تحبّه، ولكنها أمضت العمر معه وهي تخونه، ولذا، تسعى لدى المحامي أمام سطوة إحساسها بالذّنب إلى تغيير الوصية لأنها لا تستحق أن ترث زوجها. في الوقت الذي يكون فيه هذا الزوج يعترف بخياناته لها لمرضهِ.

وفي زاوية أخرى المذيع التلفزيوني الشهير (الممثل فيليب بيكر هول) الذي يقدّم برنامج مسابقات ناجح، والمصاب بسرطان العظام أيضًا، والذي يسقط أثناء البثّ الحي للبرنامج على الأرض، ولكنه يرفض أن يغادر ساحة الأضواء. لديه زوجة تحبه فعلًا، وابنة تكرهه، تحوَّلت إلى مدمنة بسببه، لأنه تجاوز حدود علاقة الأبوة معها؛ وتكتشف في بؤرة دوامة دمارها إمكانية إقامة علاقة مع رجل شرطة نظيف.

وفي جانب آخر نعثر على فتى الستينات العبقريّ (الممثل وليم ماسي)، بطل مسابقات الذّكاء الذي كبر وتورّط في أعمال غير مشروعة، دون أن يتمكّن من إيجاد شخص واحد يحبه (في داخلي حبٌّ لا أستطيع أن أعرف إلى من أمنحه).

وكامتداد لشخصية ماسي واستحضار لها نعثر على الطفل المعجزة الجديد، بطل مسابقات نهاية القرن أيضًا والذي وصل إلى الجولة النهائية لبطولة على مستوى أمريكا (ستانلي : جيريمي بلاكمان)، المحاصر بأب لحوح يطارده بالحثّ المستمر كي يبلغ نهاية المسابقة بنجاح، ولكنه (وهو الطفل أولًا وأخيرًا) يخسر، لأنهم، لا الأب ولا مُعِدَّة البرنامج تفهّما أن لديه (حاجة) يجب أن يقضيها أولًا قبل أن يحقق البطولة، وهكذا يضطر أن يبول في بنطاله خلال البرنامج، وبالتالي يحجم عن الإجابة عن أسئلة المذيع الذي بدوْره يتأرجح على مشارف نهاياته.

في هذه الفوضى المنظَّمة تطلُّ ثلاث شخصيات من أصول غير بيضاء، تبدو بعيدة عن دوامة النّدم هذه: الطفل الأسود الذي شاهد جريمة ولا أحد يستمع إليه، أو الأدقّ لا أحد يأخذه على محمَل الجدّ، ويكون الشاهد مرّة ثانية على حادثة انتحار الزّوجة الشابة (جوليان مور) والسبب في إنقاذها. نحن هنا أمام طفولة نبيلة مهمّشة، ولكنّها أكثر صحةً بما لا يقاس من الطفل ستانلي، أو من طفولة ماسي خلال الستينات. كما أننا نقف عند شخصية المذيعة السّوداء التي تقابل رجل الاستعراض الفاحش المتبجِّح (فرانك باكي: كروز)، والتي تتمكّن خلال مقابلة تلفزيونية معه من أن تكشف ماضيه وتحطِّم كلَّ أكاذيبه بعد أن تمكّنت من تتبّع حياته السابقة وصولًا إلى اللحظة الراهنة؛ وقد (كان يمكن أن يكون هذا الجزء باهتًا لو أتى المخرج بمذيع رجل، لأن فضيحة وزيف فرانك كان لا بدّ أن تكون على يد امرأة)؛ ثمّ شخصية الشرطي الذي يجد في (كلوديا) ابنة المذيع المدمنة والمحطمة امرأة يمكن أن تُحبّ، وهو يميل إلى الأصول الأمريكية اللاتينية. خارج هذه الشخصيات الثلاث، كل شخصية مدانة، أو ضحايا ذهبتْ في الاتجاه المعاكس، بحيث تحوّلت إلى

شخصيات مدانة بدورها في عالمها المفتوح شكلًا والمقفل معنىً، باستثناء شخصية الممرِّض المخلِص الذي يُعطي كلّ ما لديه، ويسعى لجمع كروز مع أبيه المحتضر، وزوجة المذيع التي تتخلّى عنه في لحظات حياته الأخيرة حين تقول له: إنك تستحق أن تموت وحيدًا. وتغادر. بعد أن اعترف لها: أظن أن ابنتنا تعتقد أنني اعتديتُ عليها!

حكمة أندرسون فائقة الحساسيّة تتمثّل في نجاحه في متابعة هذه الشخصيات في افتراقها وتقاطعها مع بعضها البعض، لتقديم هذه اللوحة الفنية بالغة الجمال والمأساوية في آن، وحين يختار زمنا محدودًا (يوم واحد) لتقديم ملحمته هذه، فهو يضاعف حجم العبء الملقى على كاهله كمخرج، ولكنّه أمام معضلة غير سهلة كهذه، يعمد إلى مسرحة الأحداث، أي يتبع كل ممثل إلى الخشبة التي يلعب دوْره عليها؛ وبدل أن يستخدم كاميرا واحدة تتنقّل من مشهد إلى آخر، يستخدم تقنية بالغة القوّة، تجعلنا نحسّ بأنه يقوم ببث مباشر لأحداث فيلمه من مواقع متعدِّدة، كأي مخرج يقوم بنقل استعراض كبير على الهواء مباشرة، بخاصة وأن كل الأحداث تدور في وقت واحد. وإذا ما تأملنا كروز وهو يجيب على أسئلة المذيعة، والأحداث التي تدور في الوقت نفسه وعلى خشبات أخرى، وتنقلها الكاميرا، يتبيّن لنا ذلك بوضوح، كما أن كاميرا أندرسون تقوم بدورة كاملة وفي لقطة واحدة متَّصلة لترينا كل الشخصيات في مشهد واحد أثناء متابعة برنامج المسابقات، أو حين تدور دورتها الثانية لنرى شخصيات فيلمه كلّها تدندن الأغنية نفسها، كما لو أن هذه الشخصيات موجودة في غرفة واحدة.

وخارج هذا الإطار التّقني المبدع، وداخله أيضًا نجد المُشترَكَ الذي يربط هذه الشخصيات: الحسّ بالنّدم، والرّغبة في إراحة الضمير والرثاء المرُّ للعمر الذي مر سريعًا، أمام الانتباه الذي يحدث، ولكن دائمًا بعد فوات الأوان. (ها أنا في الخامسة والستين مجلل بالعار، قضيتُ سنواتٍ لعينة قذرة كلّها ندم وإحساس بالذّنب.) يقول والد فتى الاستعراض على فراش موته.

فيلم مغنوليا قاس بكل المعايير، ولكنه لا يستطيع أن يكون أقلّ من ذلك، لأنه لو فعل، فإنه يذهب في اتجاه معاكس تمامًا لما أراد، ليقع بالتالي في فخ البحث عن أبواب نجاة مزيّفة، مرسومة على حائط إسمنتي قاس بصورة قد تكون جيدة، لكنها لا يمكن أن تكون بوابات نجاة!!

الهزائم كلّها حاضرة هنا، وكل واحدة منها بحجم ذلك الماضي اللعين الذي استسلمتْ لجنوحه كلّ شخصية من هذه الشخصيات؛ وهذه الهزائم لا تلبث أن تُفرِّخ مجموعة أخرى من الكائنات المهزومة المشوّهة، ألا وهي الأبناء. فدائمًا هناك والد وطفل، شخص بالغ وطفولته التي كانت، والبراءة ضحية مغرية لهذا النمط السّادي من الشخصيات التي غالبًا ما تتكئ على قوة ما، قوة نفوذها المعنويّ، أو قوة نفوذها الماديّ، أو كليهما.

تقول كلوديا الابنة المحطَّمة والمنتهَكة لنقطة الضوء التي بزغت في حياتها فجأة (رجل الشرطة): سأقول لك كلّ شيء، وتقول لي كل شيء، ربما أمكننا تجنب تلك الأكاذيب التي تقتل الجميع.

وفي عبارتها ما يلخِّص المأساة الكبرى التي بُنيَ عليها تاريخ كلِّ شخصية: الكذب، والذي يتجاوز الحدود الفردية ليطال واقعا عامًا في لوس أنجلوس، أو مدينة الملائكة!

إنها مفارقة حادّة وساخرة بين اسم المكان الذي تدور فيه الأحداث، والأحداث نفسها، حيث كلّ شيء حاضر هنا بقوّة باستثناء الملائكة! ولهذا تبدو الدّعوة للمسامحة، هي آخر ما تبقّى للأحياء لكي يعيشوا حياة شبه سليمة بعد كلّ ما لحقهم من تشوهات. إنها مسامحة باتجاه المستقبل، للتمكُّن من المواصلة، وترميم وجودهم، أكثر من كونها محاولة للغفران لأولئك الذين ارتكبوا كلّ تلك الخطايا.

يقول الشرطي: لمَ لا نسامح، إنه الجزء الصعب في هذه الوظيفة، الجزء الصعب من السير في هذه الطرقات.) بعد أن يُطلق سراح وليم ماسي الذي

تحوّل إلى لص غبيّ، أو شخص غبيّ، كما يصف نفسه، هو الذي كان ذات يوم ذلك الطفل العبقريّ.

تبدو كلمة (الطرقات) هنا مجازًا للحياة برمَّتها، لكن سوداوية الفيلم الإيجابية!! على أيّ حال، لا تتشح بشيء من الضوء أمام فكرة التسامح هذه.

يفتتح أندرسون فيلمه بمجموعة من المصادفات التي لا تُصدَّق والتي حاكتْ بعناية مؤلمة وقائع حيوات عدد من الشخصيات الواقعية، منذ بداية القرن العشرين، ويقدِّم فيلمه في نهاية القرن تمامًا، كما لو أنه يرثي مائة عام من حياة البشر في أمريكا، وقد أصبحتْ رهينة الكذب الذي لم يُخلِّف في النهاية سوى هذه الأحاسيس المدمّرة للذات، بعد أن دمرَّتْ هذه الذات، أو الذوات، كالجراد، كلَّ أخضر مرّت عليه في هيجانها. إنه أمر يبعث الدّهشة تمامًا. وبقدر ما يبدو الفيلم موزّعًا بين الشخصيات إلى حدٍّ يدعو للتشتت أحيانًا، أو يوحي بالتشتت، إلّا أنه واحد من الأفلام الأكثر قدرة على تقديم حبكة مُحكمة.

حين يصف المخرج وقائع فيلمه في النهاية يقول: هذه قصص عن المصادفة، الفرصة والتّقاطع، وأمور غريبة وشاملة، كيف نميّزها؟ مَن يعرف؟!!

لكن المتفرِّج، ورغم هذه الحيرة التي يحملها السّؤال، لا يملك إلا أن يتساءل: يا للهول كلُّ ذلك الأسى في يوم واحد. حتى قبل أن يرى هذا المُشاهد السّماء تمطر ضفادع في مشهد كابوسي غير عادي، يُذكِّرنا بذلك اليوم الذي أمطرتْ فيه السماء بطيخًا في فيلم (صعود المطر) للمخرج السوري عبد اللطيف عبد الحميد، الذي يُسجَّل له هذا النوع الغريب من المطر قبل أندرسون بزمن طويل.

(النهر الغامض)
تراجيديا معاصرة

يبدأ فيلم (النهر الغامض - Mystic River) 2003، بمأساة تتمثّل في اختطاف ديف، الفتى الصغير، على يد رجل يدّعي أنه شرطيّ وآخر يدّعي أنه رجل دين، وينتهي الفيلم بمأساة أيضًا، حيث تتمّ تصفية ديف على يد صديق طفولته جيمي. وما بين مأساة البداية ومأساة النهاية هناك خيمة عملاقة مرفوعة تظلّل مصائر الشّخوص، ما أعمدتها سوى أقدارهم التي يجري عبرها (النهر الغامض).

إن فيلم كلينت إيستوود هذا، والذي نال شون بن الأوسكار عن دوْره فيه (أوسكار أفضل ممثل) وتيم روبنز (أوسكار أفضل ممثل مساعد)، فيلم قابل للقراءات، وبخاصّة في ضوء فيلمه التالي الذي حصد أربع جوائز أوسكار، ونعني (فتاة المليون دولار).

ومن يعرف مسيرة إيستوود يدرك أنه أفضل وأغزر ممثل قدّم أفلامًا للسينما كمخرج، وهو بهذا يتجاوز كثيرًا زملاءه الذين خاضوا حقول الإخراج، وكان من أبرزهم: كيفن كوستنر، ميل جيبسون، شون بن، روبرت ريدفورد، جاك نيكلسون، وصولا لجودي فوستر وجون مالكوفيتش وآندي غارسيا. إذ كان إيستوود أشبه بنهر لا يكفّ عن الجريان. وإذا ما قورن عدد أفلامه (25) فيلمًا بعدد أفلام كثير من المخرجين الذين كرّسوا حياتهم للوقوف وراء

الكاميرا، فإن إيستوود أيضًا يظل متقدِّمًا؛ ومن ينسى هنا أفلامه: بيرد، غير المسامح، جسور مقاطعة ماديسون، والفيلمين الأخيرين الذين أكد فيهما ولعامين متتالين قدرة استثنائية على تقديم أفلام مهمة، وهو الذي بلغ الخامسة والسبعين من عمره، وما تلاهما من أفلام كبيرة.

قال إيستوود وهو يتسلم جائزة أفضل مخرج وأفضل فيلم هذا العام (أهدي هذا الإنجاز إلى أمي التي بلغتْ السادسة والتّسعين، لقد ورثتُ جيناتها، وهذا يعني أنني باق لزمن طويل!!) والحقيقة أن هذا الوعد الذي لا يملك المرء أن يقطعه، هو وعدٌ جميل، لأنه يعني لنا كمشاهدين أعمالًا جديدة نوعية لزمن قادم.

يبدأ النهر الغامض إذن بتلك الحادثة الصّاعقة التي تمزّق المصائر الرّوحية لثلاثة فتية، لم يستطيع اثنان منهما التصرّف في لحظة اختطاف صديقهما الذي حملته السيارة ومضت به بعيدًا ليُنتهَكَ بقسوة مرعبة. وكما حملت ذريعة الاختطاف رمزيَّتها، حين تم ضبط الثلاثة متلبسين بكتابة أسمائهم على أرضية إسمنتية لم تجفّ على طرف الشارع، دون أن يستطيع ديف أن يكتب سوى الحرفين الأولين من اسمه، فإن حيوات الثلاثة تبقى عالقة وباحثة عن نهايتها التي لم تكتمل، حيث لم يفعل الصمت ومحاولات تناسيها، سوى شيء واحد لا غير، أنه تركها تنحبس في الدّاخل وتتفاعل بحيث يغدو انفجارها هو الأمر المأساويّ النهائي الأكيد.

يهرب جيمي (شون بن) إلى حياته متمرّدًا، قبل أن يجد نفسه أخيرًا زوجًا وربَّ أُسرة للمرّة الثانية، وصاحب دكان، وأبا لصَبيَّة من زواجه الأول يحبها كثيرًا؛ ويذهب شون (كيفن باكون) ليكون رجل شرطة يطارد المجرمين وأبًا لابنة لا يعرف اسمها من امرأته التي تهجره وتكتفي بأن تتصل به دون أن تقول كلمة واحدة، تاركة له أن يتحوَّل هو إلى سيل من الكلام. وفي ظلِّ معاناته العائلية تتفجر معاناته الأعمق: إلهي، سئمت من إرسال الناس إلى السّجن في حين يبقى الميت ميتًا.

أما ديف، فهو خيط الحكاية الكبير وملعب الأقدار، فهو الصّامت الذي لا نراه على الشاشة في أيّ مشهد من المشاهد إلا محطَّـمًا، يرافـق ابنـه للحافلـة وفي الشارع دون أن يسمح لعينه أن تفارقه ولو للحظات؛ فمأساة اختطافه تطحن روحه (عليّ أن أهدأ، أحتاج إلى نوم عميق.) يقول وهو يهدهـد ابنـه متضرّعا للسماء.

ليس النهر الغامض امتحان شخوص فحسب، بل نظرة متفحِّصة عميقـة للأقدار، وما النهر وغموضه هنا سوى مجاز، حتى ونحن نرى النهـر بأعيننـا. فكل الأحداث تسير في اتجاه معاكس للعدالـة، ولعـل مُلـصق الفيلم المربـك الذي يرينا ظلال الرجـال مقلوبـة في المـاء، لـيس سـوى إشـارة لّماحـة لمعنـى مصيرهم في هذا العالم.

وإذا كانت حادثة الاختطاف هي التي فجّرتْ هـذه التراجيـديا المعـاصرة، وكان ضحيتها ديف الطفل على يد رجلين: الأول يدّعي تحقيق العدالة والثاني يدّعي نشر الدّين؛ فإن كاثي ابنة جيمي البريئة المتطلّعة بلهفـة للفـرار مـع مـن تُحب، هي ضحية ترسم مصير الضَّحية الأولى مع أنه لا علاقة له بمقتلهـا، ولم يكن قاتلها سوى ذلك الفتى المعذَّب الذي يدّعي أنه لا يستطيع الكلام، الفتى الذي قام بفعلته حين تبين له أن شقيقه وحاميه سيهرب مع هذه الفتاة ويتركـه وحيدًا.

- ما الذي سأقوله لأبيها، يـصرخ الـشرطي - الـصديق القـديم المـصاب بالجرح نفسه. ما الذي سأقوله: يا جيم قال الربّ إنـك تـدين لـه بـشيء آخـر وأتى لأخذ دينه.

إنها حلقة مفزعة، إذ إن الصمت القـديم جريمـة جيمـي كـما هـو جريمـة الشّرطي، لكن جيمي أيضا ذهب أبعد فقد كان قد قَتَل أصلًا، ومنـذ سـنوات والد الطفل الذي قتل ابنته، وأنكر ذلك، وعمل على أن يرسـل مبلغًـا شـهريًا من المال لكي يُعيل عائلة القتيل الذي تظن أسرته أنه لم يزل حيًّا. يقول جيمي:

حين أطلقتُ عليه النار كنّا أنا وإياه نبكي، هل ترى أيّ رجل جيد كنتُ، شعرتُ أن الرّب ينظر إليّ ويهزّ رأسه، لم يكن غاضبًا. كان مستاء!!

إلّا أن ذلك لا يكفي. وفي هذا الفيلم لا شيء يكفي؛ ونعني أن النّدم لا يكفي ودفْعُ الثمن غاليًا لا يكفي، وحتى البراءة لا تكفي، لأن الرّحمة لا مكان لها، فثمة في الظل دائما (غير المُسامِح)!

وهنا تتجلّى بوضوح استثنائي صفة الغموض القاسية التي يتلفّع بها النهر. وهذا ما يمضي بفيلم إيستوود، وفيلمه التالي إلى منطقة أخرى تتجاوز الحكايات البسيطة والبشر الذين يفتقّدون معنى وجودهم بتحوّل هذا الوجود إلى ملعب لا غير كي يمارس الغموض فيه معناه.

في مشهد مؤثِّر يسأل جيمي الشّرطي، بعد أن يكتشف مقتل ابنته: هل تتصوّر أن تفصيلًا صغيرًا قد يُغيِّر حياتك كلّها. لقد أرادت أم هتلر أن تُجهض لكنها غيّرتْ رأيها في اللحظة الأخيرة. هل تفهم ماذا أقصد؟ ماذا لو صعدتُ أنا أو أنت في تلك السيارة بدلًا من ديف؟ كانت حياتنا ستتبدّل؛ فأم كاثي (ابنته) كانت جميلة جدًا، ولما كان بإمكاني التقدّم إليها لو كنت أنا من صعد في السيارة، وعندها ما كان لكاثي أن تولد، ولما كانت قُتِلَتْ.

لكن اللعبة مختلفة هنا، لأنها لعبة ذلك الغموض الذي صاغ الدّروب الأولى لهم ليصل بهم إلى مصائرهم القاتمة.

إن نظرة المحقّق المساعد لشون، في بحثه عن قاتل كاثي، تبدو نظرة منطقية حين يقول: إذا حذفنا دوافع الحبّ، المال، الكراهية، لا تبقى لدينا أيّ أسباب! لكنها منطقية العقل في حالته السّوية وفي منطقه الأرضي، إذ تتقدم فكرة جيمي عن المصادفة المدبَّرة لتدحضها، وبخاصة وهو يتحدّث عن هتلر ويتحدّث عن لغز البداية، وصولًا إلى نفسه حين يقول: لقد ساهمتُ بقتْلِها، ولكنني لا أعرف كيف. كما لو أنه يعيد جملة بنجامين مارتن في فيلم الوطني: طالما كنت أحسُّ بأن آثامي ستعود وتواجهني وأن ذلك سيفوق طاقتي.

ليس ثمة ما يمكن أن يقال عن حياة ديف الضّحية الأولى، سوى أن عذابه لم يتوقّف، ورغم أنه اختار العزلة شرنقةً له ومكانًا قصيّا؛ إلا أن دائرة الغموض تدور ثانية وتلاحقه على يد واحد من أصحابه المصابين بندم لا يرحم. إذ يُدفعَ ديف ثانية ليتصدّر المشهد ويؤدي دوْر الضّحية مرّة أخرى، في ظلّ عدد من الالتباسات العجيبة التي تجعل جيمي يظن أن ديف هو قاتل ابنته، بشهادة من زوجة ديف نفسها، المرأة الضّائعة التي لم تعد تدرك أيّ شيء. ولعل دورها هو الإجابة المُربكة المرتبِكة أمام سؤال النهر وغموضه؛ وقد أدت ماريشا غاي هاردن دور (سيليس) هنا بحيث كانت تستحق جائزة الأوسكار أيضًا، إذ تبدو شخصيتها وكأنها انعكاس لصورة روح زوجها، وبخاصة بعد أن يعترف لها بما حدث معه في طفولته، وحين يجيئها ملطخًا بدم، ويقول لها إنه دم مجرم حاول الاعتداء عليه، وهو لا يعرف إن كان قتله أم لا. لكن الأحداث تبيّن لنا فيما بعد، أنه كان يقول الصّدق وأنه قتل رجلًا شاذًّا مُستغلًا للأطفال، لأنه كان في الحقيقة ينتقم ممن انتهكوه، ولكنه كان يرتكب جريمته مستعيرًا دوْر الأقدار.

(قل إنك قتلتها (ابنتي)، اعترفْ بصوت عال وسأهبك حياتك وأسمح لك أن تعيش.) يقول جيمي لديف المنهار على ضفة النهر بعد أن قاده جيمي ورجاله إلى هناك.

ويعترف ديف بجريمة لم يرتكبها واثقا بالغفران.

ويسأله جيمي: لماذا؟

- تلك الليلة حين رأيتها في الحانة ذكّرتني بحلم ساورني.

- أي حلم؟

- حلم الطفولة. كنتَ ستفهم ما أقصده؟ لو أنكَ صعدتَ إلى السيارة بدلًا مني.

- ولكنني لم أصعد. أنت صعدتَ. يجيب جيمي ويطعنه وهو ينظر للنهر ويقول: ندفن أخطاءنا هنا. أما ديف فيتلقى الرّصاصات التالية ويهمس: لم أكن مستعدًا للموت.

وبعودة جيمي مطمئنًا إلى أنه قد حقّق العدالة، يحضر صديقه المحقق شون، ليخبره أنه تم القبض على المجرمين الحقيقيين، الطفل الصغير وصاحبه.

- ولماذا قتلاها؟

- لا يعرفان!!

ويسأل شون جيمي: متى رأيت ديف آخر مرّة؟

- ديف بويل؟! منذ خمسة وعشرين عامًا يغادر في تلك السيارة. يجيب جيمي. أتصوّر أحيانًا أننا ثلاثتنا كنا في تلك السيارة.

- في الحقيقة -يجيب شون - إننا ثلاثة أولاد في الحادية عشرة من العمر محجوزين في ذلك القبو. هل تتصوّر كيف كان يمكن أن تكون حياتنا لو لم يصعد للسيارة؟

جيمي: ربما كنت علي حق. مَن يعرف!

لكن إيستوود لا ينهي فيلمه هنا، إذ يمضي بنا لمشهَدين أخيرين، شون يجيب على اتصال هاتفيّ من امرأته، تخبره باسم ابنته: (نورا). وجيمي الذي يخلع قميصه فينكشف صليب كبير على طول عموده الفقريّ لم نكن نشاهد منه سوى طرفه من فوق ياقة القميص دون أن نعرف ما هو.

- لقد قتلتُ الرجل غير المناسب. يقول لامرأته .

وترد: لقد قلتُ لابنتينا إن والدهما مَلك. ويعرف المَلك ما عليه القيام به ويفعله. إن الجميع ضعفاء باستثنائنا، وأنت يمكنك أن تدير هذه البلدة.

بعد ذلك نراه مع أسرته في نهر جديد: (نهر استعراض كبير يشق الشارع) على طرفه الآخر شون وامرأته وابنته نورا وزوجة ديف الضائعة الممزقة

الباحثة عن زوجها على أمل العثور عليه، دون أن تعرف أنه قد أصبح هناك في قعر (النهر الغامض).

يبدأ الفيلم باثنين، شرطي ورجل دين مزيّفين، ثم الضحية، وينتهي بشرطي ورجل قد وشم جسده بصليب لا يتردد في تحقيق العدالة!! لكن حقيقة الأربعة غامضة كالنهر الغامض، فليس أي واحد منهم هو نفسه تمامًا.

لقد كان جيمي الذي طرح الأسئلة الصّعبة على صديقه القديم المحقق شون يشكّ في كلٍّ شيء بعد حادثة اغتصاب ديف، ولذلك، قرر في النهاية أن يلعب بنفسه دور العدالتين، الأرضية وما فوقها.

وتبقى الفكرة الأساس: ثمة أخطاء كبرى لهذا النهر الغامض، وحين يأتي شخص ما ليستعير دور العدالتين، دوْر النهر، فإنه سيُكرر الأخطاء بالدّقة نفسها!!

(فتاة المليون دولار)
هنالك دائما مَن يتربص!!

يبدو المشهد البائس لصالة تدريب الملاكمة التي يديرها المدرب (فرانكي) كلينت إيستوود، ويشرف على تنظيفها الملاكم العجوز (آندي) مورغان فريمان، وتقتحم عالمها بإصرار (ماغي) هيلاري سوانك، يبدو مشهد هذه الصّالة مكانًا ملائمًا لموت الأحلام أكثر مما هو مكان ملائم لتفتّحها في (فتاة المليون دولار- Million Dollar Baby) 2004، الذي حاز على أربع جوائز أوسكار!

فآندي خرج من تاريخه الطويل كملاكم بعين واحدة وانتهى لتنظيف بصاق الملاكمين المتساقط، وفرانكي المدرِّب المهزوم، ذو تاريخ صعب طويل مع ملاكميه (طلّابه)، وصولًا للأخير ويلي الذي يتخلّى عنه في اللحظات الأخيرة كمدرِّب ومدير أعمال ليقفز إلى حضن مدير أعمال آخر سيُدخله مباراة البطولة ويفوز بها، قافزًا عن سعي فرانكي المستمر لحمايته من أي مكروه؛ فرانكي المعذَّب برسائله العائدة التي لا تجيب عليها ابنته ولا يكفّ (يوميًّا) عن محاصرة رجل الكنيسة بأسئلة الطفل المشاغب صاحب الرّوح القلقة التي لا ينقصها اليأس.

أما ماغي الشّابة التي تجاوزت سن فتوة الملاكمة وتصرُّ على أن تُجرِّب حظها، فليس لديها في ماضيها سوى عائلة ممزّقة، وأب ميت تحبه، وعجز عن

تحقيق أيّ شيء منذ أن كانت في الثالثة عشرة من عمرها، وزيادة على ذلك قول آندي في وصفه المرّ لحالتها: لقد نشأتْ، وكانت طوال الوقت تحسّ بأنها ليستْ أكثر من زبالة.

في عالم هذا الفيلم، بعدد شخوصه القليل، ووسائل إنتاجه شبه المتقشّفة، (أنجزه إيستوود كمخرج ومنتج وممثل في خمسة أسابيع!) تتجاوز الحكاية إطارها البسيط، والذي يكاد يكون مألوفًا تمامًا في السينما الأمريكية، ونعني قصة الملاكم الفقير الذي يبدأ من الصّفر، والرّجل الذي يفتقد ابنته أو ابنه أو زوجته ويعيش وحيدًا ويجد البديل في إنسان آخر. لكن الفيلم بالتأكيد غير ذلك، وهو ما يؤهله ليكون فيلمًا قابلًا للتأمّل.

لقد شاهدت الفيلم ثلاث مرات في غضون أسبوع، ولكن المفاجأة أنني لم أملّ مشاهدته، بل كان يفاجئني في كلّ مرّة بجديد. وهذا الأمر شيء نادر في العلاقة مع العمل الإبداعي، لكن يبدو أن علينا أن نثق أكثر بهذا المخرج ورسالته التي تألّق فيها كما أشرنا في الحديث عن فيلمه ما قبل الأخير (النهر الغامض) وفيلمه الأسبق (جسور مقاطعة ماديسون) وفيلمه العذب (بيرد).

لكن إيستوود في (النهر.. وفتاة المليون) مخرج آخر، فإذا كان قبلهما يشتبك مع أسئلة الحبّ والفنّ ودهاليز التحقيقات البوليسية والخيارات الإنسانية الأرضيّة، فإنه هنا يمضي لمحاورة العالم ما فوق الأرضي، مرَّة بأسئلة مباشرة وقلق محموم، ومرَّة بالمصائر التي تتربّص بالشّخوص.

تأتي ماغي كي تحقق حلْمها في صالة التّدريب على يد فرانكي، في حين أن القائمين على الصّالة قد فقدوا أحلامهم من زمن طويل! بل يبدو دخولها وتصميمها على المضي نحو هدفها أمرًا مبالغًا فيه، ومن الصعب تصوّره أو القبول به، ولو لم يكن فرانكي يعاني من فقدان ابنته، فإنه على الأرجح ما كان سيسمح لنفسه أن يقبل بتدريب ماغي، التي أوحى ظهورها منذ البداية بأنها الابنة البديلة، التي لا يريد أن يضعف أمامها أو يبوح لها بشيء، حتى وهو يعطيها اسمًا جديدًا من اللغة الايرلندية (واكوشلا) دون أن تفقه هي معناه،

لنكتشف في النهاية أنه يعني عزيزتي التي من دمي. والأمر نفسه ينطبق عليها، فهي حين ترفض عرضًا مغريًا، فيما بعد، من مدير أعمال، وتصرّ على تمسّكها بفرانكي فإنها في الحقيقة لا تريد أن تتخلّى عن ذلك الذي (لم يعد لها أحد غيره) أو بمعنى آخر الذي احتلّ دور أبيها.

لقد صالت السينما وجالت كثيرًا في عالم الملاكمة وحلباتها ودهاليزها، وتألّقت غير مرة كما في تحفة سكورسيزي (الثور الهائج) وفيلم (روكي) الجميل لستالوني، في بداياته؛ لكنها هنا تتقدّم في فيلم مختلف، لأن الأمر يتجاوز كثيرًا ما يحدث في الحلبة، كما يتجاوز العلاقة بين الشخوص، لأنهم مجرّد ذرائع لا غير في لعبة أكبر لا يستطيعون معها شيئًا.

يقول آندي، الذي يأتي صوته من خارج الفيلم مُعَلِّقا على أحداثه: هناك حلم لا يراه أحدٌ غيرك، إنه السّحر الذي يدفعك للمخاطرة بكل شيء، من أجل حلم لا يراه الآخرون.

وفي طريقها لهذا الحلم الذي لا يراه الآخرون، يرى الآخرون عريَ حياتها وفقرها، (ماغي)، وهي تعمل كنادلة وتأخذ ما يفيض عن شبع الزبائن من طعام لتأكله بعيدًا في غرفتها البائسة، مدَّعية أن هذا الطعام لكلْبها، أو حين تنظّف الدولارات التي دُفعت كإكرامية لها من بقايا الطعام بفرح لتمضي نحو (حصّالتها) التي تمتلئ بالقطع الصّغيرة، تلك القطع التي تحملها، أخيرًا، وتمضي لتبتاع قفازين لتحقق بهما حلْمها.

ولا يختلف الأمر عن واقع الصّالة التي تزحف لتحقيق أيّ شيء يُخرج مَن فيها من دائرة البؤس، فالجوارب المثقوبة لآندي ليست إشارة لواقع الحال المُزري على المستوى المالي فحسب، بقدر ما هي دلالة على واقع لا يمكن أن يُصلحه حتى شراء جوارب جديدة؛ وآندي يدرك هذا، لكن فرانكي لا يريد أن يعترف به، فهو مشغول بالثّمن المرتفع للمنظِّفات التي يبتاعها آندي بدل المنظفات الرّخيصة، ومتردّد أمام المبلغ الذي تدفعه ماغي رسومًا ليتمَّ تدريبها (لستة أشهر) ومُقَدَّمًا.

لكن رؤية إيستوود حالكة هنا، وهو يقدّم هذا الفيلم، كما كانت في (النهر الغامض)، فثمة أناس لا يستحقّون هذه النهايات القاسية، لأنهم جميلون مُشِعُّون بالأمل وتحقيق الأفضل، أناس حالمون، بريئون ولا يريدون الكثير، وماغي نموذج مدفوع للأمام لذلك الدَّور الذي لعبه تيم روبنز في (النهر الغامض).

إن الأبرياء هم وحدهم من يدفعون الثمن، وحتى عندما يدفعونه فإن الأمر لا يتوقّف عند الدّفعة الأولى، إذ عليهم أن يواصلوا دفع الفوائد لهذه المصائر القاسية.

يُنتهك ديف في (النهر الغامض) ولكنه يُقتلُ على يد صديقه القديم عقابًا لجريمة لم يرتكبها، وتُسحقُ ماغي في حياتها بأسرتها الممزّقة وفقدان أبيها، ويغدو أملها في النهاية أن تموت الميتة التي ماتها كلبها الأثير لا أكثر! كلبها الذي بات يجر نفسه بين الغرف مستخدمًا قدميه الأماميتين، ووجد أخيرًا ميتة الرَّحمة على يدي أبيها.

يحاول ديف أن يرتِّب حياته بعد مأساته، وتحاول ماغي الأمر نفسه، ولكن العين الغامضة المتربِّصة بهما، لا تغفر لهما هاتين المحاولتين، أو المحاولة الواحدة، كما لو أن الأمر لا يتعلّق بالإنسان مهما حاول، وكما لو أنه لا ينتمي لفكرة أن في السّعي الجميل نتائج جميلة، أو كأن كلَّ حلم يتحقّق أو كل خروج من كابوس، ليس أكثر من فسحة مسروقة من قبضة عملاقة تترصّده، ولا تغفر له ذلك التملُّص الذي يبديه خارجها.

ثم إن العقاب الأقسى لجمال هؤلاء ماثل في أنّ على كلٍّ منهم، إما أن يغدو موته حلمًا أخيرًا له، أو يغدو قيام الآخر (أو الحامي البديل) بقتل أكثر الناس قربًا إليه هو الحلّ الوحيد كي لا يتواصل العذاب.

وهنا يبدو خيار الموت تمرّدًا أخيرًا على حياة لم تستحقّ كل ذلك الجمال! ويغدو الموت تمرّدًا على مصير يصرُّ على مواصلة تعذيب هذا الجمال إلى ما لا نهاية! ولذلك، يمضي فرانكي ليُخلِّصها من عذابها، متمرِّدًا جسورًا على أسئلة

إيمانه وسعيه المُخْلص في العثور على خلاص؛ إذ تبدو المسافة بين ما يقال له على بوابة الكنيسة وبين السرير الذي تقبع فوقه ماغي مشلولة (بعد تلقيها ضربة غادرة من منافستها على الحلبة)، تبدو هذه المسافة خيالية، وخالية لا أحد يملؤها، شبه صحراء، والسكاكين تحدّق شرسة بمزيد من أعضائها بعد بتر أحد ساقيها.

يقول آندي لفرانكي: أحس بأن لديك اليوم قتال لم أعلم به. حين يراه يُحضِّر حقيبته في الظلام كما يُحضِّرها عادة حين يذهب لخوض مباراة ملاكمة لأحد متدربيه. وإحساس آندي العميق (وهو حكيم الفيلم فعلًا) في مكانه، لأن فرانكي كان ذهبا لخوض معركة ليست مع البشر!

لم يكن فرانكي غافلًا عن هذا ليحتاج إلى من يذكِّره بما سيفعله، فقبل ذلك كان قد ذهب ورأى رجل الدّين الذي حذّره: إنس أمر الجنّة والنار، إذا فعلت ذلك (القتل الرحيم لماغي) فإنك ستفقد نفسك مرّة أخرى، ولن تعثر عليها أبدًا.

لكن فرانكي كان قد وصل إلى ذلك الحدّ الذي فقَدَ فيه ماغي، هي التي غدتْ بالنسبة إليه أغلى من نفسه. وكلّ كلام خارج هذه الحقيقة هو مجرد كلام لا غير، وإن بدا عاقلًا : لقد دخلتْ ماغي من ذلك الباب وهي تريد أن تصبح ما تريده لنفسها، وبعد سنة ونصف السنة كانت تقاتل من أجل اللقب العالمي. وأنت فعلت ذلك (يقول آندي مخاطبًا فرانكي) ويضيف: الناس يموتون كلَّ يوم، يمسحون الأرض ويغسلون الصّحون؛ هل تدري ما يدور في أفكارهم في نهاية الأمر. أنا لم آخذ فرصتي في الحياة، ولكنها بفضلك أخذت فرصتها، وآخر فكرة ستخطر في بالها قبل أن تموت: لقد أبليتُ بلاء حسنًا. وأنا كنت سأكون قنوعًا بوضع كهذا.

إن الجملة التي لا يكفّ فرانكي عن ترديدها طوال الفيلم: القاعدة الأولى هي أن تحمي نفسك. لكن ذلك التكرار المتواصل للوصيّة الأثيرة، الأثيرية في واقع الأمر، يتطاير في لحظة، ويحدث المحظور حين تتلقى ماغي لكمة قويّة من

غريمتها القاسية الحاقدة، بعد انتهاء إحدى الجولات، لكمة غير شرعية تُنهي أحلامها كلّها.

تقول ماغي: أتمنى لو أنني لم أُنزل يدي، لم يكن علي أن أستدير.

وهنا تتقدّم المصادفة لتكون القوّة الأكثر حضورًا، بما يذكّرنا بقول جيمي عن ديف في (النهر الغامض): لو لم يصعد في تلك السيارة، لو لم تواصل أم هتلر حملها به!!!

وتغدو المعادلة الكبرى قائمة في أن هناك من يتربّص بك باستمرار ليصرعك، وحين لا يصرعك، فهذا لا يعني أنه لا يريد، بل لأنه لم يجد الفرصة الملائمة ليحقق ذلك!

لكن هيلاري سوانك في هذا الفيلم أخذت فرصتها، إذ بدت وكأنها بعد فيلمها الأكثر قسوة من هذا (الأولاد لا يبكون)، والذي نالت عنه الأوسكار وظهرتْ بعده كما لو أنها ليست أكثر من ممثلة هامشية في عالم السينما، بعد هذا جاءت لتثبت مرّة أخرى أنها تستحقّ أن تكون واحدة من النجمات الكبيرات اللواتي حققن الفوز الثمين والنادر بالأوسكار مرتين. والأمر نفسه ينطبق على إيستوود، وهو ينتزع انتصارات جديدة في الخامسة والسبعين، والممثل الكبير مورغان فريمان وهو يحقّق أول أوسكار له بعد رحلة في عالم السينما أصبح عمرها الآن خمسة وثلاثين عامًا.

(طريق الهلاك):
تعريـة الجحيم

(كثُرتْ الروايات حول مايكل سوليفان.. البعض كان يقول إنه كان رجلًا صالحًا، والبعض كان يقول لا خير فيه، لقد أمضيت معه ستة أسابيع شتاء عام 1930.. وهذه هي قصّتنا).

بين مشهدين يحتضنهما البحر، يفتتح الفتى حكاية أبيه وأسرته، مستعيدًا تجربته التي لا يمكن أن يكون لها اسم سوى (طريق الهلاك- Road to Perdition) 2002.

في فيلم سام ميندس الثاني هذا، الذي يلعب بطولته القدير توم هانكس والكبير بول نيومان، بمشاركة فذة من الممثل البريطاني جود لو، يقف عالم الشّخصيات كلّها على شفير الهلاك الرّوحي الأبديّ منذ البداية، فعلى الرّغم من ذلك العالم المثالي الذي نشاهده في ليلة تكريم غير عادية لأحد الأموات أقامها على نفقته المتنفّذ الكبير ورجل الأعمال غير المشروعة (جون روني) ويؤدي الدّور بول نيومان، (سنكتشف فيما بعد أنه هو من أمرّ بقتله على خلفية اختلاس أموال منه!) وإلى ذلك المشهد الجميل الأخاذ حين يلتقي جون روني العجوز بطفلي مايكل سوليفان ـ توم هانكس، اللذين يعتبرهما حفيديه، لأنه من ربى أباهما واتخذه ابنًا ثانيًا.

ينفرد جون روني بهما، يلعبون النرد بعيدًا عن أعين القادمين للمشاركة في تكريم الميت، وسواء تمكّنوا من التّغلب عليه، أو مهَّد لهم ذلك، فإنه في الحقيقة يبيِّن حجم ارتباطه بهما وشيئًا من شخصيته المُركَّبة، الخليط بين القرارات الصارمة، حدّ إصدار أوامر بالقتل، واللهو السعيد مع (السيدين الصغيرين) كما يدعوهما، وهو إلى ذلك مستوحِد منذ وفاة زوجته، وفقدانه الأمل بابن يكون على مستوى حلمه كأب.

يراقب الابنُ الأكبر لسوليفان (يلعب الدّور تايلور هويشلين) ذوبان الثّلج، الذي وضِعَ للحفاظ أطول مدّة ممكنة على جثّة الميت، وهو يتجمّع قطرات ماء في وعاء صغير أسفل النّعش، وفي ذلك إشارة ذكية لأحداث كثيرة ستملأ الفيلم، كاشفة ما تحت هذا الطبقة السّميكة من الجليد. وليست مصادفة أن هذا الصَّبي بالذات هو من سيرى ذلك.

لكن الفيلم الذي يصوِّره (كونراد هال) بعناية غير عادية، وفي أجواء ممطرة، مع موسيقى توماس نيومان التي تلعب دور بطولةٍ بارز، يذهب فيما بعد نحو الطريق الرّئيس الذي لا بدَّ من أن تسلكه أحداثه، بعد خروجه من الطريق الجانبي: المأتم ، الذي تتفتح فيه بذرة الجحيم، حين يُلقي شقيق القتيل كلمة مفاجئة، يتّهم فيها (جون روني) بأنه يلعب دوْر السماء في الأرض، يعطي ويأخذ كما يشاء!

وإذا ما عدْنا لأسرة مايكل، فإننا نراها تلك الأسرة التي تتمتّع بغاية الانضباط، والمشهد الذي يتكرّر مرّتين بصورتين مختلفتين هو مشهد الإفطار، ويعكس المشهد الأول بانضباطيته، شخصيةَ الأب أكثر مما يعكس شخصيات الأسرة التي لا يعرف ابناها طبيعة العمل الذي يمارسه والدهما.

يسأل بيتر الصغير أخاه: ماذا يعمل والدنا؟

- إنه يقوم بمهمات لصالح جون روني. وأحيانا حتى (الرّئيس) يرسله في مهمات خاصة.. فهو بطل حرب.

في حين سيعكس المشهد الثاني تفتّت هذا النّظام على يد الصبي - الابن الأكبر، بعد أن يشهد بعينيه طبيعة عمل والده، بعد أن يختفي تحت المقعد الخلفي للسيارة ويُشاهد والده يُشارك بعملية قتْل ذلك المُستّخدم الذي تطاول على جون روني.

اكتشاف الولد متلصِّصًا، يُغيّر أحداث الفيلم، وينقل هذه الأسرار التي كانت تختفي في الظلال إلى العلن دفعة واحدة.

حاجة الفتى للمعرفة، هي بداية طريق طويل، سيضطرّ رغم صغر سنه، (12) عامًا، أن يخوض فيه ويعبر فصلًا طويلا من الجحيم برفقة والده، شاهدًا على تساقط الجميع قتلى على هذا الطريق.. لكن المخرج لا يقدِّم الصَّبي ناصعًا، بل ومنذ المشهد الأول، يصوره يسرق قطعة حلوى من محلٍّ تجاريّ؛ بمعنى أنه يصوره طفلًا لا أكثر.

يبدو فيلم ميندس - المخرج المسرحي اللامع أصلًا، والذي دخل الحياة السينمائية بقوة مع أول أفلامه (الجمال الأمريكي) ليحتل مكانة أولى في صفوف المخرجين الكبار، وليحقق ما تمناه كثيرون على مدى سنوات وسنوات، يبدو فيلم ميندس هذا مشغولًا بخبرة حائك ماهر للمَشاهد، ودقّة هائلة في ضبط إيقاع الزمن، واكتمال الأجواء التي تضمن البُعد الأكثر عمقًا لما يدور من أحداث أمام الكاميرا. وهو باختياره فصل شتاء غزير الأمطار، والتصوير الداكن الذي تكثر فيه المشاهد الليلية، وتلك الملابس بألوانها الغامقة التي سادت في تلك الفترة، حيث أحداث الفيلم تتوالى في مطلع ثلاثينات القرن الماضي وزمن الكساد، وسطوة شيكاغو، وعصابات آل كابوني، والحرّاس الضّخام، والياقات المنتصبة تغطّي الأعناق، والأمطار السّاقطة غزيرةً بشكل عمودي باستمرار؛ كل ذلك يجعل من فيلمه مساحة بصرية صالحة للتأمّل ويحيل الفيلم إلى نمط آخر من الأفلام التي تستعير شكلًا ما، هو نمط أفلام العصابات هنا، لكنه ينتمي لفن إنساني عميق. ولعلَّ هذا يستدعي فيلم مايكل مان الذي أخرجه قبل سنوات، ونعني فيلم (حرارة) الذي لعب

دوريِّ البطولة فيه كلّ من آل باتشينو وروبرت دي نيرو في أجواء عصابات السّطو في نهايات القرن العشرين.

تبدو العلاقة بين مايكل سوليفان وولديه في مشهدين مكثّفين (ومينديس يلعب ويستغل هذه الكثافة إلى أقصى حد)، موازية لعلاقة جون روني بولده بالتبني مايكل، وولده الثاني الحقيقي كونر روني (يلعب الدور الممثل دانيال كاريج)، ولكن كونر هذا، والذي يظهر دائمًا أقلّ مستوى من العبء الملقى عليه، سواء باستهتاره أو بأمراضه الصّغيرة: بدءًا بالغيرة من مايكل والخفّة التي لا تليق به أو بمكانة أبيه وانتهاء بعدم مسؤوليته التي تجبر والده على توجيه الإهانة له أمام جمْع كبير من رجال العصابات. وفي هذا يبدو الولدان، رغم فارق السن الهائل بينهما، أنهما يخُطّان سيرة المستقبل لوالديهما، الأول بفضولية الصَّبي، والثاني ببروده ودمويته الرّابضتين خلف ابتسامته، وكرهه لطفلي مايكل، الذي سيظهر فيما بعد أنه موجَّه لوالدهما في الحقيقة، والدهما الذي يحبه جون روني أكثر منه رغم كونه الابن الحقيقي.

في حفل تكريم الميت يجلس جون روني ومايكل سوليفان يعزفان مقطوعة موسيقية معًا على بيانو واحد، والمشهد جميل وساحر، بحيث يقع كلّ من في الصالة الكبرى أسير فتنته، في الوقت الذي يقف كونر الابن الحقيقي يراقب المشهد، وحين يصفّق الجميع، نجده يواصل عقد يديه حول جسده، ويبتسم ابتسامته الصفراء تلك.

هنا يسأل بيتر الصغير كونر: لماذا أراك تبتسم دائمًا؟

فيرد: لأن هذا يثير الهستيريا.

يجرّ الفتى الصغير والده إلى طريق الهلاك، حين يكتشف طبيعة عمله، ويتّخذ كونر ابن جون روني ذلك ذريعة لتصفية الأسرة بأكملها، لضمان إسكات الشّاهد إلى الأبد.

إن الرغبة في الانتقام بسبب الغيرة هي التي تدفعه إلى قتل الابن الأصغر (معتقدًا أنه الشاهد) ووالدته في الحمام؛ لكنه حين يخرج سعيدًا بالنتيجة؛ يكون

الصّبي الشاهد في الجوار شاهدًا على جريمة أخرى: يرى وميض الرّصاصتين القاتلتين عبر النافذة، ويرى القاتل فيما بعد يعدّل ملابسه عند مدخل الباب ناشرًا ابتسامته الباردة باطمئنان، فهو على يقين أيضًا من أن مايكل سوليفان نفسه سيكون قد قُتل في تلك اللحظات، بعد أن حمّله رسالة إلى أحد أصحاب الملاهي الغارقين في الدَّين المستحقّ لجون روني، وكتب فيها ما يذكّرنا بالرسالة التي حملها الشاعر العربي طرفة بن العبد ذات يوم والتي تقول: إذا وصلك حامل كتابي هذا فاقطع رأسه. أما رسالة الشّقيق القاتل فهي: أقتل مايكل وستُعفى من كل ديونك. لكن مايكل المحترف الهادئ الذي يستطيع التصرّف في مواقف حاسمة كهذه يحسم الموقف بقتل رجل الملهى وحارسه.

في هذين المشهدين يتنقل المخرج بين المكانين في لقطات متتابعة، ويرينا الحدثين متوازيين في لحظة وقوعهما، وهو بذلك يرفع وتيرة الأحداث تصعيدًا.

المعادلة الصعبة الأخرى في الفيلم، تكمن في تعلُّق جون روني بابنه الحقيقيّ رغم مساوئه، وتعلقه بابنه الذي رباه مايكل، والذي يعتبره مثالًا. وبين خياره الذي لا بدّ منه لحماية حياة كونر وتردّده في اتخاذ قرار تصفية مايكل.

يهتف أكثر من مرة: كان الله في عوننا.

هكذا نجد الاثنين، جون روني وكذلك مايكل يلجآن إلى رجل عصابات في شيكاغو لإيجاد حلّ لمعضلة لا يستطيعان حلّها..

مايكل يعرض عليه أن يعمل لديه مدى العمر مقابل أن يسمح له بقتل قاتل أسرته، فيرد هذا بأن الأمر مستحيل، لأن هناك شيء أكبر من الجميع يسمى المصالح، وإذا ما فتحتَ هذا الباب فستدخله وحدك. أما جون روني الذي نكتشف أنه في الغرفة المجاورة طوال الوقت، بل والذي يسمع ما يدور، فإنه يرفض طلب ابنه بأن تتم تصفية مايكل فورًا وقبل خروجه من المبنى. وكحلٍّ وسط، يوافق جون روني على تصفية مايكل، على ألّا يلحق أيّ مكروه

بالفتى الصغير - ابنه، الذي بات رفيق رحلته والشّاهد الـذي لا بـدَّ منـه عـلى عصر الدماء هذا.

كل المشاعر في الفيلم متضاربة، باسـتثناء مـشاعر الابـن القاتـل، والقاتـل الآخر المأجور الذي يبدو أكثر دموية خلف ملامحه التي لا تشي بذلك، والذي سيتابع مايكل ليقتله، القاتل الذي يعتاش مـن تـصوير جثـث القتلى وبيعهـا للصحف بمبالغ كبـيرة، لأنـه يـصل أولًا! ولأنـه يـستطيع أن يـدفع لرجـال الشرطة، ما يجعلهم يسمحون له بلعـب دوْره عـلى مـسرح الجريمـة. وفي أول مشهد نتعرف إليه، نجده ينصب الكاميرا وينظر من خلالها، وقبـل أن يلـتقط الصورة بقليل يكتشف أن القتيل حيّ وأنه يتـنفس وأن الـسّكين المغروسـة في صدره لم تحسم موته، فيتقدم بنفسه ليكمل مهمة القتْل، كي لا يخسر الصورة!

لا شك أن هذا المشهد واحدٌ من أهم وأكبر مشاهد الفيلم، وأكثرها دلالة، لأنه في الحقيقة يقدّم لنا شخصية القاتل السّادي الذي يُزهق الأرواح بدم بـارد وليس هناك مكان لكلمة الرّحمة في قاموسه.

من الأشياء التي لا بدّ من الإشارة إليها هنـا، أن مايكـل سـوليفان، الـذي يبدو قاتلًا يتمتّع بهدوء غير عادي، وقدرة غير عاديـة عـلى تـصفية خـصومه، ليس نمطًا من أنماط أبطال أفـلام الحركـة الـذين لا يُقهـرون، أمثـال ويلـس، ستالوني، شوارزينغر والأبطال الجدد الذين لا تتوقّف الـسينما الأمريكيـة عـن ضخِّهم في عصر القوة الأمريكية المتسلطة هذا.

مايكل سوليفان، قاتل يعمل بحرفية الرّجل الذي يعرف مهماته، وينفّـذها بصمت، لأنها أشبه ما تكون بأيّ وظيفة أخرى تساعده على مواصلة العـيش، ولا يبدو عليه أنه فخور بما يقوم به أبدًا، حدَّ أن عائلته لا تعرف مـا يقـوم بـه، باستثناء امرأته ربما. لقد برّدَ مينـدس شخـصية مايكـل كثـيرًا، بحيـث بـدت ملائمة جدًا لأن يؤديها ممثل مثل توم هانكس الذي لم يسبق أن رأينـاه في أفـلام من هذا النوع، باستثناء (إنقاذ الجندي ريان) تلك الشخصية المعذبـة بـالحرب وما تقترفه يداها.

هذا الهدوء المعمَّق، سمة بارزة أيضًا لشخصية بول نيومان في دور الرّجل المسيطر ذي الشخصية الأخاذة لممثل كبير تجاوز السبعين، وهو يؤدي دوْرا من أجمل وأعمق أدواره منذ زمن طويل. يقول ميندس في حوار معه: عندما ذهبت لمشاهدة الفيلم في نيويورك ورأيت اسمي بجانب اسم بول نيومان صرخت : يا إلهي بول نيومان يمثّل في فيلمي؟! ويضيف: حين ظهر نيومان في أول أيام التّصوير تجمّد كلّ العاملين في الموقع في أماكنهم.

ولعل وصف ميندس النبيل لممثل عملاق، ليس بعيدًا عن ذلك الحسّ الذي ينتاب المشاهد، سواء كان يعرف تاريخ بول نيومان الحافل، كواحد من كبار الممثلين السينمائيين، أو كان يشاهده للمرّة الأولى، فهنا شخصية تُدرك أنها وضعتْ قدمها على أول طريق الجحيم، وبالقدر الذي تنشد النجاة بالقدر الذي تسعى ليأخذ القدر حصّته كاملة باستسلام غريب: (الشيء الوحيد الذي لا أشكّ فيه أن أيًا منّا لن يرى الجنّة!) يقول لسوليفان في إحدى المرات. ولعل مشهد قيام مايكل بقتله تحت المطر الذي لم يكن كافيًا لغسل ذنوبه، هو المشهد الثاني الكبير في الفيلم، المشهد الذي يشي بمخرج كبير خلف الكاميرا؛ ففي الوقت الذي يبدأ رجال نيومان بالتّساقط واحدًا إثر آخر في تلك الليلة، ولا يرى المشاهد سوى وميض رشاش مايكل، دون أن يسمع دويَّ رصاصاته، ويراهم يتساقطون بصمت مرعب في الليل على مرأى البشر الذين يطلّون من النوافذ يشاهدون بصمت أيضًا، نرى جون روني مستندًا بيده إلى حافة السيارة، ينظر في الاتجاه الآخر الذي يأتي منه الرّصاص، دون أن يتحرّك أبدًا، ورغم أن رجلًا مثله، لا يمكن إلا أن يكون ثمة مسدس على خاصرته أو تحت إبطه، إلا أنه يواصل وقوفه إلى النهاية؛ وعندما يتقدّم مايكل، وروني يعرف أنه هو لا غيره، لا يفعل شيئًا سوى أن يستدير ليراه للمرّة الأخيرة.

– يسرني أن تكون أنت. يقول لمايكل.

وفي اللقطات التالية تبرز عبقرية ميندس، إذ نرى وجه مايكل المُعَذَّب، ونسمع انفجار الرّصاصات ونرى وميضها، بعد أن كنا لا نشاهد سوى الوميض أثناء قتله للرجال الآخرين.

ولكن ما الذي أراد ميندس أن يقوله هنا، حين حجب صوت الرّصاص في بداية المشهد، وأطلقه مدويًا في نهايته، ربما كان يريد القول إن مايكل كان يقتل أولئك الحرّاس لأن عليه أن يقتلهم أولًا، ولا خيار له سوى ذلك، ولأنه لا يُكنُّ حقدًا شخصيًّا تجاه أيّ منهم، فإن صوت الرصاص لم يكن ضروريًّا، لأنه ليس المعادل الموضوعي لحجم الحقد الذي أصبح يكنّه للرجل الذي يحمي قاتل أسرته، ولذا فإن صوت الرّصاص هو حدٌّ فاصل بين مرحلتين في الفيلم، مرحلة التّغاضي عن دور جون روني في مذبحة القتل والحماية، ومرحلة تحميله المسؤولية، والوصول إلى القاتل بأي ثمن، ولم يكن هناك بدّ من أن يتخطّى الستار الحديدي الذي يحتمي القاتل به.

لكن مايكل خلال ذلك كلّه لا يدّخر وسعًا لدفع روني لتسليم ابنه القاتل له، فيشنّ حملة سطو بمساعدة الصّبي الذي علّمه قيادة السيارة على عجل، على بنوك كثيرة تحتفظ بأموال العصابة، وهو يدرك أن ماهم أعزّ عليهم من أبنائهم، ورغم أنه يثبت لروني أن ولده هو السّارق الحقيقي لأمواله حين يدفع بالمستندات التي حصل عليها إليه، إلا أن الأب يفاجئ مايكل: أتظنني لا أعرف هذا؟!

لعل هذا المشهد هو البداية التي حوّلتْ مسار مشاعر مايكل تجاه الرجل الذي رباه، وبداية إدراكه أن الوصول إلى القاتل لا يمكن أن يتمّ إلا على جثة جون روني بالذات.

تتماهى صورة الابن القاتل كثيرًا مع شخصية المصوّر القاتل ، فهما من طينة واحدة، رغم أن مشهدًا واحدًا لا يجمعهما، إذ يبدو كل منهما صاحب شخصية ثلجية لا تستطيع التوقّف إن لم تبلغ خط النهاية مهما حدث.

فرغم أن مايكل استطاع بعد قتل جون روني أن يعقد صفقة تمكّنه من قتل قاتل أسرته المحتمي برجل العصابة في شيكاغو، ويمهّد له الثاني الطريق بحيث يتمكّن من الوصول إليه أثناء استحمامه في الجناح الذي يتخذه ملجأ في الفندق، فيقتله بهدوء ودون كلام في المكان الذي سبق للقاتل أن قتل أسرته فيه (الحمّام) حين كانت الأم تحمم بيتر الصغير، رغم ذلك، نجد أن القاتل المصوِّر قد أصبح حرًا خارج اللعبة، ومِمتلكًا أسباب استمرارها، بعد أن نجح مايكل بإصابته في وجهه في واحدة من المرات التي حصلت فيها مواجهه بينهما، وتشوهت ملامحه بسبب هذه الإصابة، ولذا يتحوّل المصوِّر إلى قاتل يطلب ثأره الخاص بمعزل عن أي صفقة سابقة.

وهنا تكتب المأساة آخر سطور فصل الجحيم أو الهلاك هذا.

أب لا يريد لابنه أن يكون مثله فيعامله بجفاء (مايكل)، وأب يريد أن يكون ابنه مثله فيعامله بحب (جون روني)، وفي الحالين لا يريد أي من الولدين أن يكون على صورة أبيه.

بصعوبة، وتحت تهديد والده يوافق الفتى ابن الثانية عشرة أن يحمل مسدسًا لحماية نفسه يضعه والده في يده، رغم أن هذا الولد الذي تربى على قصص الكاوبوي التي نشاهده يقرأها باستمرار، والتي تشدّه إليها (نراه في الليل يقرأ مستخدمًا ضوء كشاف يدويّ قصةً يبدو أنه غير قادر على تركها، ونراه يحمل الكتاب معه في أيام الجحيم التالية، ونراه يكتشف المسافة بين ما في كتابه من صور رجال يطلقون الرّصاص والواقع الذي رآه بأم عينه. ومشهد الفتى المتكرر مع كتابه من أبلغ المشاهد التي تشير أيضًا إلى ما ستؤول إليه تربية العنف هذه، هنا تاريخ العنف (الكاوبوي) الذي يبدو بأن أمريكا لا تملك سواه وسيلة لتثقيف أطفالها حتى وإن كان يتحدّث عن رجل القانون الذي يطلق عليه اسم (شريف).

يعود ميندس هنا إلى فيلمه الجمال الأمريكي بصورة خاطفة ليكمل ما بدأه هناك، حين سرد السّقوط المريع للعائلة الأمريكية في نهايات القرن العشرين

بحدّة جارحة. هنا يعود لفترة زمنية أبعد، كما لو أنه يعيد التّذكير بأساسات انهيار (الجمال الأمريكي) ومنابعه، سواء بتراثه الدّموي، أو بثقافة الدم التي تمهد لما هو أقسى.

لكن ميندس، وقد أراد أن يدين العنف، يحوِّل الطفل، كاشف السرِّ، إلى نقيض لما اكتشفه في النهاية، وهو إذ يعبرُ به الجحيم من خلال تجربة والده الدّامية والحكاية المأساوية لأخيه وأمه، فإنما ليصل به عبر التجربة إلى هذه النتيجة، إذ ليس من المعقول أن يكون للمشهد الأخير في الفيلم معناه لو أن الطفل لم يحترق بنيران جهنّم تلك؛ لذلك، كان من الطبيعي أن يرفض إطلاق النار على المصوِّر، رغم أنه يعرف أن المصور سيطلق عليه النار كما أطلقه على أبيه، مما يتيح في النهاية الفرصة للأب لحماية ابنه بإطلاق النار على القاتل من الخلف.

يعتذر الولد لأبيه الذي يحتضر: لم أكن قادرًا على فعل ذلك.

ويردّ الأب برضا: كنت أعرف هذا.

في مشهد من مشاهد الفيلم الأخيرة يسأل الولد أباه: هل كنت تحبّ بيتر أكثر مني؟

فيرد الأب: لا، ولكن بيتر كان ولدًا لطيفًا. ويصمت قليلًا، ثم يقول: ولكنني كنت أراك تحاول أن تكون شبيهًا لي، ولذا كنت أحاول أن أدفعكَ بعيدًا عني.

نشير هنا أيضا إلى أن الأب والابن حملا الاسم نفسه (مايكل) وليست هذه مصادفة في فيلم مخرج لا يترك شيئًا للمصادفات (يمكن الحديث عن أشياء كثيرة هنا في هذا المجال)، لقد سعى ميندس إلى تصوير ما كان عليه الآباء، ولكنه أعطى الأبناء أسماءهم الأولى، فهل هي محاولة لأن ينبثق شيء مغاير من الشيء ذاته، لا شك، أنها دعوة، أو حلم، لكن السؤال الذي لا بدّ منه: هل تحقق شيء من هذا الحلم؟

إن الجواب بالتأكيد هو: لا. لكن صلادة الإجابة لا تحرم الفنان من أن يحلم حلمه مرتين وأكثر.

إن الفيلم حكاية أبوين أكثر منه أيّ شيء آخر، أبوين متقاطعين حدَّ التوحّد، وفي جملة الصبي الأخيرة، ما يؤكد هذا، حين يختصر الحكاية كلها بإعادته لما قاله في بداية الفيلم، ومضيفا كلمات قليلة أخرى: مايكل سوليفان، البعض كان يقول إنه كان رجلًا صالحًا، والبعض كان يقول لا خير فيه، وحين يسألني أحد عن رأيي أقول: إنه أبي.

فيلم ميندس هذا، غير المكتظ بالشّخصيات، كفيلمه الأول أيضًا، فيلم جميل وعميق، وإن كان ثمة ما يُسجَّل له إضافة لهذا، فهو أنه قدّم لنا توم هانكس (وهو واحد من القلّة الذين ينتظر المرء جديدهم) بصورة مغايرة، وقدّم لنا بول نيومان في دور من أفضل أدواره، دور لا يُنسى، كما أنه نجح في تقديم صورة مغايرة للحقبة نفسها التي جالت فيها أفلام العصابات وصالت، ولم تقدِّم سوى القليل القليل من الدّسم وهي تعيد خضّ الماء مرّة تلو أخرى.

(الميل الأخضر):
البراءة ونقيضها

كما تبدو بعض الأعمال الأدبية أو الفكرية في مسيرة مؤلفيها أحيانا بأنها المركز، أو مشروع العمر الأساس الذي لا يتكرر، على الرغم مما جاء قبله، وسيأتي، أو أتى بعده، فكذلك الأمر بالنسبة للممثلين، أو حتى المخرجين، فنرى هذه الحالة مجسّدة في فيلم (عطر امرأة)، الذي عثر فيه آل باتشينو على دور حياته، وهكذا الأمر (عربيا، بالنسبة لدور محمود عبد العزيز في (الكيت كات)، لكن حكاية الممثل توم هانكس تبدو الأكثر صعوبة، بعد أن أدّى ذلك الدَّور الفذّ في (فورست غامب). فهانكس، الذي تتواصل أفلامه، يومًا بعد يوم منذ ذلك الدّور، لم يستطع أن يُقدِّم ما يفوقه؛ والمسألة هنا بالطبع معقّدة، ولا يتحمّل وزْرَها الممثلون وحدهم، فصنّاع الفيلم، أيّ فيلم، كثرٌ، بدءًا من كاتب الرّواية، أو السيناريو، وانتهاء بالمخرج والشّركة المنتجة. ولذا، فإن معاناة الممثل الذي سطع ذات يوم، ولم يستطع أن يكرر ذلك السّطوع ثانية، هي حالة قاسية بل وتراجيديّة أحيانًا، فهو المستعدُّ، المتطلِّع، الذي لا يعثر بين يديه في النهاية على ما يمسك به لتحقيق حلم آخر.

لقد كانت أدوار توم هانكس التي تلت (فورست غامب) متفاوتة في عاديتها، بدءا من (أبولو 13) ومرورًا بـ(وصلك البريد) حتى فيلمه (إنقاذ

الجندي ريان) تحت إدارة ستيفن سبيلبيرغ، الذي كان دورًا جيدًا، لكنه لم يكن كبيرًا.

في فيلمه (الميل الأخضر - The Green Mile) 1999، الذي جاء بعد هذه الأفلام، يعثر هانكس على دوْر جميل، ومهمّ، حيث تدور الأحداث في سجن للمحكوم عليهم بالإعدام، يديره بول هنشكوب - هانكس، مع عدد آخر، قليل، من رجال الشرطة.

في ذلك الممرِّ الصغير الذي لا يزيد طوله على ثلاثين مترًا، والمحاط بعدد قليل من الزنازين على الجانبين، تتحرّك الأحداث، مع نماذج غريبة، مكثّفة، لحالات من الرّجال الذين ارتكبوا جرائم كبرى أوصلتْهم للكرسي الكهربائي أخيرًا. ولعلَّ جمال الفيلم يكمن في تلك العناية الفائقة التي أولاها مخرجه لكل واحد من الشخصيات القليلة، والتي لا يزيد عددها على عشر شخصيات، سواء من السجناء أو من الشرطة.

يستعين المخرج هنا برواية لستيفن كينج، ولكنّك لا تحسّ أنها تنتمي لرواياته، إلّا بعد أن ينتهي الفيلم وتقرأ اسمه! ففيها الشيء الكثير من واقعية أدب أمريكا اللاتينية وسحره؛ ويبدو أن عمل المخرج فرانك دارابونت على الرّواية عبر كتابته للسيناريو أيضًا، قد ساهم في تقديم فيلم مختلف برسالة مضمرة حول من هو المجرم، وما هي الجريمة، وما هو حجم العقاب مقابل هذا. وهو بذلك متّصل بطريقة أو بأخرى مع هواجس فيلم (الربيع، الصيف، الخريف، الشتاء والربيع أيضًا).

وإذا كان الفيلم يبدأ بملجأ مرفَّه للعجزة، مع رجل يتسلل بعيدًا كل يوم حاملًا في جيبه بعض الطعام، بتواطؤ من أحد المشرفين على الملجأ، إلّا أنه، أي الفيلم، لا يلبث أن يعود بنا للوراء، وإلى عام 1935، حيث يقوم هذا الرّجل بسرد حكايته لامرأة عجوز هي أقرب الناس إليه في ذلك الملجأ. وبين بداية سرد الحكاية، والانتقال إلى ذلك السّجن، والعودة ثانية إلى الزمن الحالي، يكون الفيلم قد أوشك على بلوغ السّاعات الثلاث طولًا.

إنه فيلم طويل بمختلف المقاييس، بخاصة إذا ما تذكَّرنا أنه يُصوَّر في مكان مغلق، بما يذكِّر إلى حدٍّ ما بتلك المغامرة الإخراجية الرائعة في فيلم (12 رجلًا غاضبًا) حين صُوِّرت الأحداث في غرفة. لكن طول الفيلم لا يجعل المشاهد يحس بأيّ ملل، إذا كان من أولئك الذي يتابعون حركة الكاميرا في داخل الشخوص، لا خارجها.

تدور الحكاية حول ثلاثة سجناء وفأر بصورة أساسية: وليم ولتن المجرم الخطير المستعدّ لارتكاب مزيد من الجرائم رغم أن المشنقة تنتظره في نهاية الممرّ، إدوارد ديلاكوا الفرنسي الذي يعقد صداقة حميمة مع فأر يُطلق عليه اسم السيد جنكلز، ثم جون كوفي العملاق الأسود صاحب المعجزات الذي يسكن في داخله طفل يخاف الظّلام، وهو للحقّ أعظم شخصية في الفيلم.

وإلى شخصيات السجناء، هناك شخصيات رجال الشرطة وأهمها دور بول هنشكوب، والشرطي بورسي قريب حاكم الولاية الذي يهدِّد زملاءه دائما بنفوذ معارفه.

***

من شخصية تدعو للرّهبة وتبعث الحذر بصورة تلقائية في قلوب رجال الشّرطة، إلى الشخصية الأكثر قربًا من قلوبهم فيما بعد، هذا هو الطريق الذي يسلكه جون كوفي، الزنجي العملاق، المخيف مظهرًا، المتّهم باغتصاب وقتل طفلتين، والذي يسفِر في النهاية عن طفل في جسم رجل.

يعزز الفيلم ضمن حبكته الدرامية حقيقة ارتكاب كوفي لجريمته عبر الصمت التامّ الذي يبديه، وهو كالبقية عمومًا، لا يتحدّث عما ارتكبه، وهكذا، نبقى دائمًا على يقين بأن كوفي قد ارتكب جريمته المزدوجة التي يستحق الإعدام عليها، رغم أن أخلاقياته تبدو جميلة، واستجابته للأوامر الصّادرة عن بول الذي يدعوه (زعيمي) تفوق حالة الانصياع.

لكن أولى معجزات كوفي تتمثّل في قيامه بشفاء مرض عُضال، مُعَذِّب، يعاني منه بول، حيث نراه يتلوّى في الحمامات صارخًا بسبب مشكلة في المثانة؛

ولعلّ مشهده حين يهبط السلالم الدّاخلية ليلا للخارج، تاركًا زوجته في السرير هو أقسى المشاهد وأكثرها إضاءة لشخصيته. إذ إنه يتعامل مع مرضه كسرٍّ، بحيث لا يدرك زملاؤه ولا زوجته حجم آلامه أبدًا، ويحاول أن يُظهر الأمر أمامهم بأنه لا يستحقّ قلقهم.

في صبيحة تلك الليلة يقرر بول الذهاب للطبيب، ويقول لزوجته ذلك، لكنه ما إن يصل السجن حتى يطلب منه كوفي أن يقترب، وما إن يمسك به، حتى تقبض يد كوفي الأخرى على مكان الألم، ويبقى قابضًا بقوّة رغم محاولات بول المستميتة كي يفلت من قبضة العملاق دون جدوى. وفي أثناء ذلك نرى الضوء يزداد سطوعًا ولمبات الكهرباء تتفجّر بفعل طاقة زائدة، وحين يتركه، يكون بول قد شفي تمامًا! فيذهب للبيت، يمارس واجباته الزّوجية بنشاط نادر، وفي صبيحة اليوم التالي تكون الزوجة قد أرسلت لكوفي بعض فطائر من صنع يدها!!

إن أهم ما يميز العلاقة بين السجناء والسّجانين، هو حرص السّجانين على أن يكونوا لطيفين إلى أبعد الحدود مع أناس ذاهبين إلى موتهم، ولا يعكّر ذلك سوى شخصية بورسي الكريهة، الممعنة في إيذاء السجناء، الشّخصية السّادية. حيث يوافق على الانتقال من السّجن مقابل شرط وحيد: أن يُسمح له بتنفيذ الإعدام بأحد المساجين! ولأن زملاءه يريدون التخلّص منه، يوافقون على ذلك، وأولهم بول - هانكس؛ حيث يتبيّن فيما بعد، أنه لم يقم بوضع اسفنجة في الماء على رأس المحكوم عليه بالإعدام، كالعادة، قبل تثبيت أسلاك الكهرباء بجمجمته، مما يؤدي إلى موت بطيء يؤدي إلى احتراق السّجين. بعد أن كان بورسي قد قام بجريمة أخرى! هي قتل السيد جنكلز- الفأر، ولكن كوفي يتدخّل ويبعثه من جديد حيًّا!

تذهب قدرات كوفي فيما بعد لشفاء زوجة مدير السجن المصابة بالسّرطان، عبر سحب الورم منها إليه، وما تلبث هي أن تشفى ويصاب هو بإنهاك قاتل.

ومن هذه النقطة تبدأ الأمور بالتحوّل، وبالتكشف أيضًا، إذ إن تجاوزات بورسي تتصاعد إلى حدّ لا يحتمل، فيمسك به كوفي ويضع الورمَ الذي امتصّه من المرأة في داخل الأخير، وفي موجة هياج هستيري يطلق بورسي النار على وليم ولتن الذي يسخر منه في الزنزانة، لكن كوفي يقرر أن يبوح -على طريقته- لبول بكل مال لديه. حيث يمسك بيده ونرى في تلك اللحظات ما حدث فعلا للطفلتين، حيث لم يكن القاتل سوى ولتن.

هكذا ترتسم أمامنا براءة كوفي كالصّاعقة، لكنه لا بد أن يُعدم، وفي هذا تصعيد درامي للأجواء المحيطة به، فكلّ رجال الشرطة يحبّونه، ويريدون أن يطلب أيّ شيء لينفذوه: هل تريد أن تخرج من هنا وتجرّب حظك.. لتعرف أين يمكن أن تصل. يسأله بول المستعدّ فعلًا لمساعدته على الهرب.

لكنه يجيب: ولماذا تفعل شيئًا أحمق كهذا أيها الزّعيم؟!

- لأنني، يوم الحساب، سأقف أمام الله ويسألني لماذا؟ لماذا قتلتَ إحدى معجزاتي الحقيقية، فماذا أقول له؟!! هل سأقول إن هذا كان عملي؟!!

ويجيب كوفي: لقد تعبتُ أيها الزّعيم، تعبت من التجوّل في الطرق كقطرة من ماء المطر، لقد تعبتُ من عدم معرفة أين يصل الطريق، أو من أين يأتي، وأتعبني ما هو أكثر بشاعة: تعامل البشر مع بعضهم البعض، لقد تعبت من الألم الموجود في هذا العالم!

وتكون طلبات كوفي في النهاية بعض الفطائر من صنع زوجة بول، وأن يرى استعراضًا راقصًا، لأنه لم ير ذلك من قبل في حياته، فيقومون بعرض فيلم استعراضي له.

وفي محاولة للبحث عن (رسالة) هذا الفيلم، التي تبدو كلمات كوفي الأخيرة فيه حول (التّعب) المتأصل في جوهر الوجود أنها تفوق إدراكه للأمور، فإننا سنصل إلى أن أهم ما يريد قوله هو موقفه من فكرة الجريمة والعقاب.

يُقدم الفيلم النّماذج الذّاهبة إلى نهاياتها، يقدِّمها آسفة بصدق على ما ارتكبته، في حين أن بورسي، هو مجرم فعلي ويستحق الإعدام، لأنه قاتل محصَّن بالثياب الرّسمية. وللحظات كثيرة، يحسّ المشاهد بأن الذي يجب أن يُساق إلى الكرسي الكهربائي هو بورسي، قبل غيره، كما في (الربيع، الصيف..) تمامًا، حيث ليس بالضرورة أن تكون السّلطة هي البريئة دائمًا ومَن دونها من بشر هم الأشرار أو المرشّحون لهذا الدّور.

أجواء قاسية وشخصيات عميقة، وحنون غالبًا، إذ يكفي تأمّل شخصية ديلاكوا وعلاقته بالفأر، وتأمّل الكلمات الأخيرة للمحكومين بالإعدام، ليتبين لنا أنهم كانوا أفضل بكثير من بورسي، الذي كان يستحقّ ذلك الورم في جوفه، وتلك اللوثة التي ستمضي به لمستشفى للأمراض العقلية، لأنه لم يؤمن بقوة الحياة وقدسيّتها، إلى ذلك الحدّ الذي لا يتورّع فيه عن صفع ميت بعد تنفيذ حكم الإعدام به!

فيلم يُشاهد، ويدعو للتأمل، تأمّل البراءة، وهي تُقاد للكرسيّ الكهربائي هامسة كلماتها الأخيرة على لسان كوفي: أريد أن أعتذر على ما ارتكبته. هو الذي لم يرتكب سوى محبّة الحياة، واستعداده للفناء جسديًا من أن أجل أن تبقى هذه الحياة حية ولو في فأر.

أما صمته وحزنه الطويل الذي نراه يرزح تحته، فإن سببه المباشر في النهاية، أنه لم يستطع إنقاذ الطّفلتين. وهكذا تغيّر معنى جملته التي كان يردّدها، وكانت أشبه ما تكون باعتراف بأنه قتل: لم يكن الأمر بيدي. وفهمها الجميع على أنه قتلهما رغمًا عنه، بدل أن يفهموها: انه فشل في بعث الحياة فيهما حين رآهما على تلك الحالة.

بقي أن نقول إن حكاية هذا الفيلم تستدعي حكاية أخرى لا تفصل بينه وبينها سوى شَعرة واحدة، وقد ظهرت قبل أكثر من عشر سنوات قبله، في فيلم تلفزيوني قصير مدّته عشرون دقيقة بعنوان (الحياة في طابور الموت) قصة

وإخراج مايك غاريس، وإنتاج سبيلبيرغ، وقام ببطولته الممثل السينمائي المعروف باتريك سويزي الذي تألق ذات يوم في فيلم (شبح).

إن ما يجمع الفيلمين أكثر مما يفرّقهما، حيث يدوران في سجن، ويتناولان حياة شخص محكوم عليه بالإعدام ولديه قدرات سحرّية على شفاء المرضى، مع فارق أن الفيلم القصير كان على درجة عالية من القدرة على توليد الدّلالات بتعدّد مستويات قراءته. ويدهشنا هنا مقدار القرب بين الحالات التي يطرحها الفيلمان، فالسجينان يشفيان مأمور السجن، من آلام مزمنة، كما يقومان بشفاء: زوجة مدير السجن في الفيلم الطويل، وابنة مدير السجن الطفلة ذات الستّ سنوات بإخراجها من عماها في الفيلم القصير. لذا يصبح السؤال شرعيًّا حين نسأل: من ظهر أولًا، قصة ستيفن كينج أم قصة مايك غاريس، لأن حرفية تفاصيل الفيلمين تدعو للريبة بلا شك.

(وراء الشمس):
البراءة قربانا

والتر سالايس، سينمائي غير عاديّ، قدّم أفلامًا استثنائية بعمقها ومحليَّتها وعالميتها أيضًا. مخرج ومنتج وكاتب سيناريو أيضًا، أتيح لنا في العالم العربي أن نشاهد بصورة معقولة فلميه الشّهيرين: (المحطة المركزية) و (مذكرات دراجة نارية) كمخرج، و (مدينة الله) كمنتج. تأثر بالسينما الجديدة، وفتنته الأفلام الإيرانية، أفلام عباس كاروتسامي بشكل خاص، يقول: لقد وسّعت السينما الإيرانية رؤيتي لتلك الثقافة. هذا ما أحبه في السينما، حين تتيح لك أن تفهم الآخر على نحو أفضل، الآخر الذي لا يشبهك، وليس مثلك. أظن أن السينما تكون أكثر إثارة للاهتمام عندما تعرض المتنوِّع والتعدّدية الثقافية.

بدأ سالايس حياته السينمائية في بداية التّسعينات، وسرعان ما غدا واحدًا من أهم نجوم مهرجانات السينما.

قبل ثلاثة أعوام قدّم هذا المخرج فيلمه (مذكرات دراجة نارية) متتبعًا رحلة آرنستو تشي جيفارا الشّاب، الرّحلة التي حملته عبر أمريكا اللاتينية، وحقّق الفيلم نجاحًا بارزًا في العالم، سواء من حيث حجم المشاهدة أو من حيث الجوائز الكثيرة التي فاز بها. وقبله بسنوات، كان قد حقّق فليمه العذب والمُعذِّب (المحطة المركزية) الذي يتتبع فيه حياة روتينية فارغة لامرأة تمتهن كتابة الرّسائل للأميين في محطة للقطارات، لكن رسائلهم لا تصل أحدًا، لأنها

تقوم بحمْلها معها إلى البيت، بدل أن تضعها في صندوق البريد. دورة قاتلة، وطريق لا يصل إلى نهايته أحد، لا هيَ، ولا أصحاب تلك الرّسائل، لكن ظروف مهنتها تجمعها مع طفل ماتت أمّه تحت عجلات سيارة، بعد أن أملتْ رسالتها على كاتبة الرّسائل، وهنا تتقاطع حياة الطفل مع حياتها، لتجد نفسها في النهاية ملزمة به، وهي ترافقه في رحلة عبر البلاد للوصل به إلى أبيه، وفي هذه الرّحلة تتغيّر حياة هذه المرأة اللامبالية بفعل البراءة، براءة الطفولة.

يقول المخرج عن فيلمه هذا (أظن أننا نعيش في مرحلة ثقافة اللامبالاة والشكوكية، وأنا لا أشعر باتفاق معها. هذا يعلل إلى حدّ ما، واقع أن فيلمي يسرد الخلاص الذي يُحْدِثُهُ اكتشاف عاطفة الحب. هذا ما يتحدّث عنه فيلمي. إنه كذلك عن مسألة البحث، البحث عن عدّة مستويات مختلفة. إنها قصة صبيّ يبحث عن أب لم يلتق به أبدًا، وقصّة امرأة تبحث عن مشاعر فقدتها منذ زمن، ومن بعض النّواحي هو فيلم يبحث عن إقليم إنساني وجغرافي معين: ليس فقط شمال شرقي البرازيل، لكنّه إقليم التّضامن، إقليم الإخاء بين الأنداد. والفيلم يُظهر أن ذلك الاتّصال ممكن بين أفراد فقدوا كلّ اهتمام بالآخرين. إنه عن إمكانية أن يبدأ المرء حياته من جديد... الفيلم هو ضد هذا الاتجاه من الشكوكية، الذي فيه ربما ننقاد للاعتقاد بأن من الممكن استخدام أية وسيلة لبلوغ غاية محدّدة. لكن ذلك ليس صحيحًا. إنه عن مقاومة ذلك. تلك هي الثيمة الضمنية.

أشعر أن الفيلم هو في الواقع قصّة اكتشاف الحبّ بين شخصيتين متباينتين ويائستين جدًا. إنه عن إيجاد المرء مكانًا له في العالم، ورؤية العالم ثانية كما ينبغي أن يُرى. بهذا المعني فإن فقدان الهوية مُعلن بوضوح في البداية).

ولعل فيلم (المحطة المركزية- **Central Station**) يعتبر عتبة لا بدّ من اجتيازها لتأمل فيلمه (وراء الشمس – **Behind the Sun**) 2001، الذي يقتبس المخرج نصَّه عن رواية للروائي الألباني إسماعيل كادريه.

ولعل السؤال المهم هنا، كيف استطاع هذا المخرج أن ينقل الرّواية لعالم مختلف ومغاير تمامًا، هو عالم البرازيل في بدايات القرن العشرين؟ لكن ما يطمئننا هنا، أن المخرج يقتبس ولا ينقل، ولذا جاء فيلمه حرًّا وواسعًا وسينمائيًّا بالدرجة الأولى ومتحررًا من رواية كادريه التي تحمل عنوان نيسان المحطَّم Broken April ، وليس هنالك مجال لأن يُرهق المرء نفسه، هنا، وهو يشاهد هذا الفيلم، لأنه أمام سينما صافية تمامًا، سينما تبدو وكأنها متحرِّرة من كل شيء سوى نفسها، ولذا ليس ثمة مجال للمضي قُدمًا في مقارنة الفيلم بالنصّ الروائيّ بأي شكل من الأشكال.

***

على الرغم من أن (وراء الشمس) يقع في منطقة وسطى زمنيًّا، بين المحطة المركزية ومذكرات دراجة نارية، إلا أنه فيلم مختلف تمامًا من حيث التّصوير، ومن حيث التقشّف أيضًا، فلا مدينة هنا تشكِّل خلفية للمَشاهد كما في (المحطة..) ولا طبيعة متنوّعة كما في (مذكرات..)، إننا في باحة بيت فقير في منطقة مهجورة لا بشر فيها تقريبًا، قرية غريبة، إذا ما حدّقتَ جيدًا فلن ترى سوى عائلتين، لا شاغل يشغلهما سوى الثأر، فكلّما سقط واحد من أفراد الأولى قتيلًا على يد أحد أفراد الأخرى، تجلس العائلة (المُنتقِمة) في انتظار موت أحد أفرادها. وعلى الحائط الطويل، ليس ثمة هناك سوى صور القتلى؛ صفّ طويل من الصوّر وفراغ مجنون ينتظر صورة أخرى.

في هذا العالم الغريب هناك ولد صغير بلا اسم، وإن كانت كلمة (ولد) التي ينادونه بها اسمًا، فلا شيء له خارج هذه الهوية الضائعة المضيَّعة. ولد يراقب بعينيه ويعيش كابوس مقتل أخيه الكبير ليلة بعد أخرى، وهو يعدّ النّفس لفقدان أخيه الآخر في دوْرة الدّم تلك.

ينفتح الفيلم على جاموستين تدوران لتشغيل معصرة قصب السُّكر العائدة لعائلة بريفيس التي ينتمي إليها الطفل، وصوت الصغير يُعرِّفنا بأفراد العائلة، قبل أن يموت بلحظات: اسمي باكو، إنه اسم جديد، ولهذا لم أعتد عليه بعد،

أحاول أن أتذكّر القصة، أحيانا أستطيع، وأحيانـا أخـرى يختلط الأمـر، لأن هناك قصة أخرى، إنها عنّي، وعن أخي، وعن قميص يتطاير في الرّيح!

ينطلق الفيلم، ويقوم، على فكرة تقاليد الثأر، لكنه لا يقدِّم حكاية عادية، لا في تفاصيـلها ولا في طقوسـها، فالقاتـل يـستطيع أن يـذهب إلى بيـت القتيـل ويبكي عليه!! دون أن يمسّه سوء، وذلك ما يقدّره ويتفهمه الجانبان! يستطيع أن يغادر البيت الغارق في الفقدان نحو بيته بأمان، دون أن يتعـرّض لـه أحـد، لكن ذلك مرهون بهدنة دائمًا، وليست الهدنة فترة زمنية مفتوحة يحددُ موعـدها البشر، بل الطبيعة، إذ يوضع قميص القتيل عـلى حبـل الغـسيل في انتظـار أن يتحوَّل لون الدم إلى أصفر، وينتظر أهله اكتمال القمر، وحين يتمّ ذلـك يحمـل المُنتقِم بندقيته ويذهب للأخذ بثأره.

يبدو القتل هنا ممنهجًا وله قوانينه وأعرافه التـي لا يـستطيع أحـد الخـروج عليها. يطلب أحد شباب عائلة القتيل من كبير العائلة الـضرير أن يـسمح لـه بجمع عدد من الرجال والذهاب للقضاء على أسرة بـريفيس بأكملهـا، لكـن الرجل العجوز يردعـه: (سـأعيد عليـك القـول وللمـرة الأخيـرة، إن البـشر متساوون فيما يملكون من الدّماء، ليس لديك الحقّ في أن تأخذ دمًـا أكثـر ممـا أُخذ منك، وإلّا ستدفع الثمن مضاعفًا.. هـذا مـا علَّمـه لي أبي ومـا علَّمـه لـه والده..)

القانون الوحيد الذي يبدو أنه يحكم البريّـة القاحلـة التـي يتنـازعون عـلى امتلاك أرضها، هو قانون الانتقام، ووسـط هـذا المـوت المحـدق بكـلّ شيء، والعبثية المطلَقة والاستسلام الكامل لدوْرة القتـل، التـي لا تختلـف أبـدًا عـن استسلام الجاموستين لدْورة المعصَرة، والتـي تـدفعهما في النهايـة كـما يلاحـظ (الولد) أن تدورا حولها، حتى بعد انتهاء العمـل، ودون أن يكـون النِّـير عـلى عنق أيّ منهما.

وسط هذا كلّه لا تبدو أيّ إشارة للحياة سوى تلك التي في قلب (الولـد)، فهو الذي يرى، وهو الذي يفـزع، وهـو الـذي يحلِّـل، وهـو القابـل للحيـاة.

وهكذا ما إن تلوح عربة السّيرك حتى تتغيَّر حياته، كما ستتغير حياة أخيه فيما بعد بتحريض من الصغير نفسه.

يسأله الرجل في العربة عن اسم قرية ما، فيشير الولد إلى الاتجاه الذي تقع فيه القرية المطلوبة وحين يسأله عن اسم قريته يرد: نهر الأرواح!

– وأين هو النهر يسأله الرّجل؟ فيرد الولد: لقد جفّ، وبقيت الأرواح فقط.

ليس الحوار هنا شيئًا عابرًا، فما تبقّى في المكان هنا هي الأرواح، أو ربما الأشباح، أشباح القتلى الذين تُغطي صورهم الجدران؛ أما البشر، فما هم سوى أدوات شقيّة لا تستطيع أن تحصد سوى الأرواح، فوق أرض لا يعرفها المطر. ولذا، حين يسقط هذا المطر في النهاية بقوة حلم (الولد) فإنه يسقط ليكون رمزًا لتغيير ما، قادم؛ لكن الولد هو وحده القادر على صنعه!

لا يعرف هذا الصغير، الذي ليس له من هذا العالم سوى أرجوحة معلَّقة في غصن شجرة عملاقة متيبسة، محترق قلبها، أيّ شيء عن العالم الخارجي، وفقدان الهوية طاحن من جهتين، إذ إنه لا يعرف له اسمًا، كما أنه لا يعرف شيئًا خارج هذا الجحيم.

وهكذا حين تهديه فتاة السيرك كتابًا، تفتح له بوابات العالم.

تسأله الفتاة: هل تعرف القراءة؟

فيجيب: أستطيع أن أقرأ الصّور!!

ومن هذه الصوّر: صور الأسماك وعرائس البحر، يخلق عالمًا جديدًا وقصصًا، ونراه لأول مرّة قادرًا على أن يبتهج وينفعل بشيء مفرح.

لكنّ هذه البراءة ليست كافية بتعبيراتها الأوليّة على إنقاذ العالم، إذ لا بدّ من أن تنغرس الأقدام في الدّم.

يذهب شقيق الولد ويأخذ بثأر أخيه الأكبر، ويذهب بعدها ليقدِّم العزاء في بيت القتيل، فينفردُ به العجوز الضّرير ويسأله: كم عمرك؟

فيرد: عشرون سنة.

فيقول له العجوز: الآن انقسمتْ حياتك إلى قسمين. السّنوات التي عشتها بالفعل، والزّمن القصير الذي تبقى لك (قبل اكتمال القمر). هل جرّبت الحبَّ من قبل؟ لن تجرِّبه أبدًا!

إن حديث العجوز هنا مشبع بالانتقام، والكراهية، ولذا، فإن التّهديد الوحيد الذي يبدو أنه يهدد حياة الشاب هو أنهم لن يسمحوا له، ومعهم الزّمن، بأن يعيش الحب. ذلك هو العقاب الذي يدركونه، لكنهم رغم ذلك لا يعيشون هم أنفسهم الحبّ بأيّ شكل من الأشكال.

كان لا بدَّ من الحب إذن كي ينجو ذلك العالم من الجحيم الذي يعصف به من كلّ جانب. وهكذا يغدو وصول فتاة السّيرك طوْق النّجاة، إذ إن بوادر الحب تبدو أقرب بكثير مما تخيل العجوز، فالفتاة تقع في حب الشّاب ويقع هو في حبها، في الوقت الذي يكون فيه العجوز ينظر إلى السماء منتظرًا اكتمال القمر، وينظر إلى القميص الذي تصفعه الرّيح منتظرًا تحوّل لون الدم إلى أصفر.

وصول الحب هو الذي يعيد ترتيب كلِّ شيء، هذا الزّائر الغريب لبرية الكراهية!

بتحريض من الولد، يهرب الأخ الشاب ويقوم برحلة طويلة في عربة السيرك، ويجرِّب لأول مرْة دورة من نوع آخر، غير دورة الجاموستين، التي هي في الحقيقة دورة الجميع هناك، يجرب دورة الفرح، حين تتسلق فتاة السيرك حبلًا ويبدأ هو التلويح به، حيث يشكِّل جسدها مروحة بهجةٍ لا حدود لعذوبتها، وتظلّ تدور إلى أن يهبط الليل.

لكن هناك نداء أقوى من كل نداء، نداء يتغلّب على الحبّ، فيعود الشاب إلى أسرته، لتفاجأ أمه به، هي التي تمنّت رحيله للأبد، مثلما تمنّى أخوه الولد، وقال ذلك بصوت عال فتلقّى صفعة أطاحتْ به أرضًا، لأن في ذلك مساس بشرف العائلة.

أول شيء يفعله الشاب حين يعود هو الصعود إلى الأرجوحة، كما لو أنه يريد استعادة مشهده مع فتاة السيرك. يدفعه الولد فيطير في الهواء، لكن الحبل ينقطع ويسقط الشاب بلا حراك. يصيب الفزع الجميع، والأب بشكل خاص، كما لو أنه لا يعرف أن ولده على رأس قائمة القتلى وأنه سيموت على أيّ حال.

لكن الشاب يخدعهم، إذ ما يلبث أن يُشرع عينيه ويحتضن الولد، وهنا يضحك الولد ونرى الأم تضحك للمرّة الأولى وكذلك الأب.

إنهم فرحون بنجاته، فرحون بأنه لم يزل على قيد الحياة، لكن ذلك لن يُثني الأب عن دفع ابنه لحلبة الموت، دون أن ينسى أن يوصيه بالتشبث ببندقيته.

وصول فتاة السيرك فجأة إلى بيتهم، يدفع بالأمور إلى نقطة أخرى، إذ يعيش الشّاب الحبّ، وهكذا تندحر نبوءة العجوز السّوداء، لكن المُنتقِم يصل في اللحظة ذاتها، ويراه الولد، ولذا، كان لا بدَّ للبراءة من أن تتقدّم لإنقاذ العالم.

يرتدي الولد قبّعة أخيه ويسير تحت المطر ضحيّة جاهزة لاستقبال الموت، من أجل حماية الأخ وحماية الحبّ.

والنتيجة واضحة هنا، لأن الفريسة سهلة.

لكن الولد لا يخرج من هذا العالم بلا هويّة، كما عاشه، إذ يعطه لاعب السّيرك (زوج أم الفتاة) اسما هو باكو، اسم سمكة نهرية. وقبل الموت يصف قريته: إنها قرية (نهر الأرواح) وهي تقع وسط العدم، كل ما نعرفه أنها تقع فوق الأرض وتحت الشمس، إنها شديدة الحرارة لدرجة تجعل قلوبنا تغلي كإناء عصير قصب السُّكر فوق النار.

في هذا العدم، تحت شمس حارقة، يولد البشر ويعيشون كأذرع طويلة للموت، يحصد الواحد منهم روح الآخر، ويجلس في انتظار اكتمال القمر وأفول حياته. وعلى الرغم من أن أحداث الفيلم تدور في فترة زمنية يفصلنا

اليوم عنها قرن كامل، إلّا أنه صورةٌ متجدّدة لما حدث بعد ذلك الزمان وما زال يحدث، حيث يبدو القتل أكثر سهولة بكثير من كلمة طيبة، وتبدو المسافات أكثر اتّساعًا بين البشر، وقد تمّ تحويل القتل إلى شريعة يحميها القانون.

لا يذهب كاتب أو مخرج كبير إلى مرحلة زمنية بعيدة، فقط ليقول: لقد كان ذلك يحدث في الماضي. يذهب إلى هناك ليقول، إن ذلك ما زال يحدث ويتواصل وتتزايد قسوته يومًا بعد يوم.

بقي أن نشير إلى أن هذا المخرج، سبق له وأن فاز بعدد من الجوائز الكبيرة من بينها أوسكار أفضل فيلم أجنبي وجائزة الأكاديمية الفرنسية وجائزة الأندبندنت عن (المحطة المركزية)، وجائزة جمعية النّقاد الأمريكيين عن فيلم (مذكرات دراجة نارية) وجائزة غولدن غلوب وأكاديمية السينما البريطانية ومهرجان فينيسيا عن فيلم (وراء الشمس) وإلى ذلك العديد من الجوائز الكبيرة.

الوجه والقناع

(منصة الجمال):
هل نحنُ نحنُ.. أم الدَّور الذي نؤدِّيه؟

يُجمع عدد من كبار النّقاد العالميين أن أعمال شكسبير التي عبرت كل هذه القرون لم تزل أعمالًا معاصرة، وفي مقال عن فيلم (روميو وجولييت) للمخرج الأسترالي باز لوهرمان افتتحتُ المقال بسؤالهم هذا: ما الذي يجعل شكسبير كاتبا معاصرا؟!! وكيف تُحقق أعماله هذه القدْرة الفائقة على الحضور والتأثير في كلِّ مكان من هذا العالم. حتى أنه في استطلاع أُجريَ قبل سنوات، كان الكاتب الأكثر قربًا من قلوب الصينيين.

الناقد يان كوت كان أصدر كتابًا مهمًا ترجمه للعربية الكاتب الفلسطيني جبرا إبراهيم جبرا عنوانه (شكسبير معاصرنا)، وليس ثمة ضرورة للتّحديق كثيرًا في هذا الكتاب لنكتشف أن شكسبير واحد ممن يعيشون حولنا وفينا من خلال أعماله التي لم يخفت بريقها في أيّ يوم من الأيام. ويكفي أن نشير إلى أن السينما خلال السنوات العشر الماضية قدمت أعمالا كثيرة مستوحاة من إبداعه وأعمالا مأخوذة مباشرة عن هذه الإبداعات.

من الرؤى الجديدة التي طُرحت (روميو وجولييت) الفيلم المعاصر والجامح في آن الذي نقل العاشقين الصغيرين إلى شوارع مدينة تعيش مظاهر التطوّر في نهايات القرن العشرين، وتحمل اسم مدينتهما (فيرونا) نفسه، دافعًا الأحداث قُدمًا إلى الأمام أربعة قرون كاملة!! ليجيء بعده فيلم (شكسبير

عاشقًا) المستوحى من (روميو وجولييت) أيضًا والذي لا يقلّ جنونًا عن فيلم لوهرمان، واستطاع الفيلمان أن يكونا علامة بارزة في مسيرة السينما سواء بالنجاح الكبير الذي حققاه أو بالجماليات والرؤى الجديدة التي رفعت الفيلمين إلى مكانهما اللائق، وقد ظنّ البعض أن ذروة شكسبير في السينما (اقتباسًا) قد تحقّقت هنا، دون أن ننسى ميل جيبسون الذي قدّم (هاملت) من جديد، ولقي نجاحًا كبيرًا، واندفاع آل باتشينو لتقديم فيلمه (ريتشارد الثالث) ثم (تاجر البندقية). وبين هذه الأفلام تم إنتاج فيلم تدور أحداثه في عالم اليوم يتكئ على مسرحة شكسبير الذائعة الصيت (هاملت) ولكن هذا الفيلم لم يحقق الحضور المطلوب ومضى سريعًا مثل فيلم (ريتشارد الثالث) الممعن في تجريبية ووثائقية أفسدتاه.

كما أن هناك أفلامًا كبيرة نهلت من مسرحيات شكسبير في غير عاصمة ، كما فعل كوروساوا في (ران) المأخوذ عن مسرحية (الملك لير)، حتى لكأن شكسبير من الرّحابة إلى درجة يستطيع معها استيعاب رؤى الجميع ويظل هو الفضاء، الذي يتيح للآخرين الفرصة كاملة للتّحليق فيه، وأن يكونوا أنفسهم بمنتهى الحرية، ويظل هو نفسه المتجدِّد باستمرار.

يقول يان كوت في (شكسبير معاصرنا): هناك نمطان أساسيّان للمأساة التاريخية. الأول مبني على الاعتقاد بأن للتّاريخ معنى، وأنه يحقق مهماته الموضوعيّة، ويقود في اتجاه محدد. وهناك نوع آخر من المأساة التاريخية، أصلها الاعتقاد بأن التاريخ لا معنى له، وأنه واقف لا يتحرّك، أو أنه باستمرار يعيد دوراته القاسية، وأنه.. كالبرد، كالعاصفة والإعصار، كالميلاد والموت.

يُنقّب الخُلْد في الأرض، ولكنه لن يبلغ السَّطح..

يعاني، ويشعر، ويفكِّر،

ولكن معاناته ومشاعره لا تستطيع أن تغيِّر مصيره (الخُلْدي)، فيستمر في حفر الأرض، وتستمر الأرض في دفنه.

وعند هذه النقطة يدرك الخُلد أنه خُلْد مأساوي.

ويرى (كوت) أن هذه الفكرة عن المأساة، أقرب إلى شكسبير.

***

يأتي فيلم المخرج ريتشارد إير (منصة الجمال- Stage of Beauty) 2004، بعد نجاح لافت لفيلمه المهم (آيريس) الذي تناول فيه الحياة العصيبة للكاتبة العالمية البريطانية آيريس مردوخ، ولكنه هذه المرّة مضى نحو شكسبير محققًا واحدًا من أعمق الأفلام التي نهلت من معين هذا الكاتب العابر للأزمنة، ومستندا إلى مسرحية (عطيل) التي كتبها برؤية جديدة الكاتب جفري هاتشر.

ولعل أول ما يُحسب للمخرج تلك الجرأة حين فكَّر بهذا العمل الجديد الذي يتقاطع في رؤيته الفنية كثيرًا مع أجواء (شكسبير عاشقًا)، حيث المسرح ودهاليزه والصراعات بين الممثلين ومدى تأثير البلاط في المسألة، وحسمه لعدد من الأمور المهمة في مسار الأحداث، وطبيعة الأزياء، وتنويعات الشَّعر المستعار وألوانه المتعددة الزاهية، والأجواء المماثلة في الشوارع والحارات وحتى شكل المسرح.

لكن إير كان يعرف المادة المختلفة التي بين يديه، وكان يريد أن يعمِّق ويتعمَّق أكثر مما يقدم فُرجة، ويحفر في النفس البشرية متأملًا ماهيتها أكثر مما يعرض جمالها؛ وهو يؤلم هنا أكثر مما يُضحك، ويتساءل أكثر مما يجيب، متجاوزًا بذلك (شكسبير عاشقًا) دون جدال، ومقدِّمًا في آن فيلمًا عن الروح الإنسانية وتمزّقها وسؤال هويتها والوهم الذي يجتاحها ويجتاح أولئك الذين ينظرون إليها من الخارج وقد اختلط عليهم الأصل والدّور. ويمكن أن يفسَّر اختلاف هذا الفيلم بقيام ممثل كبير هو روبرت دي نيرو بالمشاركة في إنتاجه.

يقول صموئيل بيبيس في يومياته التي كتبها عام 1660: إن أجمل امرأة على مسارح لندن كان اسمها كيناستون.. وكانت رجلًا!!

بهذه الجملة يتم افتتاح هذا الفيلم المختلف حقًا، والـذي تـدور أحداثـه في زمن لم يكن يُسْمَح فيه للمرأة بالصّعود إلى خشبة المسرح لأداء دوْر المرأة أو أيّ دوْر آخر.

تدور الأحداث في تلك الفترة بتشابكاتها المختلفة هذه، وعلى الحدِّ الفاصل بين زمنين: زمن يوشك أن ينتهي وزمن يوشك أن يبزُغ؛ وتتمحور الأحداث حول ذلك الممثل المسرحي (كيناستون) الذي يؤدي دور (ديدمونة) في مسرحية (عطيل) وما يلاقيه من نجاح كاسح يحيله إلى أسطورة مُربكة للمجتمع الذّكوري الذي يرى فيه المرأة الأجمل، والمجتمع الأنثوي الذي يتطلّع لمعرفة من هو حقًا هذا القادر على التفوّق على المرأة في أدائه لهذا الدّور المعقّد والذي ينال إعجاب الرجال إلى هذا الحدّ كما لو أنه المرأة المثال!

لكن ما يحدث في كيناستون شيء مختلف لأنه في الحقيقة وصل إلى تلك المرحلة التي لم يعد يعرف فيها من هو، وما معنى رضاه بهذه العلاقة المربكة بينه (كامرأة) وبين المعجبين الذّكور، وبينه (كامرأة) وبين المعجبات النساء وهو يتلذذ بتفوّقه عليهن.

لم يكن الأمر إذا امتحانًا له فحسب أمام نفسه، بل كان امتحانًا لعدد لا يحصى من النساء الغيورات الحاقدات اللواتي استطاع أن يسلبهن أزواجهن، وعدد كبير من الرجال الذين عاشوا متيَّمين به كامرأة، حتى أن مسار الأحداث لا يدفع أيًا منهم لطرح السؤال البسيط: (هل كيناستون رجل أم امرأة؟) لأن الوهم المحيط به والسّاكن فيهم قد تحوّل إلى حقيقة لا تقبل الشكّ. ولذا، فإن فقدان الحسّ بجوهر وجود رجل في ثياب امرأة هو في الحقيقة مأساة كبرى يتصارع رجال كثر لكي يكونوا أبطالها، وهنا تتكثّف الحكاية في انفتاحها على ضياع لا مثيل له.

يعاني كيناستون من ماض مُرّ، فهو ذلك الطفل الذي التُقط من الشوارع وعاني حياة مريرة قبل أن يصل إلى معلّمه الأول الذي علمه التمثيل وترك أثرًا بالغًا في حياته: يقول لماريا (كلير دينس) الشّخصية النسائية الرئيسة في الفيلم،

والتي تحبه دون أن تستطيع الكشف عن حبها لعدم يقينها من أي شيء: لقد علَّمني معلمي أن الدّور لا ينتمي للمثل، بل الممثل ينتمي للدَّور.

فتجيبه: ولكن لا تنس أنك رجل في هيئة امرأة.

فيرد: أم العكس هو الصحيح؟ لقد مات معلمي ومن الصعب أن أثبت أيّ شيء الآن!

فتقول له ماريا، التي تعمل على ردم هذه الهوة بينها وبينه: أعتقد أنك رجل جيد بقدر أي امرأة جيدة.

هنا تكمن معضلة كيناستون، الذي يفقد نفسه بين العالمين تمامًا، ويجد ضياعه خارج دوْر المرأة الذي يؤديه، والذي، في الوقت نفسه، غير راض عن الدوّر الذي تحوّل إلى دائرة لا مجال للتوقّف لحظة فيها لالتقاط الأنفاس.

يقول لماريا في لحظة صفاء: الأمور القديمة نفسها، ولكن، لحسن الحظ، إن الجمهور يتغيّر.

على الجانب الآخر، تقوم ماريا سرًّا بأداء دور ديدمونة في أقبية لندن الشعبية متمردة على القانون الصّارم الذي يحرِّم على المرأة القيام بدور المرأة. وما تلبث الأمور أن تتشابك لتدفع بها قدمًا إلى الأمام بحيث لا يعود الأمر سرًّا، مع مناصرة شديدة لها من قبل عشيقة (تشارلز الثاني) وأولئك الذين يحقدون على كيناستون لأسبابهم الخاصة جدًا.

صدور قرار في النهاية، بالسّماح للمرأة بتقديم دور المرأة في المسرح، لا يقلب حياة المسرح فقط، بل حياة المجتمع المحيط به؛ ويغدو أمرًا مفروغًا منه أن يتنازل كيناستون عن صورته وشخصيته وكيانه وأسطورته باعتباره الأقدر على تمثيل أدوار النساء، ليجد نفسه للمرّة الأولى مضطرًا لتقديم دور رجل! إذ فجأة يجد أن عليه أن يخرج من نفسه ليقف مع الجانب الآخر منها وجهًا لوجه، ويخرج من دوره ليجد أنه قد أصبح بلا معجبين؛ فالذين أحبّوه، أحبّوه امرأةً، وحين نزعتِ الشَّعر المستعار وغيّرتْ ملابسها غدت شيئًا آخر من

العار الاقتراب منه، أو إبداء أيِّ مَيْل إليه، وكذلك النساء اللواتي وجدنه يعود إلى حقيقته عاريًا من أسطورة تفوّقه عليهنّ.

يجد كيناستون نفسه وحيدًا تمامًا ومرذولًا وفاشلًا وأضحوكةً في مسارح شعبية في أقبية لندن، توجب عليه أن يؤدي دوْر المرأة فيها وسط صيحات مبتذلة وتهكّم لاذع وقد تلاشى وهُم المتفرجين فجأة.

لكن ماريا في النهاية تتقدّم وتكون إلى جانبه، ماريا التي غدت نجمة المسرح وقد احتلت مكانه، ماريا التي كانت تدرك أنه رغم كلّ نجاحاته كان ينقصه شيء واحد أساس: أنه لا يستطيع تقديم دوْر المرأة في لحظة موتها.

لقد كان يتقن تمامًا دور المرأة حية، لكنه أيضًا، وفي داخله، كان يحسّ بفشله في أداء اللحظات الأخيرة حين تُقتَل.

لكن كيناستون يبقى مصرًّا، مدفوعًا بإحساسه بكرامته: العبقرية ليست في أن تكون رجلًا وتؤدي دور رجل، العبقرية أن تكون رجلًا وتؤدي دور امرأة بإتقان، أو العكس.

جملة كيناستون هذه ليست في الحقيقة سوى درْعه الأخير المنخور الهشّ الذي يسعى أن يرد به كلّ تلك السِّهام التي اندفعت صوبه في لحظة واحدة، وقد بات عليه أن يخرج من القوقعة دون مقدمات.

يقول أ. و. سكوت في مقال عن الفيلم: لقد استطاع المخرج والكاتب الإمساك بالتوازن الممتاز للحظة نصر ماريا ولحظة سقوط كيناستون، حيث باستطاعة المشاهد أن يحسّ بوهج النصر ورماد الخسارة، وبداية انتعاش الحركة النسائية المرتبطة ببداية صعود المخاوف الذّكورية.

وهكذا، يمكن أن نقرأ في الفيلم مجازًا آخر يتجاوز فيه المسرح معناه المتعارف عليه، ليصل إلى معناه الأوسع، وقد تحوّلت الحياة إلى مسرح. في زمن (كانت فيه السياسة أشبه ما تكون بالمسرح، بقدر ما كان فيه المسرح سياسة) حسب (سكوت) نفسه.

تتقدّم ماريا في اللحظة الفاصلة هذه، مدفوعة بحبها الغامر له، لتُعلِّمه الحياة من جديد وتقوده إلى نفسه خطوة خطوة، وتعيد له هويته الإنسانية الحقيقية، وتعيد له الحسّ الذي نسيه دائمًا وهو يؤدي دور ديدمونة: المرأة ليست قوة مستسلِمة حين تواجه خطر الموت والرّجل ليس قوّة مطلَقة وهو يقوم بفعل القتْل.

تذكِّره بأنه لم يكن امرأة تمامًا، وأن أداءه كان ينقصه الشيء الأساس: الحقيقة. ولذلك حين يتقدَّم معها ليقوم بدور (عطيل) في النهاية، وتقوم هي بدور ديدمونة، وعلى (منصة الجمال) نفسها – خشبة المسرح، بحضور كل أولئك البشر القادمين ليروا بأعينهم لحظة التّحوّل الكبيرة، يجد أمامه امرأة تقاومه وترفض أن تموت طائعة، ويجد أنه يؤدي الدّور الذي كان يؤديه الممثل الآخر في الماضي باذلًا الكثير من الجهد وهو ينفذ عملية القتل، بحيث يبدو المسرح فعلًا كساحة فعلية للجريمة وهو يطاردها، وهي تقاوم بشدّة، ثم تنهار فعلًا لافظة أنفاسها الأخيرة، وهي لحظة لا تحبس أنفاس مشاهدي المسرحية في الفيلم فحسب بل أنفاسنا كمشاهدين للفيلم. ويُضاعف سطوة هذا التأثير القويّ انسحابه إلى طرف المسرح وقد أدرك أيّ جريمة فظيعة قد ارتكب، وفي ظلِّ هذا الصمت المطبق تتحرّك ماريا أخيرًا، مُنهية فصل الرُّعب الذي اجتاح مشاهدي المسرحية والفيلم معًا.

لقد اكتملت المسرحية، وعاد شكسبير إلى جوهره الحقيقي بعودة أولئك الذين أدّوا الأدوار إلى حقيقتهم. فلأول مرّة يرى الجمهور أدوارًا حقيقية، وعواطف حقيقية بعيدًا عن كلّ ذلك التصنّع الذي أربك حواسّه لأزمنة طويلة. لكن الأمر لا يخلو من قفز كبير على مسار الفيلم، لأن حياة بالغة التعقيد عاشها كيناستون لا يمكن أن تنقلب بسهولة إلى نقيضها أو نصف نقيضها لمجرد أن الفيلم يجب أن ينتهي آخر الأمر!

إنه واحد من الأفلام التي لا يستطيع المرء نسيانها بسهولة، لأن الأسئلة لا تكفّ عن طرح نفسها بقوة بعد انتهاء العرض، كما أن الأداء المتقن والفذّ

للمثل بيلي دوردب (كيناستون) كان يفوق الوصف، بل لعله من أكثر الأدوار تعقيدًا على الشاشة.

فيلم (منصة الجمال) نموذج متقدِّم آخر لفيلم باز لوهرمان (روميو وجولييت)؛ إنه لا يُوحّد الجمهور، بقدر ما يشرح هذا الجمهور، ويثير أسئلة لا تنتهي، بعيدًا عن فن كسول يدَّعي القدرة على تقديم الإجابات الكاملة.

ويبقى السؤال الأخير الذي لا بدَّ منه: هل نحن نحنُ، أم نحن الدَّور الذي نؤدِّيه في هذه الحياة؟ الدَّور الذي نلعبه؟ ممثلين كنا أم موظفين بسطاء، شعراء كنّا أم فلاحين في الحقول أم عمالًا في المصانع؟!

(سمكة كبيرة):
الحقيقة..أم جمال الحكاية؟!

(لم يقل لي شيئًا حقيقيًا واحدًا في حياتي.) يقول الابن محاولًا اختصار علاقته بالأب في فيلم (سمكة كبيرة- Big Fish) 2003، أما الأب فيقول في موقع آخر: (لم أكن سوى نفسي منذ ولادتي.)

في فيلم غريب وغنيّ على أكثر من مستوى، مقتبس عن رواية حديثة كتبها دانييل والاس، يقدم المخرج الشهير تيم بورتون رؤية جديدة طازجة للحياة، للحقيقة، رؤية مربكة وممتعة في آن، وهو يتتبّع حياة إدوارد بلوم الشخصية العذبة المحاصَرة أبدًا بنظرات الشّكّ حتى من أقرب المقربين إليه: ابنه الوحيد.

يقوم بدور بلوم الممثل الكبير البرت فيني، وتقوم بدور الزوجة الممثلة اللامعة جيسكا لانغ التي بات ظهورها نادرًا من سنوات، هي التي قدّمت عددا من أقوى وأكثر الأفلام نوعية وجرأة.

تجتمع في حكاية إدوارد بلوم عوالم ساحرة سحرية كثيرة، بدءًا من لحظة مولده، حيث نراه ينطلق من رحم أمّه أشبه بقذيفة متجاوزًا السرير وعابرًا الممرَّ من بين أرجل الممرضين والممرضات وزوار المستشفى، مولودًا جميلًا بعينين مشرعتين على العالم، دون بكاء؛ إلى طفولته الأولى وتلك الجرأة التي تملأه اطمئنانًا حين يتجاوز رعب زملائه ليطرق باب ساحرة بعين زجاجية، ويعود إليهم وهي ترافقه، مؤكّدًا لهم صحة تلك الخرافة التي تدور حولها،

حيث باستطاعة كلِّ إنسان أن يرى الطّريقة التي سيموت بها بمجرد النظر في هذه العين.

وبعيدًا عن طفولته هذه، نراه كيف يُصاحب عملاقًا هدَّدَ مدينته ذات يوم ويصبح صديقه فيما بعد، فيرحل معه ويدخل وحيدًا طريقًا مرَّ عبرها ذات يوم شاعر ولم يعد للظهور، وإذا بخطاه تنتهي بمدينة سحريّة كل من يدخلها يُلقَى بحذائه فوق أحد أسلاك الكهرباء، حيث يسير سكانها حفاة لفرط نعومة ترابها وأعشابها؛ ثم حكاية وقوعه في حبّ فتاة من النظرة الأولى والتي تغدو امرأته فيما بعد، والمشاقّ التي يتحمّلها من أجل الوصول إليها، هو الذي يفقدها في اللحظة التي يجدها فيها، فيستغلّه صاحب سيرك بأن يوظفه لديه (مع العملاق)، ومقابل عمله يقول له في نهاية كلِّ شهر معلومة جديدة تُقرِّب المسافة من تلك الحبيبة!

ولا يكتفي إدوارد بلوم بحكايته المركزيّة، بل يسرد حكايات بشر آخرين بدءًا من حكايته يوم مولد ابنه، وكيف كان يعمل على اصطياد (السمكة الكبيرة) التي اضطرّ في النهاية أن يضع خاتم زواجه طُعما لها، وكيف أنه حين اصطادها لم يكن ثمة شيء يهمّه سوى استرجاع الخاتم، وهكذا أمسكها وأشرع فمها وأخرج الخاتم منه، وأطلق السمكة.

كما أن هناك حكاية أحلامه التي تتحقّق: يحلم بلوم الطفل بجدّته تموت، يصحو فَزِعًا ويخبر أباه، الذي بدوره يدعوه لكي يعود للنوم، وألا يفكر بمثل هذه الكوابيس، إلّا أن الجدة تموت في اليوم التالي. وحين يحلم بلوم ثانية بأن أباه يموت هذه المرّة، يتردّد في إخباره، ولكنه في النهاية يخبره عن الحلم، يدور الأب مُحطَّما ليقضي أسوأ يوم في حياته، ومعذَّبا بعدم معرفته بالطريقة التي سيموت بها، وحين يعود للبيت، يجد امرأته تبكي لأن بائع الحليب المقرَّب إليهم ماتَ على عتبتهم!!

ثمة تقاطع بين المأساة والسخرية دائمًا، لكن الشيء الأكيد أن حكاية جميلة واحدة تكفي لإنقاذه من أي شَرَك تنصبه الحياة له.

تتحوّل مجموعة الحكايات إلى أطواق نجاةٍ له في كلِّ مرّة يجد فيها نفسه في مأزق، لكن معضلته الأساس أن الشخص الوحيد الذي لا يصدِّقه هو ابنه؛ ابنه الذي يهجر البيت سنوات بعد زواجه ولا يعود مع زوجته الحامل إلّا لأن والده يحتضر، ولأن شفاءه بات مستحيلًا. إلّا أن الأب يؤكّد للابن أول ما يراه: اطمئن، ليست هذه الطريقة التي سأموت بها!! ونلاحظ أن كلّ ميتات أصدقاء الأب، التي ظهرتْ في عين السّاحرة، حين كان طفلًا، نراها، في حين يحتفظ هو بالطريقة التي سيموت بها سرًّا.

في المسافة الفاصلة بين وصول الابن ورحيل الأب، يستعيد المخرج حكاية بطله، وهي حكاية كاملة ممتدّة من المهد إلى اللحد، وهي بالتالي عابرة لمحطات تاريخية بارزة من حياة المجتمع إنسانيًا وسياسيًّا. ولذلك كان على المخرج أن يستعين بمجموعة من الشخصيات لأداء دور الأب في مراحل حياته المختلفة، وللوهلة الأولى يبدو الأمر شاقًا على المشاهد، لكن المخرج عمل بإتقان رائع، رغم أن الأحداث لا تردُ متسلسلة في الفيلم، وقد كان أداء مرحلة الشباب رائعًا من قبل الممثل الشاب إيوان مكريغور، وهو الذي أدّى الدّور الأكبر في الفيلم، في حين أن شخصية الزوجة (جيسكا لانغ) تؤديها في شبابها ممثلة أخرى (أليسون لوهمان) وليس ثمة أي مراحل أخرى تظهر من حياتها على الشاشة.

نحن في النهاية أمام شخصية جريئة، ساحرة، دافئة، قادرة على تقديم أفضل ما لديها للآخرين في أوقات محنتهم، ونحن فوق ذلك كلّه أمام شخصية ساخرة أثيريّة رقيقة.

إن شخصية أدوارد بلوم تذكّرنا في مقاطع كثيرة بشخصية (فورست غامب) التي أدّاها توم هانكس قبل ذلك وأبدع فيها. لكن ما يجعلها تفترق عن هذه الشخصية، أن شخصية فورست كانت أقرب للبله الذي يتحوّل إلى فلسفة في حالات كثيرة، في حين أن هذه الشخصية تحيل بوعيها الحكاية إلى فلسفة، كما لو أنها تقول: من لا حكاية له لا حياة له.

في هذا الفيلم يوزّعنا المخرج ببراعة بين شكّنا بما نراه وما يقوله الابن المعذّب بوالد، الابن الذي يعتقد جازمًا أن والده لم يقل له أي شيء حقيقي في حياته. ويبدو الفيلم مختلفًا تمامًا في سياق أعمال المخرج المولود عام 1958 والذي بدأ حياته السينمائية مبكرا عام 1971 وأخرج منذ ذلك التاريخ عشرين فيلمًا من بينها: كوكب القردة، سليبي هولي، بات مان، وعودة بات مان.

نتوزع كمشاهدين بين عذاب الابن وصدْقه ومعاناته القاسية، وبين الحكاية التي نراها صورة في الغالب ونسمعها سردًا أحيانًا، وتزداد غربة الابن حين نرى أن زوجته تغدو مأخوذة بسحر الأب، أما الأمّ فهي غالبًا ما تهزّ رأسها بسعادة بالغة وتلملم ابتسامتها كلّما أطل السّؤال برأسه حول مدى صدق حكايات الأب. ولم يكن لها سوى أن تبتسم تلك الابتسامة الرّاضية لأنها تعرف أن النساء بالنسبة لزوجها نوعان: هي نفسها وبقية النساء!! على حدِّ تعبير إحدى شخصيات الفيلم.

في المستشفى، يسأل الابن طبيب العائلة عن لحظة ميلاده، وهل كان الأب يصطاد السّمكة الكبيرة فعلًا، أم غير ذلك.

يقول له الطبيب الحكاية العارية العاديّة التي لا دهشة فيها، وهي التي تمثّل حقيقة لحظة ميلاد الابن. وبعد صمت يقول الطبيب: لو خُيِّرتُ بين الحكايتين فسأختار الحكاية التي قالها والدك لأنها الأجمل.

لعل هذا المشهد هو واحد من مشهدين اثنين نستطيع بهما أن نشكَّ في روايات الأب كلّها. ففي مشهد آخر يكون على الابن أن يخترع حكاية موت الأب، والأب على السّرير، حيث يدخل الابن اللعبة ويسرد على مسامع الأب المحتضر حكاية موته (الأب)، وكيف أحضر له الكرسيّ وهرب به من المستشفى وحمله بين يديه (حملتك ولم تكن تزن شيئًا) ومضى به نحو النهر، حيث يحضر فجأة العملاق صديق شبابه ويبعد السيارات عن الشارع ليفتح

لها الطريق، وهناك ينـزل به للماء، يضعه فيه، فيتحوّل إلى سمكة كبيرة، تمـضي مبتعدة.

أما الجنازة فيحضرها كلّ من عرفهم الأب في مراحل حياته كلها.

في نهاية الفيلم تطلّ تلك الجملة الجميلة: لكثرة ما يروي الإنسان القـصص يصبح القصص ذاتها.

لقد تحوّل إدوارد بلوم إلى حكاية عند موته لا إلى تراب، تحوَّل إلى أسـطورة جميلة، تجعلنا نسأل أيّ جمال للحقيقة إن لم تملك جمال الحكاية.

لـيس الفـيلم في النهايـة أقـلّ مـن دعـوة لنـا لـصياغة حيـاة غنيّـة بجـمال الحكايات، فأن تكون هناك حكايةٌ تُروى، يعني أن هناك حيـاة عاشـها المـرء، وحين يفتقد الإنسان الحكاية يفتقد الحياة.

ليس الفيلم سوى دعوة نبيلة لمشاهده، تقول: عش كي تستطيع أن تروي.

أما خارج هذا، فليس له سوى أن يقوم بما قام بـه إدوارد بلـوم. ولـيس لـه سوى أن يسأل: هل كانت حياة بلوم رتيبة إلى ذلك الحـدّ وحزينـة، بحيـث لم ينقذها من رتابتها ومأساويتها سوى سيل الحكايات العذبة؟! وهـل علينـا في النهاية أن نقف مرتبكين أمام عجزنا عن الاختيار ما بين وهـم جميـل وحقيقـة شاحبة؟!

(زهور محطمة):
رثاءُ المستقبل.. غرورُ الماضي

(لقد ذهب الماضي، أما المستقبل فلم يصل بعد، كل ما هو موجود، موجود في الحاضر.)

بهذه العبارة يختتم جيم جارموش رحلة بطل فيلمه (زهور محطمة- Broken Flowers) 2005، بعد رحلة بحث طويلة في الماضي حملتها إليه رسالة غامضة: إن لك ابنًا وعمره الآن تسعة عشر عامًا، لم أخبره بشيء عنك، ولكنه رحل لتقصّي آثارك.

ينفتح المشهد الأول في الفيلم على رجل يتابع فيلمًا بالأبيض والأسود، عبر جهاز تلفزيون حديث في صالة واسعة توحي بثراء غير قليل، لكن المشهد برمّته شاحب، وملامح الرّجل كئيبة كما لو أن الصمت هو كلّ ما تبقّى له.

لكن جارموش يفاجئنا بعكس ذلك في المشهد التالي، فالرّجل له صديقة، والصديقة حزمتْ أمتعتها وتستعدُّ لهجر صديقها الذي يبدو على مشارف الستين من عمره، وفي حوار قصير منفعِل نعرف أن (دون جونستون) لا يريد الزّواج منها، ولا يفكّر في تكوين عائلة أو إنجاب أطفال، وحين تغادر، يبدو أن الشيء الوحيد الذي اعتاده (دون) هو براعته في قطع العلاقات مع من يُحبّ.

يلعب الممثل بل موراي (دون) المحبط غير الواثق بشيء إلّا بالحاضر، دورًا جميلًا وأخاذًا، ولكنه ليس بعيدًا عن روح دوْره السابق في فيلم (ضاع في الترجمة)، وإن كان دوره في ذلك الفيلم بمجمله يبدو أكثر تأثيرًا بقدرته على أن يسكن المُشاهد لفترات طويلة، بل ويدفع المشاهد للرّغبة ثانية بمشاهدته، كما يُذكّر بفيلم جاك نيكلسون ودوْره الحزين في فيلم (عن شيميدت) وكان يمكن أن يلعب نيكلسون دور موراي هنا دون عناء يُذْكَر؛ فقد كان هذا الأخير دائمًا واحدًا من أهم الممثلين ذوي الحضور الطاغي على الشاشة بسبب قدرته الفائقة على تقديم أعمال ذات مذاق مختلف.

وكما أخرج جارموش هذا الفيلم فإنه كتبه، كعادته، وهو مخرج مختلف له رؤيته الخاصة البعيدة عن منظور السينما الأمريكية الرائج، بل ويبدو غالبًا أقرب إلى السينما الأوروبية منه إلى سينما بلاده، ولكنه استعان هذه المرّة بعدد من النجوم المشاهير بدءًا بموراي ومرورًا بشارون ستون وصولًا إلى جيسكا لانغ.

رحلة موراي تبدأ، حتى قبل مغادرة صديقته الأخيرة البيت. إذ تصله تلك الرسالة بغلافها الورديّ وورقها الوردي أيضًا، ولكنه يفتحها لاحقًا ليعرف ما فيها، وإذا بها تحمل المفاجأة التي تهرَّب من حدوثها طوال حياته: أن يكون له ولد.

ثمة عالَمان داخل (دون)، وهو العمود الفقريّ للفيلم، عالم الهرب من الالتزام بأيّ علاقة زوجية، العالم الرَّتيب الذي لا نراه فيه يرتدي سوى بذلة رياضية واحدة، ومن الصنف ذاته، لا تتغير سوى ألوانها، وعالم الوحدة الذي يضمر في داخله توقًا جارفًا مكتومًا لحياة مختلفة، وهذا ما نراه في علاقته بصديقه الأثيوبي (ونستون) المغرم بفكّ الرّموز والحكايات البوليسية، صديقه الفقير وزوجته وأطفالها الخمسة، ففي كل مشهد يظهر فيه (دون) مع أطفال صديقه يكون في غاية الانسجام والقدرة على التّواصل مع هؤلاء الأطفال

بفرح، كما أنه يبدي حنانًا ملحوظًا، وهو بهذا يتقن العيش بوجهين متنافرين كقطبي مغناطيس.

تأتي الرّسالة، التي يرفض التعامل معها في البداية بجديّة، أشبه ما تكون بطوق نجاة يرفضه بيأسه، ولكنه يُقْبِلُ عليه آملًا بحدوث تغيير في حياته. وهنا يقدّم جارموش حكاية مأساوية بلمسات كوميدية بين حين وآخر: يرفض (دون جوان) كما يدعوه صديقه الاستجابة لطلب هذا الصديق في حصر أسماء النساء اللواتي عرفهن قبل عشرين عامًا، ولكن بعد قليل نفاجأ به يكتب لائحة بأسمائهن. وحين يحدّد صديقه عناوينهن بدقّة، يرفض (دون) الذهاب، لكنا في المشهد التالي نراه في المطار.

ثمة ممانعة غير حقيقية، تحتاج لمن يدفعها بإصبعه كي تنطلق إلى عكسها، وهذا ما يفعله صديقه، إنه يدفعه، ويتابعه أثناء رحلته بين عدد من الولايات المتباعدة، بالاتصال معه وحثّه على المواصلة، كلّما أبدى رغبة في العودة إلى (شاشة التلفزيون) كما يحدث في المشهد الأخير.

ومن اللافت هنا أن (دون) يتابع في المشهد الأول فيلمًا قديمًا، أمّا في المشهد الأخير فيتابع فيلم رسوم متحرّكة للأطفال! وليست هذه مصادفة حين يكون الفيلم مكرّسًا لشخصية موزَّعة بين ماضيها وما حلمت به وكبحته أيضًا، ونعني وجود أبناء له.

أربع نساء على قيد الحياة، وواحدة ماتت منذ زمن، نفهم من الكلمات المنقوشة فوق شاهدة قبرها أنها (بلا أولاد).

يبدأ (دون) لقاءه الأول مع لورا، ولكنّه قبل أن يلتقيها يلتقي بابنتها المراهقة التي تحب أن تُنادى باسم (لوليتا) في إشارة لرواية نابكوف المعروفة حول تلك الصَّبية التي تحرق قلب رجل أكبر منها بكثير؛ لكن لوليتا مطالع الألفية الثالثة مختلفة تمامًا عن لوليتا في تلك الرواية!! فهي لا تتورّع عن فعل أي شيء، كأن تتجوّل أمامه دون ملابسها وهي تتحدّث في الهاتف. لكن (دون) في الحقيقة يكون روحيًا في مكان آخر، وحين تصل لورا - تلعب الدور

(شارون ستون) - يظهر لنا أيّ رجل كان، بسبب تعلّقها الشديد بـه وفرحهـا بوصوله، بل نراها في مشهد وداعه تقبِّل يده بحنان بالغ.

لكنها لم تكن أم ولده الموعود، فقد كانت زوجة واحد من أبطـال سـباقات السيارات الذي انفجرت سيارته ومات في المضمار.

أما دوريس التي تحوّلت لتاجرة عقارات مـع زوجهـا، فتبـدو الشخـصية الأكثر انسحاقًا وأسى، إذ تعيش حياة لا تقل فراغًا ورماديَّـة عـن حياتـه، مـع زوج مفتون بصورة لها التقطت قبـل عـشرين عامًـا وتظهـر فيهـا فتـاة جميلـة للغاية.

بعد خروج الزّوج يقول لها (دون) هامسًا: ألم ألتقط لـك تلـك الـصورة؟! أما الزوج فيقول حين يعود: غريبة كيف تتغيّر حياة الناس!! وهـو في الحقيقـة يعني هنا أشكالهم.

كانت دوريس بلا أولاد أيضًا، لكنها الأكثر كآبة مـع ذلـك الـزوج الـذي يصغرها بسنوات.

حجم الأسى الذي يلمسه (دون) وقـد تحلّقـوا ثلاثـتهم حـول طاولـة في البيت يجمعهم عشاء بارد، يدفعه لاتخاذ قرار بـالعودة. فكـل شيء يبـدو هنـا منتميًا للعبث أكثر من أيِّ شيء آخر، وبخاصة ونحن نرى الزوج مـصرًّا عـلى أن يبقى (دون) عندهم لتناول العشاء، كما لو أن وجود شخص، أيّ شخص، وحتى لو كان صديق زوجته القديم، هو أمرٌ قد يساعد في تبديد ذلك الصّقيع المخيِّم على البيت.

لكن رحلة (دون) تستمر كما أشرنا بإلحاح من صديقه، وهكذا نجده أمـام مبنى منعزل للدكتورة كارمي، التي يتبيّن لنا أنها تركـت المحامـاة بعـد مـوت كلبها (جونستون)، التي أطلقت عليـه هـذا الاسـم وفـاء لـذكرى صـديقها القديم (دون جونستون)، واكتشافها فجأة فـيما بعـد أنهـا كانـت قـادرة عـلى التواصل مع ذلك الكلب بصورة عميقة.

تحمل كارمي دكتوراه في سلوك الحيوانات، وتعترف لدون أنها لم تجد ما يعوّض عليها خسارتها بفقدان كلبها سوى عثورها على القط (ريمون).

وفي هذا الفصل من الفيلم، نجد أن هناك فتاة صغيرة هي سكرتيرة الدكتورة، كما ستكون هناك فتاة أخرى هي بائعة الزّهور في المشهد اللاحق.

في سيرة (دون) التي تكثّفها هذه الرّحلة، هناك دائما الصِّبا والشيخوخة، ليس فقط الماثلة في المرأة بل في الرجل، ففي أكثر من مشهد نرى شابًّا يطلُّ ويختفي، مرّة في الحافلة ومرّة في محطة القطار ومرتين أمام بيت (دون).

المحطة قبل الأخيرة كانت موجعة، فالمرأة التي تخلّت عنه طردته ثانية وتسببت في نيله ضربًا مبرحًا على يد اثنين من سائقي الدّراجات، مع أن كل العلامات تشير إلى أنها هي من أرسلت الرّسالة لأن كل ما رآه من علامات حول منزلها كان لونه ورديًا؛ بل ويجد في فناء بيتها آلة طباعة قديمة ورديّة، وقد كانت الرسالة التي وصلته قد طبعت على آلة من هذا النوع.

لا يصل (دون) في النهاية إلى شيء، فيجد نفسه منهارًا أمام قبر المرأة الخامسة، يضع زهوره ويعود إلى شاشة التلفزيون حيث الجوّ الرماديّ والحزن الكثيف ومسحة اليأس التي تسكن مسامات وجهه وروحه.

إن ما يثير الانتباه في الحكاية، أن الصديقات القديمات كن موزّعات على عدّة ولايات، يحتاج المرء إذا ما أراد الوصول إليها إلى طائرة ورحلة طويلة بالسيارة، وهذا ما يدفعنا للسؤال عن المعنى العميق لشخصية (دون) وهل كان فعلًا إنسانًا مجردًا أم رمزًا لنمط من الرجال موزّع على طول أمريكا وعرضها، أو إلى نمط حياة ذهب الفيلم لمحاورته ورثائه وإدانته في آن؛ ومن هنا أخذ هذا الفيلم ثقله الإنساني، كواحد من أفلام (العائلة) التي تفتن الأمريكيين باستمرار، وإن كان جارموش يتناول الظاهرة معكوسةً هنا، وهو يقدِّم حياة الرجل الأبيض الشّاحبة، مقابل حياة جاره الأثيوبي الذي ينعم ببيت أليف وصِبية رائعين، وزوجة ذات حضور إنساني خاص؛ رغم أن هذا الجار مضطر لأن يمارس ثلاث مهن كي يعيش. لكنه وفي ظل متطلبات

العيش هذه يبدو رجلًا حيًّا أكثر من (دون) الذي يحظى بحياة باذخة بسبب عمله السابق في مجال تقنيات الكمبيوتر.

يحمل (دون) باقات زهر ورديّة إلى حبيباته، طارقًا أبوابهن؛ باقات يانعة، ولكن لا مصير لها سوى ذبولها، مثل تلك الوردات التي تنتظره في بيته ذابلةً، وقد كان غادرها يانعة قبل أيام.

فيلم جميل يستحق إلى حد بعيد الجائزة الكبرى لمهرجان (كان) التي نالها، ولعل فتنته قائمة في أداء بل موراي الهادئ والمؤثر، الأداء الذي يضعك وجهًا لوجه مع الحياة، لا مع صورتها، وهو يقدّم مرثية المستقبل المعذَّب بغرور الماضي، الماضي الأشبه ما يكون بسلسلة طويلة من الانتصارات، لكن المحصلة لذلك كلّه هي: الهزيمة.

(قالت ليلى):
الأحلام التي تأكل أصحابها

كانت حكاية السينما اللبنانية شائكة على الدّوام، سواء السينما التجارية، أم سينما المهرجانات، أي البديلة، فعلى الرّغم من أن الأفلام اللبنانية قديمة، واستطاعت دخول بعض الأسواق العربية، كاسرةً انتشار الفيلم المصري، وسطوة وسائل توزيعه، منذ ستينيات القرن الماضي، إلا أنها ظلَّت هامشية، هشّة، ونعني الصنف الأول من أفلامها، ولم تستطع أن تفرض حضورها في الذّاكرة، رغم استعانتها بنجوم مصريين أحيانًا؛ لكن النجم المصري ما كان يصل بيروت حتى يأخذ الإخفاق طريقه إلى عمله! في حين أن النجوم اللبنانيين الذين استطاعوا الوصول إلى السينما المصرية حققوا حضورًا لافتًا، وأحيانًا كبيرًا كما حدث مع صباح مثلا.

وسوى أفلام قليلة جدًا مثل (ابنة الحارس) الذي أخرجه يوسف شاهين، فإن السينما اللبنانية ظلت خارج تاريخ الفنّ السينمائي. ويمكننا أن نلاحظ أن الأفلام الناجحة هي تلك التي كتبها الرحابنة وشاركت فيها فيروز، وبعضها لم يزل عاليًا إما بقوة الحكايات وأغنياتها المصاحبة لها، وإما بحضور فيروز، والحنين إلى عهود البراءة.

لكن المفاجأة التي حققها المخرج اللبناني زياد الدويري في فيلمه الأول (بيروت الغربية) أو (وست بيروت) كان لها وقْعها الكبير. وتجاوز الأمر

النقّاد ليصل للجمهور العريض محققًا نجاحات باهرة على مستوى شباك التّذاكر أيضًا.

وربما كان النجاح الذي حققه هذا الفيلم في العالم، قبل وصوله إلى الصّالات البيروتية سببًا مهمًا في الإقبال عليه، لكنه بالتأكيد، لن يكون سبب نجاحه، لو لم يحمل الفيلم في داخله كلّ أسباب النجاح.

نال (بيروت الغربية) جائزة النقاد العرب في مهرجان كان، وجائزة مهرجان تورينتو، وتانيت من مهرجان قرطاج، وعرض في 18 بلدًا في العالم، وهذا شيء نادر بالنسبة لفيلم عربي، قبل أن يفوز بجائزة الجماهير في مهرجان دول البحر المتوسط الذي عقد في بروكسل.

بعد سنوات طويلة من فيلمه الأول، يقدم الدويري، بالفرنسية، فيلمه الثاني ويصوّره في فرنسا أيضا بعنوان (قالت ليلى - Lila Says) 2005، محققًا فيلمًا نوعيًّا على المستوى التّقني، وعلى مستوى الأداء الفني لأبطاله، وبخاصة الشخصية الرئيسة الشابة الفرنسية (ليلى - فاهينا غيوشانته) وحبيبها الشاب العربي (شيمو - محمد قواس).

تنطلق الأحداث من بيئة واقعية في حيٍّ شعبيّ، حيث أبناء المهاجرين العرب يعانون من البطالة وفقدان الأمل.

ينتقي الفيلم من بينهم أربعة في مراحل ما بعد المراهقة بقليل، وهم الذين يقعون أسرى جمال تلك الصبية الفرنسية الشّقراء (ليلى)، في حين أن ليلى معجبة بواحد منهم هو شيمو الذي لا يجرؤ على الاعتراف لأصدقائه بعلاقته بها، ما يوّلد سلسلة من الأحداث التي تقود الفيلم إلى نهايته الحزينة.

لكن حضور ليلى هو الأقوى بالتأكيد، ويكاد حضورها يكون واحدًا من أقوى الأدوار التي لعبتها فتيات بعمرها على الشاشة في السينما العالمية؛ وهذه مسألة تحسب كثيرًا لهذا المخرج، فهي ذات حضور طبيعي آسر وذات شخصية غريبة، مركّبة؛ جريئة (تبوح بكل ما فيها) إلى حدّ لا يوصف لشيمو، وخجولة مع الجميع، خارج دائرتها الضيقة التي تتأرجح بين حدَّي: براءتها

التي تسعى لإخفائها بإدعاء الخبرة ومعرفة الكثير عن الحبّ، وبراءة الحبيب الذي لا يكاد يتكلّم في الفيلم.

إن حجم الحسِّية العالي في حديثها نموذج استثنائي في السينما، لكن ما يجعل من هذا الأمر نموذجًا، هو حقيقة أن ليلى معذَّبة على الجانب الآخر من شخصيتها، فهي ملتقطة من ملجأ، تعيش في كنف امرأة تبنتها ومولعة بها وبحسنها.

في عالمها المغلق هذا تبتكر ليلى حياةً موازية، وتجارب في السَّفر والحبّ والجرأة؛ كما لو أن حديثها المتَّصل هذا، هو انتقامها من العالم كلّه الذي رماها بعيدًا متخلّيًا عنها، بحيث يبدو شيمو الخجول ضحية فعليَّة لفرط اندفاعها، شيمو الذي يبدو منقادًا طوال الفيلم لها، وهو الابن الوحيد لأسرة هجر الأب فيها البيت تاركًا الأمّ تدبّر شؤون ابنها وحياتها معه.

وعلى الجهة الأخرى، يتحرّك أصدقاء شيمو الثلاثة، يقودهم (مولود - كريم بن حادو) المولع بليلى إلى حدّ الجنون، والذي يتعامل معها كفريسة، يطاردها للظَّفر بها بأيّ وسيلة.

يطرح الدّويري علاقة الشاب العربيّ بالمرأة (الشقراء) الأوروبية، وهي علاقة متوّجة، هنا، بسوء الفهم وعدم إدراك المسافة ما بين طريقة الحياة التي تعيشها الأوروبية، وما هو مستقرٌ في ذهنه عن امرأة تُبدي انطلاقًا؛ ما يجعله يحسّ بأنها تريد من وراء ذلك الكثير. وفي المقابل يقدِّم صورة الشاب العربي الوحيد المعزول الذي يحسّ بأنه على الهامش (مولود)، والذي يسعى لجمْع أصدقاء حوله بكلِّ الطّرق، ولكنه يفشل كما حدث معه في ليلة احتفاله بعيد ميلاده: لقد اشترى من الطعام ما يكفي عددًا كبيرًا الأصدقاء، لكنه في النهاية يجلس متسوِّلًا حضورهم عبر الهاتف.

لكن الدويري لا يحصر فيلمه في هذا، وهو في الحقيقة فيلم يتحرّك في منطقة شفافة وضبابية في آن؛ فعلى الجانب المقابل يغدو شيمو الشّاب الخجول ضحية فعلية لألاعيب ليلى التي لا يثنيها شيء عن قول أيّ كلام أو ممارسةِ أيّ

فعل بجرأة نادرة. والدويري هنا، يبدو كما لو أنه يدين سوء فهم راسخ في عقلية الرّجل العربيّ، ويدين في آن، سوء فهم راسخ في عقلية امرأة أوروبية تتلذّذ بإشعال النار في روح ذلك الشاب البريء، وهي تدرك حجم عطشه وجوعه وافتقاده لكل ما تتحدّث عنه.

وتكون النتيجة في النهاية: أن الضحية تأكل الضّحية، في الوقت الذي تأكل فيه نفسها.

يفاجئنا الفيلم بعالَمين معذَّبين: عالم شيمو، وعالم ليلى التي نكتشف في آخر الفيلم أنها لا تملك من الوقائع التي عاشتها ومن الأشياء المستعدّة لفعْلها سوى الكلام لا غير.

يبدأ الفيلم بمُدرِّسة اللغة الفرنسية التي تزور بيت شيمو لتقنعه بالالتحاق بمدرسة للكتّاب الشباب الموهوبين، بعد أن قرأت له ورأت فيه كاتبًا سيحقّق الكثير إذا ما التحق بهذه المدرسة وتعلم على أيدي كتاب كبار يدرِّسون فيها.

لكن شيمو يُضيِّع الكثير من الوقت، في مغامراته الطائشة مع أصدقائه، مثل سرقة أحد المحلات. وخلال هذه السرقة، نلاحظ أنهم انشغلوا بالتقاط ما هو ثمين، في حين راح هو يتأمل كتابًا وجده في الدّاخل.

يربح شيمو في النهاية التجربة (الخاسرة)! حين يعيش مأساة حبّه التي تنتهي بقيام أصدقائه باغتصاب فتاته التي يتبيّن لهم أنها طاهرة، كما يتبين أن السيارة الفخمة التي كانت تقلّها دائما هي لامرأة غنيّة تقوم ليلى برعاية أبنائها مساء كلّ سبت. ويكتشف شيمو أن الأماكن التي وصفتها له باعتبارها مسرحًا لمغامراتها في أمريكا، مستوحاة من صور يضمّها ألبوم ضخم يعود لها تخبئه تحت سريرها؛ وليست مصادفة أنها تتركه، أو تنساه تحت السرير بعد رحيلها عن البيت الذي شهد مأساتها، لأن في ذلك إشارة عميقة لبداية جديدة بعيدة عن حياتها السابقة.

عالم واسع من سوء الفهم الذي ترعرع في أرضية النّظرة المسبقة؛ لكن الشيء الأكيد الحزين أن ليلى التي حلمت بجموح حطمتها أحلامها الجامحة وقد وجدت نفسها فريسة سهلة في النهاية.

يذكّرنا الفيلم بالنهاية الحزينة لفيلم (مالينا) للمخرج الايطالي جوزيبي تورناتوري، حيث تذهب مالينا ضحية جمالها في زمن شاحب لا تستطيع فيه النساء التمتّع بجمال كجمالها، ولا يستطيع الرجال الوصول إلى ذلك الجمال، في حين أن الزوج الحبيب غائب في الحرب، فينتهي الفيلم في واحد من أقسى المشاهد. وكذلك الأمر مع ليلى الذي يتحوّل جمالها إلى لعنة، حين يستميت أصدقاء شيمو من أجل الحصول عليه في ظلّ الحضور الغائب لحبيبها المتردّد الخجول، ولكن الأصدقاء، وهم يفعلون ذلك، يدمّرون حياتهم وهم يدمّرون الجمال الذي ينشدونه بكل هذا العنف.

فيلم أخّاذ، مؤثر، يعيش طويلًا في الذّاكرة، استطاع من خلاله زياد الدويري أن يؤكد مكانته كمخرج عربي مختلف، ومتميز، ويؤكد أيضًا أن كلّ تلك الخبرات التي اكتسبها في السينما الغربيّة قد أثمرت، من خلال عمله مع عدد من أبرز مخرجيها وعلى رأسهم (كوانتن تارانتينو) الذي رافقه في كلّ إعماله، حتى فيلمه (أقتل بيل)، ما يعني اكتسابه مهارة فكريّة تقنية على مدى سنوات طويلة قلّما تتوافر للكثيرين.

يقول الدويري: تجربتي مع تارانتينو مثيرة ومفيدة. أفلامه ذات نوعية خاصة جدًا، ويتعامل دومًا مع أفضل الممثلين والتّقنيين، وعلاقته تكافليّة مع الجميع. لا يتصنّع علاقاته مع الناس، لا يغادر مواقع التصوير مهما بلغ به الإعياء، ويبقى عمله هاجسه حتى يصبح جاهزًا للعرض.

أما الملاحظة الأخيرة فهي حول تلك القدرة الفائقة للمخرج للتحرّك في المناطق الحرجة، وبين الثنائيات القاتلة، فبعد فيلم (وست بيروت)، ومعضلة تناول حكاية الحرب الأهلية بتشابكاتها المرعبة، وعلاقات أطرافها الدامية التي دمرت بلدًا بأكمله، يأتي ليصوّر جانبًا آخر من هذه التّضادات؛ ولكن

هذه المرة بين عالمين: عالم الغرب وعالم الشّرق. وفي الفيلمين استطاع زياد الدويري أن يؤكد أنه المخرج اللبناني الأبرز اليوم والأكثر موهبة وقدرات فنية وتقنية.

(قالت ليلى) فيلم أشبه ما يكون بقطعة موسيقية ساحرة ليس فيها ثمة لحظة واحدة خارج الإطار العذْب لتدفّقها. وهي تلك القصة التي كتبها شيمو أخيرًا ونراه يسلِّمها لمعلمته في المدرسة، في إشارة لبدء حياة جديدة مختلفة.

تسأله المعلمة: ليلى؟! وهي تُقلِّبُ الصّفحات.

فيجيب: أجل، هذا ما قالته لي ليلى!

(صورة في ساعة واحدة):
قبر معاصر

في واحد من أكبر مراكز التّسوق التي تعج بالحركة والضّجيج، والتي (لا تنطفئ فيها الأضواء أو الابتسامات) على مدار أربع وعشرين ساعة، هناك زاوية يسكنها الصمت و(الفراغ الأنيق المكتظّ بالخطر)، ويفترشها السّكون، كما لو أنها ببياضها وذلك الاصفرار الذي يجلل رأس ساي - فنيٍّ تظهير الأفلام، صورة مثالية لقبر معاصر.

في فيلمه (صورة في ساعة واحدة - One Hour Photo) 2002، يبدو روبن وليامز، هذا الممثل النّادر متألقًا، وقد التقط واحدًا من الأدوار الأصيلة التي يتوق للعبها أي ممثل على الشاشة، فالفكرة لامعة، جديدة، فيها تصبّ أحداث الفيلم ومنها تنبع، بعيدًا عن أي زوائد خارجية.

كل العناصر الفيلميّة مُسخَّرة لتصعيد هذه الفكرة، وخدمتها: الممثلون والأجواء المحيطة، الهدوء المشحون، الموسيقى التي تغمر المَشاهِد وتُعمِّق الإحساس بها، وقبل هذا وبعده، روبن وليامز نفسه الذي يبدو وكأن الفيلم قد صُنِعَ خصيصًا من أجله، والذي بدوره يعطيه كلّ ما يحتاجه وهو الممثل الذي غالبًا ما يذهب المرء لمشاهدة أفلامه دون أن يخامره أيّ إحساس بالمغامرة بثمن التّذكرة!

لا يبتعد فيلم روبن وليامز هذا الذي يشاركه بطولته كوني نيلسين ومايكل فارتان وأخرجه وكتبه مارك رومانيك عن كثير من أفلامه، بل يسير وفق إيقاعها ورسالتها التي طالما حثّت الإنسان على التشبّث بذلك الجميل والغالي الذي يملكه، لكنه يتغافل عنه، بل لا ينتبه له، مع أنه كل ما لديه في الحقيقة.

نستعيد هنا فيلمه الجميل والمُعَذِّب مع روبرت دي نيرو، ونعني (استيقاظات) حيث تتحوّل لحظات الصّحو التي تُختَلَس من حياة الغيبوبة الدائمة لأولئك المرضى الذين يعانون من مرض نادر يُلقي بهم في عتمة شاملة لا تتيح لهم معرفة أو إدراك أي شيء يدور حولهم، تتحوّل لحظات الصّحو هذه إلى أعظم ما يمكن أن يحدث للكائن: أن يعيش ويعي العالم والبشر والكائنات حوله. إلى فيلمه (جاك) الذي أخرجه فرانسيس كوبولا، عن ذلك الطفل الذي يكبر بتسارع غير عادي؛ فبدل أن يبدو في العاشرة من عمره، يبدو وكأنه في الأربعين، مؤكّدًا فيه من جديد قيمة الحياة الإنسانية وأهمية أن نعيشها وصولا إلى فيلمه (رجل المائتي عام).

يأتي فيلمه هذا ليقدّمه في دور لا يبتعد برسالته عن الأدوار التي تحدّثنا عنها، ورغم أن روبن وليامز كممثل يبدو هنا متألقًا على نحو غير عادي مقارنة بأدواره السّابقة، إلا أن رسالة الفيلم خنقتْ العمل وضيَّقته، بطريقة تقديمها، التي وقعت في محظورات التّلقين، وليس بالجوهر.

تدور الحكاية حول فكرة ملخَّصها دعوة الإنسان لعدم تبديد ما لديه بالعبث، وسيد العبث هنا هو ربُّ عائلة يوركين الصغيرة المكونة من امرأة جميلة وصبي حسّاس وتتمتّع بوضع مالي تُحسد عليه، لكنه على علاقة غرامية تمضي به وبأسرته (السّعيدة في الصّور) إلى موقف ليس أقل من مدمّر.

لكن الحكاية تبقى حكاية (ساي) المستوحد، الذي نحسّ طوال الفيلم أنه لا يتنفس، أو غير قادر على هذا، وكأن العالم كلّه يجلس فوق صدره. ساي الذي عاش حياته متتبعًا لحظات السعادة التي تفيض من ذلك النهر الهادر من الصور التي يُظهِّرها على مدى سنوات وسنوات، والتي لا يبدو فيها البشر

تعساء أبدًا، لأنهم (لا يمكن أن يلتقطوا صورًا تظهر فيها أيّ من لحظات التعاسة.) حسب تعبيره.

إدراك ساي لطبيعة البشر هذه، أي حرصهم على الاختفاء خلف ابتساماتهم العريضة التي تحتل واجهات الصّور، رغم ما يعانونه حقيقة، لا يهوِّن عليه أمر حياته، لأنه في الحقيقة يُخفي أكثر منهم. لكنّه غير قادر على امتلاك، ولا يمتلك، أي صورة خاصة به تملأها ابتسامة حتى لو كانت كاذبة. إن مأساته قائمة في كونه رجلًا خارج الصّورة، وبلا صور تشير إلى أي ذكريات.

هكذا يستعيض عن هذه الابتسامة المفقودة بجدارية مبتكَرة، هي الشيء الوحيد الذي يشير في بيته إلى الحياة، والتي تتكوّن من مجموعة هائلة من الصّور لعائلة (يوركين) التي أقام علاقة معها بالوهم، وتمثل له قمة السعادة الإنسانية التي يتوق إليها، والتي ما يلبث أن يتورّط بسببها مع إدارة مركز التسوّق التي تكتشف أن صورًا كثيرة غير مدرجة في الحسابات، وهذه الصور هي النسخ الثانية من الأفلام التي يُظهِّرها لتلك العائلة، أو تكبيره لصورها بأسعار الصور الأصغر.

وفي غمرة وحدته، وسط البياض المميت في البيت الفارغ، مع الالتهام المبكي لوجباته السريعة ببطء قاتل! تمضي به أحلام اليقظة ليتصوّر نفسه (العم ساي) لذلك الطفل، الذي يشارك الأسرة صورها ومنزلها أيضًا. إلا أن تلك الأحلام وذلك الوهم بوجود عائلة تشاركه حياته ويشاركها حياتها، تنهار فجأة مع اكتشافه لخيانة ربِّ تلك الأسرة لامرأته، حين تأتي صديقة رب الأسرة لتُظهِّر صورهما الفاضحة عنده.

في هذه اللحظة تنهار حياة ساي كلّها، ينهار وهْمُ السّعادة الذي عاش عليه طويلًا؛ فيقوم بوضع هذه الصّور في مغلف صور الزّوجة! ويمضي هو بنفسه لتنفيذ الانتقام، أو القيام بردّة الفعل اللازمة، حين يكتشف أن الزوجة لم تقم

بذلك بعد أن راقب الأسرة طويلًا، الأسرة التي تتصرّف كما لو أن شيئًا لم يحدث.

يدفع مارك رومانيك المخرج وكاتب السيناريو ساي للتحرّك حين يقذف به للشارع بعد تخلّي إدارة مركز التسوّق عنه، مُجرِّدًا إياه من صَدَفَته الأخيرة التي يتقوقع فيها ويحتمي بها: عمله. لكي يُظهر لَنا الوجه الآخر لساي، وذلك الجنون الرّابض خلف انضباطية الموتى وسكون حركتهم. وإذا بنا أمام قاتل مجنون يُذكرنا (بسايكو) هتشكوك،القاتل الرّابض خلف الطيبة والمظهر البارد.

لا يقدّم لنا الفيلم شيئا عن ماضي ساي، لكنه يجعلنا نبتلعه دفعة واحدة في نهاية الفيلم. إلا أن المشهد العبقري الذي لا يُنسى، والذي يُقَدِّم به المخرج لماضي بطله، يتمثّل في قيام ساي بشراء صورة قديمة من سوق الصّور لامرأة جميلة، ينتقيها بعناية، وبخبرة الرجل المصور المحترف، يريها للزوجة يوركين في حوار نادر معها قائلًا إنها صورة أمّه.

هكذا، فإن ساي الذي تتفتّح بين يديه يوميًّا مئات الصّور خارجة من عتمة الأفلام، لا يملك صورة واحدة خاصة، حتى ولا صورة الأمّ.

ربما تشكل هذه الصورة هنا المفتاح الأكبر لتلك الجدارية التي تنمو على مرّ السنين والمكونة من مئات الصّور لتلك العائلة ، بدءًا من يوم الزفاف وصولا لمولد الطفل وأعياد ميلاده المتلاحقة.

حتى هذه النقطة، يبدو الفيلم في نصفه الأول تحفة فنية بفكرته، وبالتقشّف الذي يتفادى المبالغة مكتفيًا بالرّتابة إيقاعًا لحياة تخلو من أيّ مظاهر الحياة الفعلية. لكن مأزق الفيلم، الذي لا تخفّف من وطأته تلك المفاجأة التي يدّخرها لنا المخرج، حين نعرف أن صور ساي التي أوهم الزوج وعشيقته بأنه التقطها لهما، بسبب نقمته عليهما، بعد أن اقتحم غرفتهما في الفندق وأجبرهما تحت التهديد على التصرّف كما لو أنه غير موجود، وهم عراة، حتى تلك المفاجأة، التي نرى فيها صورًا لموجودات الغرفة وليس لهما، لا تخفّف من

وقْعِ التعليمية المبالغ فيها، المتمثّلة في الدّرس الطويل الذي يحضّ على مكارم الأخلاق بصور مباشرة للغاية، أو وهو يكشف لنا ماضي ساي الذي تعرّض للإساءة الطّاحنة في طفولته، من خلال حديثه أو اعترافه للشرطي الذي ألقى القبض عليه.

فكرة لامعة بنهاية مطفأة. تلك هي الجملة التي يمكن أن نكتّشف بها هذه القراءة للفيلم، خاصة إذا ما تذكرنا أن حياة ساي على حدَّة وحشتها، لم تكن أقلّ برودة من حياة كثير من زبائنه؛ مثل تلك المرأة التي تأتي له كثيرًا لتظهير الصور التي التقطتها لقطتها، أو ذلك الفنان الذي يمتهن التقاط الصور العارية أو .. وصولا للعائلة المثالية في نظره، التي تعاني من برود يأكل قلب الزوجة وقلب الطفل، الطفل الذي يبوح لأمه ذات ليلة بأنه يفكّر في ساي، باعتباره شخصًا وحيدًا معزولًا في هذا العالم، ونرى في هذا تعبيرًا عن عزلته ووحشته في ذلك المنزل المكتظ بمئات الألعاب والخالي من الدّفء بسبب افتقاد التّواصل مع الأب.

كان يمكن أن يكون مركز التّسوّق هذا، بزبائنه جميعًا، نموذجًا مكبّرًا لركن التصوير، هذا المركز المضاء بضجيجه، والمثال الأوسع للموات الذي يعاني منه ساي، وبذلك كان يمكن أن يتعمّق الفيلم، بحيث يكون ذلك الرّكن هو المختبر المثالي، لإضاءة ما وراء تلك الابتسامات التي تملأ الصور، لكن فيلما بهذه العبقرية، راح يضيق، وينحرف عن مساره، شيئًا فشيئًا، وإن لم يفقد بعض ما في هذه الفكرة من بهاء، حتى وصل إلى برودة التلقين التي ما إن تظهر حتى تحرم الفنّ من أن يكون فنًّا.

يذكرنا هذا الفيلم بفيلم عربي جميل سبقه بسنوات أخرجه شريف عرفة وقام بدور البطولة فيه أحمد زكي وهو (إضحك تطلع الصورة حلوة)، ولعل ذلك الفيلم يستحق قراءة خاصة للعلاقة بين الفيلمين والطريقة التي تناول فيها الفيلم العربي هذه الفكرة المشتركة.

(مولان روج):
قناع واحد لمئات البشر!

يطلّ المخرج الأسترالي باز لورمان في فيلمه (مولان روج- MoulinRouge) 2001، أو الطاحونة الحمراء مبهرًا، أخّاذًا، من خلال قدرته الفذة على خلق أجواء فيلم جميل، يلامس حدود البراءة ويفيض عنها، ويترك المشاهد يطير خلف مشاهده كما لو أنه يسير في حلم.

كلُّ ما في الفيلم حُلُميٌّ، وكأنه كان يصوِّر أجزاء فعلية من أحلام أكثر مما يصور مشاهد على أرض البشر.

يشرع لورمان فيلمه على مدى لا نهائي من أجنحة الخيال، وهو يبني مدينة (مونمارتر) كما يبني الطفل مدينة خياله، كلّ شيء قريب وبعيد في آن، خيالي وواقعي، شفاف وقاس؛ لكن الحكاية نفسها تبقى هناك في حدود مغامرات العقل الأولى، حيث تتقاطع الحكاية مع الأسطورة، واليوميّ مع ما هو فوقه.

ولا يحتاج المشاهد لجهد كبير كي يكتشف أن حكاية الفيلم منثورة في عدد من المراجع التي لا يصعب الوصول إليها، لكنها توليفة ناعمة في النهاية، ولعل كلمة (توليف)، هي أدقّ ما يمكن أن يُطلق على الفيلم، لأنه لا يمس الحكاية وحدها بل يمسّ المدينة المتخيّلة، والزمان البعيد المتأرجح على حافة مئويتين: خاتمة القرن التاسع عشر وعتبة القرن العشرين. والتوليف قائم في القدرة على خلط زمنين مختلفين، وحالين مختلفين للفن بدءًا من عالم

الاستعراض والبراءة القديم انتهاء بثورات الأغنية، حين ينقل أغنيات شهيرة في النصف الثاني من القرن العشرين لنجوم كبار، ويزرعها في أرض فيلمه وزمنه وهو يحوّلها إلى جزء من نسيج شريطة الباهر هذا ببراعة.

وفي وقت أشار فيه كثيرون لتعمُّد التأثر الذي حرص عليه المخرج وهو يحيل بعض مشاهده إلى أفلام شهيرة أخرى؛ فضلا عن الأغنيات؛ إلا أن خطوطًا كثيرة تربط هذا الفيلم بفيلم شهير آخر لم يُشر إليه أحد، وهو فيلم المخرج الإسباني الكبير كارلوس ساورا، ونعني هنا تحفته (تانغو) [1]. ولعل في نقاط الالتقاء ما يبيح لنا تأمل (الطاحونة الحمراء) في مرايا (تانغو) الذي ظهر في نهاية التسعينات من القرن الماضي.

ولكن، قبل الذهاب إلى هناك لا بدَّ من نافذة يطلُّ منها المرء على التاريخ الفني النوعي لباز لورمان الذي قدم فيلمه الأول (Strictly Ballroom) عام 92 عن ذلك البطل، الرّاقص الموهوب، سكوت، الذي يكافح للوصول إلى جائزة المسابقة الكبرى للرقص، وهو يعمل على تجاوز كلّ العقبات الموجودة أمامه، والناجمة عن رفضه الالتزام بالخطوات التي يوافق عليها فريقه.

بعده بأعوام، قدم لورمان فيلمه الذائع الصيت (روميو + وجولييت)[2] المعاصر برؤياه، الجامح بجنونه، حين نقل العاشقَين الصَّغيرين إلى شوارع مدينة تعيش مظاهر التّطور في نهايات القرن العشرين، وتحمل اسم مدينتهما (فيرونا) نفسه، دافعاً الأحداث المشتعلة في مسرحية شكسبير قُدماً إلى الأمام أربعة قرون كاملة!!

كان لورمان يتجاوز كلَّ الرؤى التي قدَّم بها المخرجون (روميو وجولييت)، حين جعلهما معاصرين لنا، من أبناء نهاية قرن ضاجٍّ بجنونه، حيث السيارات، وناطحات السحاب، الطائرات العمودية، محطات البنزين،

---

[1] – أنظر (هزائم المنتصرين – السينما بين حرية الإبداع ومنطق السّوق) للمؤلف.

[2] – نفس المصدر.

مذيعات البث المباشر في القنوات التلفزيونية اللاهثة وراء الأحداث، وفتيان الشوارع الخلفية المتمردون المثقلة خصورهم بالمسدّسات؛ ثم ذلك الفتى الحالم روميو، وتلك ا لفتاة الحالمة جولييت، المزروعان في غير أرضهما، مهما تغيّر الزمن. وبالقدر الذي تبدو فيه جدية لورمان في تعامله مع روميو وجولييت واضحة بقوة، يبدو خارج إطارها المباشر ساخرًا من كل شيء: من زيف العلاقات الاجتماعية ومن أجهزة الإعلام؛ ولعل المشهد الأول الذي يقدم فيه شخصيات فيلمه، أول تجليات السّخرية، حيث يقوم بتقديمهم على طريقة أفلام الكاوبوي، وبخاصة فيلم (الطيب والشرير والقبيح). أما خلفية المشهد فهي موسيقى مماثلة لتلك التي تألّقت في أفلام الغرب الأمريكي. ولا يلبث أن يعزز ذلك كله، حين يرينا أبطاله يحركون المسدسات بشكل دائري على أصابعهم، ويقذفونها في الهواء ويتلقّفونها من جديد.

يقول المخرج باز لورمان: إنه حين قرر تقديم روميو وجولييت، كان يريد أن يقدم قصة شابين يشكل حبهما ثورة ضد الكره المحيط بهما.

أما بطلة الفيلم كلير دينس فتقول: كل المشاعر في غاية التطرّف: الوقوع في الحب للمرّة الأولى، والحصار من قِبَل الوالدين والمجتمع أيضًا.

وإذا ما عدنا (للطاحونة الحمراء) والذي يشكل الجزء الثالث من ثلاثية لورمان الاستعراضية، فإننا سنجد أيضًا نقاط لقاء كثيرة تجمعه مع (روميو + جولييت)، والتي تحدد في النهاية رؤى المخرج الفنية والإنسانية.

تقوم نيكول كيدمان الممثلة الأسترالية الأمريكية بدور (ساتين) النجمة الشهيرة في ملهى (مولان روج)، حيث الجمال والحضور القويّ الذي يحوّلها إلى أسطورة من أساطير ذلك الزمان. وحين يقدمها المخرج في المشهد الأول الذي تظهر فيه، يعمل بكلٍّ ما لديه من طاقة على أن يكون ظهورها لائقًا بظهور النجمة، فبدل أن تطلّ من خلف الكواليس نجدها تهبط من سماء المسرح نحو بحر من الرّجال المستلبين بذلك الجمال وتلك الفتنة؛ كما لو أنها لا تنتمي لعالمهم، أو كما لو أنها المعجزة التي لا تمتلكها الأرض. لكن، وكما في

كثير من الأفلام، وكذلك الحياة الواقعية فإن أحدًا لا يتساءل، أو لا يخطر بباله أن يتساءل عن مقدار العزلة، وشدة ذلك البرد الذي ينتشر على القمة التي هبط منها نجمه! ولعل لحظة لقاء النجمة بفائض معجبيها، هي لحظة يمكن تأمّلها على أكثر من مستوى: فالجمهور يتحرر في تلك اللحظة من ترابيته بأحلامه التي يشتريها ويهيأ له أنه امتلكها؛ والنجمة تهبط من قمتها لتتأكد من وجودها الذاتي فعلا قبل أن تعود ثانية إلى مكانها الذي وُضِعت فيه في الأعلى، لكن اللحظة نفسها تبدو مسروقة من الزمن، لحظة طائشة، حين نتحدث عن لقاء (ساتين) بآلاف الرجال الملوِّحين بقبعاتهم في الأسفل، دون أن يكون لها بينهم رجل واحد خاص. إنها تهبط إلى كتلة صلْدة من الرّجال هم في الحقيقة رجل واحد، لأن ما يجمعهم من صفات وأحلام وأشواق لتملّك تلك الشمس المطلّة عليهم، يحيلهم إلى بحر شاسع لا ماء فيه ولا أحياء.

وفي إدراك ساتين لحالتها هذه، حالة المحظيّة التي نشأت محاذرة أن تقع في الحب، لأن أحدًا لا يمكن أن يستحقَّ ذلك الحبّ: (حبّها)، وإدراكها لزيف دورها الذي تؤديه باعتبارها أقل من فنانة، أو ممثلة كبيرة، يحيل حياتها إلى عذاب دائم. ولا يدَّخر لورمان جهدًا حين يرفع إحساسها هذا بالعزلة، دافعًا الأحداث نحو ميلودراما قوية، وهو يخبرنا أنها مصابة بمرض السلّ وأنها تُحتضر دون أن تدري هي حقيقة ما يدور فيها.

ولكي يكون للمأساة حضورها الكامل، فإنها ستلتقي (كريستيان) الشاعر الجوال - يقوم بالدّور ايوان ماغريغر - في تلك اللحظة التي لن يكون بإمكانها أن تذهب معه في الشوط إلى آخره. فالنهاية تنتظرها هناك، لكنها في طريقها إليها لا بدّ من نهايات صغيرة متناثرة ترفع من وتيرة الأحداث، وتلقي على قلب المشاهد حكمتها: (وحده الموت سيفوز في النهاية بكل هذا الجمال).

وإذا ما عدنا إلى جملة بطلة (روميو + جولييت) القائلة: (كل المشاعر في غاية التطرّف، الوقوع في الحبّ للمرة الأولى، والحصار من قِبَل الوالدين والمجتمع أيضًا)، فإنها ستكون الأكثر تعبيرًا عن وقائع الفيلم الجديد أيضًا؛

فكريستيان شاعر يغادر أسرته متمردًا عليها ليبحث عن الحب، بعد أن كتب عنه كثيرًا دون أن يجرِّبه؛ وساتين تغرق في بحر ميت من شغف الرجال بها دون أن يكون لها الحب الذي يطرق باب قلبها. ولذا فإن الشوق للحب والحذر منه سيندفعان في النهاية معًا نحو تفتّح زهرة الحب الأول الجارف مع الشاعر، ذلك الحب الذي سيمضي بهما إلى غاية التطرّف.. إلى حدود فقدان الحياة.

وإذا كان الحب محاصرًا في (روميو + وجولييت) من خارجه بالعلاقات الاجتماعية، فإن الحب في (الطاحونة الحمراء) محاصر من الداخل بطبيعة العلاقة الباحثة عن نهايتها التراجيدية: الراقصة المباحة مقابل حبِّ الشاعر الطاهر! يسير الواحد منهما نحو الآخر والموت هناك خلف المنعطف ينتظر.

لكننا حين نعود لخيوط العلاقة الرّابطة بين (الطاحونة الحمراء) و (تانغو)، والأخير يشكل الجزء الرابع من رباعية كارلوس ساورا (كارمن، الحب المسحور، عرس الدم)، فإننا سنجد نقاط التقاء كثيرة، ففي فيلم لورمان نجد الدّوق (ريتشارد روكسبورغ) هو المالك الفعلي بسطوته وماله لساتين، فهو منتج مسرحيتها التي كتبها حبيبها الشّاعر لها والتي تحلم بأن تضمن لها الانتقال من خانة المحظيات إلى فضاء الفنانات؛ وليس الأمر ببعيد عن هذا في (تانغو)، حيث الفتاة التي يقع المخرج في حبها هي محظيّة للمنتج الذي يمتلكها ويمتلك المسرحية التي ستؤديها! وفي علاقة المنتجَيْن بالمخرج والشاعر علاقة الفنان وفنه والطرف الممول لهذا الفن. وفي كلا الفيلمين نلاحظ بأن المنتجَين يوافقان على مضض على الأفكار والأسلوب والتّصورات والرؤى التي يطرحها (الفنان)، مقابل مصالح (المنتج) الذي يسعى ما استطاع إلى تغير الأحداث، والنهايات بشكل خاص.

وثمة ملاحظة تذهب أبعد من هذا بكثير لتمسَّ الأسلوب، نجدها في الفيلمين، حيث الحكاية داخل الحكاية، وهي هنا حكاية إنجاز العمل الفنّي والعمل نفسه؛ إذ تتحول التدريبات على المسرحية وما يدور فيها، وخلْفها، إلى

الجزء الرئيس من العمل نفسه؛ بل إنها العمل. وكان ساورا قد قدّم ذلك في كارمن من زمن بعيد، حيث يستعيض عن العالم الخارجي بعالم الخشبة الدّاخلي، ولا تغادر كاميراته المسرح إلا قليلا جدًا. وقد فعل لورمان الأمر ذاته حين جعل عالم شخوصه محصورًا بالداخل، ولا يغادره إلا ليلقي نظرة عامة على الفضاء الذي يحتضن (الطاحونة الحمراء)؛ وكذلك ساورا الذي لا يختفي خلف الكواليس ليرينا المنجز النهائي الأنيق على الخشبة، كالنحات الذي يحرص على ألّا يرى أحد عمله قبل إتمامه؛ ولذا، يقوم بوضع ذلك الغطاء الأبيض فوق تمثاله، ليمدّ يده في اللحظة المناسبة ويرفعه، بما يشبه كثيرًا حركة السّاحر. وكذلك لورمان في هذا الفيلم، لا لشيء، إلّا لأنه يرى الخشبة التي يُجري عليها استعدادات العرض هي الشيء الوحيد الحقيقي، لأنها الحياة! فهنا عثرات ما قبل الإنجاز، دهاليزه، عذابات المشاركين فيه، خصوصياتهم، هواجسهم الإنسانية والفنية، والطريقة القاسية التي يتشكّل فيها العالم على الخشبة، لا تلك التي نشاهده فيها جاهزًا ومكتملًا إلى حدٍّ عدم حاجته لأي رتوش. لكن ما يفرق بين الفيلمين هنا، هو المدى الذي ذهب إليه لورمان في مجال استخدام التقنيات، خلافًا لمدرسة ساورا حيث التقشف الغنيّ في أبهى حالاته، فالعالم على الخشبة كما هو، لأنه يبتكر من عالم البساطة هذا واقعا مغايرًا، فالفيلم هنا ليس عملا فنيًا، بل هو ممارسة للفن، بما تعنيه من ممارسة للحياة.

وإذا كان ساورا يلعب على توسيع حدود المكان بالرؤيا، كما يعمل على إيجاد صيغ فنية نادرة على المستوى السينمائي، حين يُركّبُ ثلاث طبقات من المَشاهد فوق بعضها البعض في مشهد واحد ليشير إلى ثلاثة أزمنة أو ثلاث حالات متصارعة، كل منها تشكل النتيجة لسابقتها؛ أو استخدامه لمقاطع من أفلام قديمة، ومحاولة الاستعانة ببعض أعمال الفنان التشكيلي الإسباني غويا، بل وإعادة تصوير بعض اللوحات، عبر تقديمها حية على خشبة المسرح، وهو

ما يفعله لورمان حين يستحضر أغنيات حديثة ويرحّلها إلى الماضي، وإلى ذلك مشاهد من أفلام لسواه ويوظفها في فيلمه.

كما أن ما يجمع الفيلمين أيضًا ما يمكن أن نطلق عليه فلسفة البروفة، عبر فكرة الفنان ـ الإنسان. فالتقاطع الذي يتم بين الدّور كدور، والشخصية ومن يؤديها، هي حالة التوحّد القصوى التي لا يعود بعدها هناك مسافة بين الفنان وإنسانيته؛ وبين ما يدور من أحداث في العمل المزمع تقديمه وما يحدث مع الممثلين الذين يقومون بالأدوار فعلًا، كما لو أن الدّور ينضج على نار احتراق من يؤديه، والفنان ينضج على نار الدّور الذي يُؤدى. وربما تكمن هنا فلسفة ساورا ومنظوره للفن والحياة باعتبارهما شيئًا واحدًا، لا يمكن الفصل بينهما.

وإذا كان فيلم تانغو يستند إلى مقولتين أساسيتين تقول الأولى: اللون هو دلالة سفر بطل العمل للماضي، والضوء والظلام هما وسيلة الانتقال ما بين عالمه الخارجي وعالمه الدّاخلي. وتقول الثانية: الماضي هو الشيء الوحيد الذي لا يمكن تدميره، إذ إنه عاجلا أم آجلا سيظهر. فإننا سنجد أنفسنا في فيلم (الطاحونة الحمراء) وجهًا لوجه مع هاتين المقولتين، لأن لورمان يلعب باللون الأحمر ودرجاته إلى حدٍّ غير عادي، بحيث يغدو التنقل بين هذه الدّرجات واحتفاليتها محورًا أساسًا لأحداث الفيلم وشخصياته؛ كما أن الماضي هو نفسه ما يصوغ النهايات الفعلية. وهكذا، كلما كان أبطال الفيلمين يهمون بالقفز فوق ذلك الماضي، كانوا يكتشفون أنه القدر الفعليّ الذي لا مهرب منه. فشخصية المخرج في (تانغو) كشخصية (ساتين) في (الطاحونة الحمراء) كلاهما مقيدان بأسى قديم مضمر لا فكاك منه.

ومن نقاط الالتقاء أيضا أن كارلوس ساورا يفتتح فيلمه عل مشهد لبيونس آيرس عند الغروب، حيث تستعرض الكاميرا في لقطة عامة شحوب المدينة، في لحظة لا يرى المشاهد منها سوى هذا العام الغامض الذي لا يستطيع أن يصل لتحديد أيّ ملمح خاص فيه، ومن هذا المشهد بصفرته البرتقالية، ينتقل إلى عالم الفيلم، كما لو أن المشهد الأول هو محاولة ربط

متقشفة لكي يشير إلى أن ما يحدث على خشبة المسرح، يتم وينتمي لمدينة قائمة فعلًا هناك، وما المسرح هنا إلا جوهرها. هكذا لا يعود ساورا لـذلك الخارج سوى مرتين تقريبًا، وفيهما تبدو المدينة امتدادًا للخشبة، أو الخشبات الكثيرة للمسرح، وجزءًا منها وليس العكس. وهذا ما يفعله لورمان أيضًا. وإذا كـان المخرج في مطلع فيلم تانغو يُقلِّبُ مخطوطة عمله ويتذكّر ماضيه، مع أغنية بصوت فتاة تردّد: الحياة غريبة جدًا يا صديقي. فإن فاتحة فيلم لورمان هي صوت الشاعر كريستيان يستعيد ماضيه ويدون في عزلته وقائع ذلك الزمان الذي مرّ، بعد أن جرب الحب الأول وفقده بموت ساتين.

في الفيلمين لا تكفّ الخيوط الخارجية عن الالتقاء، بدءًا من وحدة المكان وتفرعات الحكاية، وذلك الحس العميق الذي يسكن المحبين (المدينة قمة باردة، من نحن؟ كيف نعيش؟ يا لضآلتنا... لقد انسقت وراء خيالك، رجلًا ينهار أمام امرأة تظهر، رجلا يقع في الحب، يلاحقها بيأس).

عملان عن أناس القمم الباردة، الذين يقبعون خلف صورهم البراقة يرتجفون، لكن المسافة رغم ذلك تبدو كبيرة بين الفيلمين، فرؤى ساورا أكثر اتساعًا بما لا يقاس، لأن (تانغو) وإن كان يتّخذ الموسيقى والأغاني، أو مواصفات الفيلم الموسيقي الرّاقص إطارًا له، إلا أنه أكبر من ذلك بكثير، بخلاف فيلم (الطاحونة الحمراء) الذي يظل أسير الحكاية وأسير تقديم فيلم ممتع جميل ومطلوب، حمل أحداثًا من نهايات القرن التاسع عشر ووضعها أمام عيني مشاهد القرن الحادي والعشرين، لكنه رغم اتكائه على الأجواء والمناخات التقليدية المعروفة لذلك الزمان، إلا أنه لا يكتفي بذلك، بل يدفعها نحو فكرة الإنتاج الضخم المرفوع على أكفّ آخر منجزات العصر التصويرية. بحيث يتحول العالم بما فيه إلى مساحة حلم واسعة لا يحب المشاهد أن يستيقظ منه، ولعل رد فعل الجمهور بعد انتهاء العرض، خير دليل على ذلك، حين بقي مسمرا في مقاعده، وكأن الفيلم لم ينته، أو كأن الجمهور لا يريد له ذلك، إلى أن جاء صوت من بين الناس يقول: يا جماعة الفيلم انتهى!!!

(الوطني):
جذور القسوة.. في حضارة العنف

يبدو فيلم (الوطني - The Patriot) 2002، للمخرج رونالد إيمريخ وفيلم (عصابات نيويورك- Gangs of New York) 2002، لمارتن سكورسيزي مناسبة مثالية نادرة لتأمّل تاريخ واحد من وجهتي نظر مختلفتين، وهو هنا التاريخ الأمريكي. ترتهن الأولى لسلطة القوّة وفكرتها عن نفسها وإلى الإعلام وشبّاك التذاكر والضحالة (المتقنة)؛ وتنتمي الثانية لفكرة الفن عن نفسه باعتباره القلب الشجاع الذي لا بدَّ منه لتعرية تاريخ العنف دون رحمة.

***

نبدأ من النهاية فنسأل: حسنا، وهل كان لأمريكا أن تحقق استقلالها لو لم يدخل (بنجامين مارتن) الحرب في اللحظة الأخيرة مدفوعا بدم ابنه الذي أريق أمام ناظريه؟!

أما الإجابة الأكيدة فهي: لا. فقد انهار جيش (الأمة) بأكمله، منذ البداية، عبر سوء التخطيط وسذاجة القادة العسكريين المخططين لسير المعارك، وحتى النهاية حين تلوح بشائر النّصر ثم لا يلبث جيش الاستقلال أن ينسحب، ليتلقّف بنجامين الرّاية ويندفع عكس هزيمة رفاق السّلاح، ما يضطّرهم للعودة ثانية وتحقيق النصر!

لكن بنجامين هذا الذي يعارض دخول الحرب في بداية هذا الشريط السينمائي (يقوم بالدّور ميل جيبسون)، لأنه رأى ما لم يره الآخرون من ويلات الحروب التي سبقتها، ولأنه يدرك أنها ستدقّ نوافذ البيوت، بيوت الجميع، ولن تكون بعيدة أبدًا عن أعين الأطفال؛ هو في حقيقة الأمر، وكما سيتبين لنا فيما بعد، نجم مذبحة كبرى ارتُكِبَتْ في قلعة (ويلدرنيس) ضدّ التحالف الفرانكو- هندي (الهنود الحمر)، ردًّا على مذبحة قام بها هؤلاء، لكن ما قام به بنجامين، والذي يُعامَل طوال الفيلم كبطل حقيقي لا يُجارى بسبب تلك المذبحة بالذات، لم يكن قد توقّف عند حدود القتل، بل قام باقتلاع الأعين والأصابع والآذان والألسن وملأ بها سلالًا كثيرة وأرسلها إلى الهنود الحمر الذين اندفعوا فورًا من هول الفزع ليفكّوا التحالف مع الفرانكوفونيين.

وإذا ما تذكرنا الطّريقة التي صورَّتْ فيها أمريكا حجم همجية الهنود الحمر في أفلامها وفي تاريخها الرّسمي، فإن من الواضح أنها ودون أن تدري تردّ على نفسها هنا، حين تصوّر الهمجية المرعبة التي ارتعدتْ من هولها فرائص الهنود (المتوحشين) ما دفعهم لإعادة النظر في معاهدات وقَّعوها.

ليس بنجامين مارتن، سوى نموذج آخر للسّفاحين، وإن بدا مغلّفًا بالعلاقة الطيبة مع أبنائه، حقله، وسعيه الدائم لصناعة كرسيّ هزّاز يسترخي عليه، ويفشل منذ المشهد الثالث للفيلم؛ في إشارة ذكية بلا شك لاستحالة ذلك، أمام شعوره بالذنب الذي تُكثفه تلك الجملة التي يفتتح بها المخرج فيلمه، والتي سبق وأن أشرنا إليها: لطالما كنت أحسّ بأن آثامي ستعود وتواجهني وأن ذلك سيفوق طاقتي.

يعيد الفيلم منذ البداية صياغة شخصية بنجامين مارتن، بما يتلاءم مع الدّور الذي ينتظره، دور البطل الذي ستغفر له انتصاراته خطاياه كلّها، ماضيه كلّه، من خلال فجيعته بموت ولديه الكبيرين على يد العقيد الإنجليزي القاسي.

لكن الغريب في الأمر هنا أن شفاء بنجامين لا يتمُّ إلا بحرب أخرى، وإن كانت هنا حرب الاستقلال (المقدَّسة)، لكنه، وفي طريقه للشّفاء، يكون مضطرًّا لمواجهة من هو أكثر قسوة وبربرية منه، ذلك العقيد (تافنغتون) الذي يقدم الفيلم شخصيته مدفوعة إلى أقصاها، حيث النموذج الفعلي للسّفاح.

لكن المستوى الدرامي للفيلم، لا يبنى هنا على جوهر العلاقة بين (الوطنيّ) وبين المحتل (السفاح)، ففي أفلام هوليوود من النادر أن ترى فكرتين متحاربتين بمعزل عن الثأر الفردي، إذ لا يمكن أن يكون (الوطنيّ) وطنيًّا إلّا إذا قتلوا زوجته أو اغتصبوها، أو قتلوا عائلته أمام ناظريه، أو قتلوا أبناءه! وفي هذا الفيلم كان لا بدّ للعقيد تافينغتون من أن يقتل ولدين من أولاد (الوطنيّ) كي تبلغ دراما شباك التّذاكر أوجها، ويبلغ تسطيح الأفكار الكبرى مداه.

ذلك الأمر رأيناه في (قلب شجاع) فيلم جيبسون الذي حقق من خلاله فوزًا بحفنة جوائز أوسكار، ورأيناه في روب روي، ومُلْك الشيطان، وغيرها، ولعل فكرة البطل في هذه الأفلام لم تزل مسكونة بالنموذج المبسّط لبطل فيلم الكاوبوي التقليدي، الذي لا يمكن أن يكون له مكان على الشاشة إن لم يكن معزّزًا بثأر ما.

ويُطل السؤال الذي لا بد منه: ماذا لو لم يقم تافينغتون بقتل الابن (الأول) لبنجامين، والإجابة التي لا تحتاج لأيّ تفكير: لم يكن سيمضي لخوض غمار الحرب؟

وبهذا كانت ستبقى أمريكا مستعمرة حتى ما شاء لها المخرج رونالد إيمريخ الألماني المهووس بفكرة استقلال أمريكا!! والذي سبق له وأن قدّم فيلما ضحلًا بامتياز، وناجحًا على مستوى شباك التّذاكر، ألا وهو فيلم (يوم الاستقلال)، حيث تتعرّض الكرة الأرضية لغزو كونيّ من مركبات قادمة من كواكب بعيدة، وتنهار العواصم واحدة بعد أخرى أمام مركبات عملاقة يصل عرض الواحدة منها أربعة وعشرين كيلو مترًا!! إلّا أنَّ تدُّخل الرئيس

الأمريكي شخصيًا، والذي كان طيارًا سابقًا، في سير المعارك، يكون العامل الفعلي في تدمير هذه المركبات التي جاءت لتعكّر صفو احتفالات يوم الاستقلال!!

كما أن كاتب السيناريو الشهير (روبرت رودات) الذي قدم فيلم (إنقاذ الجندي ريان) مع المخرج ستيفن سبيلبيرغ، يتفنّن هنا في صياغة حكاية (مُبَهَّرَة)، أي مليئة بالبهارات والتوابل وكل ما تشتهيه العين والعقل المُغيَّب: من البطل النموذجي الذي يخوض المعارك ويحاصر الجيش المعادي بمفرده، الواثق بنفسه، الحزين لكثرة ما رأى، والأب الطيب لسبعة أبناء (لجيبسون سبعة أبناء فعلًا)، الشخصية القيادية، الوسيم، المدفوع دفعًا لخوض معركة يكرهها، (ودائما يتعاطف الجمهور مع أولئك الأشخاص الذين يُدفَعون دفعًا لخوض معركة مع قوّة ظالمة كبيرة، نتذكّر (أول الدم) لستالوني، (موت صعب) لويلس، (كونير) لنيكولاس كيج، وغيرها الكثير من الأفلام).

كما أن (رودات) المأخوذ بفكرة النّصر الأمريكيّة، والتي قدَّم من خلالها الأمريكان وكأنهم منقذو أوروبا والعالم في فيلم سبيلبيرغ، يعود ليؤكّد هذه المرّة النّموذج الفرد، أو السوبرمان الجديد، وهو يعمل بكل ما لديه لإعادة إنتاجه، وهو يستله من ماضيه، ويعيد تغليفه بالحكاية المبسّطة التي تختزل التاريخ على نحو مُفزع؛ فعشرات آلاف القتلى الذين يسقطون في المعارك، لا يسقطون إلا لإيجاد البرهان السّاطع على حضور قامة البطل العالية التي لا يطالها رصاص، ولا تهزّها قذائف، ولا تقطع فيها سيوف. إنه نموذج جديد لآلهة جديدة، أوجدتها المخيّلة البشرية ذات يوم في أساطيرها، ثم تركتها هناك بين الصفحات، حين أدركت أن الحياة لا تتّسع للبشر وما اخترعت مخيلتهم معًا. لكن وجود أمريكا اليوم كقوّة مطلقة تتحكّم في هذا العالم، يُبيح لها بالتأكيد، ويؤهل هذا النوع من صنّاع السينما فيها لابتكار أكثر من أمريكا مصغّرة، أكثر من قوة مطلقة مصغرة، وأن يرسلوها حيث شاءت الحاجة، أو

المصلحة الكبرى، فأحيانًا يذهب رامبو ليؤدب الرّوس في أفغانستان، وأحيانًا يتصدّى الرئيس بنفسه للإرهاب العالمي بما يفوق رامبو كما في (طائرة القوة واحد) أو (طائرة الرئاسة)، لكي تخرج الفكرة من الشاشة، في النهاية، فيكون ديك تشيني أو كولين باول.

لكن ذلك كلّه لا يعني أن أداء الممثلين كان قاصرًا، أو أن مدير التّصوير كان أقل من المهمّة الملقاة على عاتقه، أو أن مؤلف الموسيقى التّصويرية لم يوفّق في مجاراة وقع نبض البطل وحرارة أنفاسه، أو أن المخرج لم يضبط إيقاع فيلمه ويدفع حتى المشاهدين هنا في صالات العرض العربية من التصفيق لبطله متناسين الرّاية الأمريكية التي يرفعها عاليًا!!

كلّهم في الحقيقة ناجحون، وقد أبدعوا تمامًا في تقديم فيلمهم، وتقديم منطق التاريخ من وجهة نظرهم.

كان يمكن أن يكون لهذا الفيلم ميزة وحيدة، كأن يُذكِّر أمريكيي القرن الحادي والعشرين بطريقة أو بأخرى بأنهم خاضوا ذات يوم حرب استقلالهم (المسروقة) تلك، وحين أقول المسروقة فإنني أعني أن حرب الاستقلال الحقيقية (للوطن الأمريكي) هي التي خاضها الهنود الحُمر ضد المهاجرين الجدد، أو ضد فاتحي العالم (الجديد)، لكن، ولأن المهزوم لا يملك حق كتابة التاريخ، فإن المنتصر يستعير أهداف المهزوم الكبرى وأشواق روحه ويجيّرها لصالحه، فإذا بفكرة التحرُّر التي تبلغ ذروتها بحرب الاستقلال تصبح حقًا للمنتصر، فيسلبها، تمامًا كما يسلب الأرض، ويمضي بها لملاقاة عدوٍّ آخر، وهو هنا الإنجليز، الذين هم للمفارقة آباء غزو (العالم الجديد) ومدشنو عصر المجازر فيه.

أقول كان يمكن لهذا الفيلم أن يذكِّرهم، لكنه، وهو يُصاغ بهذه الطريقة، لا يمكن أن يفعل ذلك، لأنه في الحقيقة يختزل تاريخهم كلّه في شخص واحد اسمه بنجامين مارتن، وإذا ما عدنا لطبيعة هذه الشخصية، كما وردت في البداية، فإن الفيلم لم يكن كاذبًا أبدًا. لا لشيء إلّا لأن حجم الكذب فيه بالغ

الوضوح لمن يريد أن يرى؛ تمامًا كالكذبة الكبرى التي يُقدِّمها كحقيقة لا تقبل النقاش، حين يصور الزّنوج أحرارًا في زمن العبودية المرِّ ذاك، ويصوّرهم بصحة يُحسَدون عليها، وهو ينتقي أجمل الممثلين السود (اليوم) وأكثرهم تمتعًا بالعافية، ويختار من بينهم ممثلًا ويعطيه دور الجندي المُخْلِص لأمريكا وفكرة استقلالها، منذ ذلك الزمان عام (1776) (رفعًا للعتب) وإرضاء للجمهور الأمريكي العريض الأسود الذي يشكل رافدًا عريضًا لشباك التّذاكر.

فيلم (الوطني) نموذج آخر لعصر الاستهلاك السّريع، لعصر الهامبرغر وثقافته ومكوناته البرّاقة ووصفاته السِّحرية المغلَّفة بأناقة.

وبعد: لا بدّ (لنا كمشاهدين) من إيجاد مسافة بين حبنا لممثل ما، وبين الشّخصية التي يؤديها على الشاشة، لكننا في أغلب الأحيان نخلط بين حبنا للممثل ودوره، أيًّا كان هذا الدّور؛ ولذا يتمّ تقبّل الدّور باعتباره الممثل! وهذا ما تلعبه هوليوود بذكاء غير عادي، حين تأتي بالممثل المحبوب لأداء دوْر كهذا، انطلاقًا من معايير شباك التذاكر ثم من منظومة أفكار القائمين على إنتاجه وإخراجه وكتابته. وهكذا لن نستغرب أن حصّة ميل جيبسون هي خمسة وعشرون مليون دولار من مجمل ميزانية الفيلم التي وصلت إلى ثمانين مليونا.

(عصابات نيويورك)
مولـد الوحشـيـة

يبدو المخرج مارتن سكورسيزي واحدًا من المخرجين القلائل الذين ينتظر المرء جديدهم، رغم أنه ومنذ سنوات طويلة لم يقدّم جديدًا يضيف إلى سلسلة أفلامه المتلاحقة التي ابتدأت بشكل لافت مع نجاح كبير لأعمال مثـل: سـائق التاكسي، الثور الهائج، بعد ساعات، لون المال. فما تبعها من أفلام كان متفاوتا إلى درجة تُربك الكثيرين من المعجبين بفنه؛ إما لأنها دون ما يتوقّعونه، أو لأنها لا تمتُّ لسيرة مخرج كبير مثله، حفر اسمه بقوة في عالم السينما كواحد من أهـم المبدعين.

لكن ذلك الارتباك في المسيرة، لا يربك التطلُّع لجديد يكسر القاعدة.

منذ أعوام قدّم سكورسيزي واحدًا من أفلامه الجميلة، إلّا أن ذلك الفيـلم مرّ بصمت شديد، ونعني هنا (إخراج الموتى) الذي قام بأداء دور البطولة فيـه نيكولاس كيج، ويدور في نيويورك حول رجل إسعاف لا يسعفه الحظّ بإنقـاذ أحد خلال نوبات عمله الليلية، فيبدأ برؤية أشباح المـوتى الـذين لا يـستطيع إسعافهم، وهو فيلم جميل ومؤثر بكل المقاييس.

ومن اللافت أن تجربة سكورسيزي، على ما تتمتّع به مـن احـترام كبـير، لا تحظى بذلك النجاح الذي يتوقّعه المرء على مستوى تحقيق عوائد عالية، وظـل فيلمه (خليج الرعب) الذي قام ببطولته نجم معظم أفلامه: روبرت دي نيرو،

عن فيلم قديم لروبرت ميتشوم، الفيلم الأكثر نجاحًا، بغضِّ النظر عن مستواه مقارنة بأفلامه المشار إليها، إلى أن جاء فيلمه (المرحّل) ليحقق عوائد استثنائية.

يطلّ سكورسيزي في (عصابات نيويورك) على عشّاق سينماه، بهذا الفيلم الذي كان يحلم بتنفيذه منذ ثلاثين عامًا. ويعترف سكورسيزي أن هذا الفيلم ما كان يمكن أن يكون على ما هو عليه الآن لو أنه صوَّره أيام شبابه، لكن الأهم، أن فكرة الفيلم ظلّت تراوده، بل وتلاحقه، وتنمو في داخله، إلى أن وجدت تجسيدها الذي يحلم به في مطلع الألفية الثالثة.

وقبل الدّخول لعالم الفيلم، لا بدّ أن نشير إلى أن تعلُّق سكورسيزي بمدينة نيويورك وعلاقته بها من الأمور المهمة هنا، ويبدو دائمًا غير قادر على التوقّف عن تقديم أفلام جديدة عنها (لقد قضيتُ معظم حياتي في طرقات نيويورك. إنها جزء من نفسي.) هكذا يقول.

يمكن النظر إلى (عصابات نيويورك) بأنه العودة إلى البدايات، عودة إلى نيويورك ستينات القرن التّاسع عشر، بعد أن عمل سكورسيزي طويلًا وفي عدد كبير من أفلامه على قراءة نيويورك القرن العشرين دون كلل. وفي هذا الفيلم نلمس أن كلَّ تلك النهايات كانت تبحث دائمًا عن مقدِّمة تليق بها، فهنا تبدو لحظة ميلاد أمّة، يتقدّم فيها العنف ليكون المولود والقابلة في آن.

يذهب سكورسيزي إلى هناك مسلَّحا بخبرة مخرج أستاذ، خبرة طويلة غير عادية، ليقدِّم فيلما مغايرًا، وتحفة بصرية ملحمية. يذهب إلى نيويورك ليستعيد أصول تاريخ القسوة؛ ولذا، سيبدو الفيلم على مدى (165) دقيقة تأكيدًا متلاحقًا لفكرة العنف التي شكَّلت أساسات تلك المدينة. بل سيبدو العنف الذي يلوح مبالغًا فيه لفرط تكراره، إصرارًا على تأكيد هذه الفكرة: (ليس ثمة غير العنف هواءً لهذه المدينة).

لذا، تسرق القسوة الضوءَ من وهج الحكاية الموزّعة بتقطير شديد بين مشاهد الجموع التي تستحيل إلى ثيران هائجة بكل معنى الكلمة؛ وتسرق

الضوء من الممثلين وهي تحيلهم إلى مجرد أنياب ومخالب في فم هذا الوحش العملاق المسمّى نيويورك.

لم يسبق لأحد أن هجا مدينة إلى هذا الحدّ، كما فعل سكورسيزي مع هذه الـ (نيويورك)؛ بل يبدو أن كل هجائه لنيويورك القرن العشرين في سلسلة أفلامه، ليس أكثر من عتاب إذا ما قورن بهذا الهجاء!

يُفزع المرء أن المسافة الزمنية التي تفصل القرن العشرين عن نيويورك القرن التاسع عشر، ليست أكثر من عقود قليلة، لا تُذْكَر، إذا ما قورنت بتاريخ المدن والأمم، كما لو أن حجم الهمجيّة التي فيها لا ينتمي لقرن قريب إلى هذا الحدّ، إنه ينتمي لعصر وحشي بعيد، على المخيلة أن تُجاهد كثيرًا كي تبلغه، كما لو أن ما يحدث هو قبل وصول الإنسان إلى معنى كونه إنسانًا.

هذه الأجواء هي التي تميّز فيلم سكورسيزي، الذي أنفق على مشاهد الجموع الهائجة في حروب الشوارع ما بين القادمين والمواطنين، ثلاثة أرباع فيلمه. فمنذ بدء الفيلم يُطْلِق الفريقين وقد تسلَّحا بكل أسلحة الدّمار البدائيّة من فؤوس وسكاكين وسيوف وهراوات، ليصوِّر مشهد الافتتاح في معركة طويلة، تذكِّرنا بتلك المعركة الرهيبة التي افتتح بها ستيفن سبيلبيرغ، ذات يوم، فيلمه (إنقاذ الجندي ريان)مصوِّرًا الهمجية الكبرى للحرب كآلة ليس لها مهمة سوى طحن الأعضاء وحصد الأرواح. لقد كان سبيلبيرغ يقول إنه صوّر فيلمه بهذه القسوة حتى لا يفكر البشر بالحرب من جديد (رغم أنه نسي فيلمه وأصبح من أكثر المتحمسين له: الحرب على العراق). ولكن الذي يريد أن يقوله سكورسيزي غير ذلك، إنه يريد أن يقول: إن حضارة تتأسّس على هذا القدر من العنف، لا يمكن أن تكون سوى حضارة العنف. كما أن حضارة تتأسس على رفض الآخر المتمثل في المهاجرين الجدد، وذلك الرّهاب المرعب الذي يقضّ مضاجع أهلها من كل ما هو خارج حدودهم (مع أن كل ما يميز هؤلاء الأهل!! أنهم ولدوا فيها ولا شيء غير ذلك!)، لا يمكن ألا أن يكون وبالًا عليها وعلى سواها، لأنها لا تنتمي لفكرة التّسامح والقبول

بالآخر، بل تتأسّس على فكرة فنائه وطرده بعيدًا عن معايير، ليس المواطنة فحسب، بل معايير الإنسانية أيضًا.

(عصابات نيويورك) ومن هذا المنطلق لا يمكن أن نشاهده بمعزل عن أفلامه السّابقة حول نيويورك وفكرته عنها.

أما حكاية (أمستردام فالون) الأيرلندي الأمريكي الذي يقوم بدوره ليوناردو دي كابريو، والعائد من الماضي للانتقام لوالده من (بيل الجزار) الذي يؤدّي دوره دانيال داي لويس، فلا تبدو سوى ذريعة، لا أكثر، للغوص في ذلك العالم، لكنها الذّريعة المعزّزة بحبكة آسرة، وشخصيتين باهرتين تتبادلان الكُره والمحبّة في آن، في معضلة غريبة يمكن أن نسميها هنا (الوقوع في حبِّ العدو)، ويزداد الأمر، حين نرى العدوّين واقعين في حب فتاة واحدة تؤدي دورها كاميرون دياز، رباها بيل وظفر بها أمستردام.

يأتي الفتى القوي لعالم (بيل الجزار) وينخرط في عصابته، متحيّنًا الفرصة لقتل عدوّه الذي اختطف حياة والده القسّ حين كان طفلًا، في المشهد الأول للفيلم. ويبدو الممثلان الرئيسان هنا عمودي هذا العمل الملحمي، حيث نراهما في تألّق نادر، وبخاصة لويس الذي يقدّم شخصية مفاجئة بأداء مفاجئ ينسيك تمامًا أن ما تراه يمتُّ إلى لعبة سينمائية، فهو (قلب الفيلم المظلم) على حدّ تعبير أحد النقاد، وإمبراطور الجحيم المُطلق الواثق بقدرته على نحر الماشية وقتل الرّجال بالمهارة نفسها، وما درس القْتل الذي يعطيه لأمستردام حين يرشده بالسكين إلى مواقع الطعنات القاتلة وغير القاتلة، سوى تتويج لشهوة الدم التي تغلي بين جنبيه وتُكمل صورته التي لا بد منها في عيون سكان المدينة؛ وكذلك الأمر إلى حدٍّ ما مع دي كابريو الذي يقدّم دورًا يمحو تمامًا صورة الفتى الجميل، بطل تايتنك، وغرفة مارفن والشاطئ.. وإن لم يكن الفيلم قد أَولى عناية لدواخله مثلما أَولى تلك العناية القصوى لشخصية بيل. وليس ذلك بغريب، لأن طاقة وعمق الصراع وحيوية القسوة ونقيضها متجذّران بقوة في الجزار كشخصية مكتملة، لا يمكن أن يكون القادم نحوها

(أمستردام) سوى ردّ فعل على كلّ شيء فعلتْه وتفعله، لا فيما يتعلّق بالماضي فقط، بل بحاضر الأحداث ومستقبلها.

في مشهد مهم من مشاهد الفيلم يستطيع أمستردام إنقاذ بيل السّفاح من محاولة اغتيال، ومنذ ذلك الحين، يصبح واحدًا من أكثر المقرّبين إليه، يصبح الابن الذي طالما تمنّى أن ينجبه، لكن عملية الإنقاذ ملتبسةٌ تمامًا، وتراوح في معناها بين الرغبة الكامنة في محو وجود العدوّ (بيل) على يدي أمستردام نفسه، لا على يد شخص آخر، والخيط الرّفيع الرّمادي الذي جعل اندفاعة أمستردام في اللحظة الحرجة شبه عفوية، بسبب ما بدأ يتكوّن بين الشخصيتين.

الشيء الكبير بالنسبة لبيل أن شخصًا عظيمًا مثله لم يمت على يد شخص وضيع مثل ذاك الذي حاول قتله، أما بالنسبة لأمستردام فإن نظريته قائمة في أنك حين تريد أن تقتل شخصًا مهمًّا فإن عليك أن تقتله في النور لا في الظلام.

ينتقل الفيلم بعد أن يكتشف بيل الجزار شخصية أمستردام إلى منطقة أخرى من هذه العلاقة، فبعد التحرّر من حبّ العدوّ، يتقدّم حسّ الحرص على مقابلته في معركة تليق بهذه العداوة، تلك المعركة التي يتيحها بيل لأمستردام كما لو أنها استمرارا لذلك الحبّ المستحيل، حين رأى فيه ذات يوم ابنًا، أو ككلمة شكر مقابل إنقاذه لحياته ذات يوم.

لكن ما لا يمكن أن يُنسى هنا، أن بيل الجزار شخصية بالغة التعقيد، فهو غارق في ذنْبه منذ قتلَ القسّ، بل إنه يضع صورته في مكان لائق بها لأنه لا يريد أن ينسى أنه قتله، فهو مُعذَّب؛ وفي مونولوج حار يعترف بيل لأمستردام كم هو شقيٌّ بسبب هذا، ونكتشف أن لديه قرارًا بأن يكون القسُّ هو آخر رجل يقتله، لكنّ تفجّر العنف من جديد يحمل الفيلم إلى معنى وجوده، فالقضية أكبر من أن تقوم على النوايا الطيبة، لأن الحكاية ليست حكاية رجلين، يسعى أحدهما للأخذ بالثأر، بل لأن الحكاية حكاية مجتمع بأكمله لا يمكن أن يقوم توازنه في النهاية على حسم خلاف شخصيّ بين اثنين، سلبًا أو

إيجابا. لأن الخراب قائم في كينونة المدينة نفسها، وما بيل وأمستردام سوى ظلّين شاحبين في زاوية صغيرة من مرآتها.

هنا، تبدو المدينة كقدَر، هي اللاعبة الكبرى في مصائر قاطنيها، من عرفنا اسمه ورأينا وجهه بوضوح، ومن لم نر وجهه إلّا خطفًا حين كانت أعضاؤه تتناثر لتملأ الفضاء.

هل يذكّرنا ذلك ثانية بمجزرة الحرب على شواطئ النورمندي في فيلم إنقاذ الجندي ريّان أيضًا؟

ربما..

من منظور الرّعب الذي قامت عليه أساسات نيويورك، يبدو طول فيلم سكورسيزي مهمًّا، ولذا يجد المرء أن علاقة الحب وحضور كاميرون دياز الرّشيق والعذْب والخاطف، مثل ملعقة عسل في برميل مرارة، أو مكانًا لا يمكن للملائكة أن تجد فيه موطئ جناح.

أما المشهد بالغ الدّلالة الذي يختتم به سكورسيزي فيلمه، فهو صعود الكاميرا من بين أشلاء البشر ومشاهد الموت والدّم الذي يسيل أنهارًا، ومن بين حطام نيويورك القدِيمة، بعد معركة النهاية، لتستقر (الكاميرا) على مشهد ساكن لنيويورك نهايات القرن. في مشهد يوحّد ماضي المدينة بكل ما فيه مع حاضرها، كما لو أنه يقول تلك هي الجذور وهذه هي القامة!

(سيكون هنالك دم):
صورة المتوحِّش أم سيرة النفط نفسه؟

ليس فيلم رعب، ولكنه في الحقيقة كذلك، فحين يصبح الوحش طليقًا، لا يعود الأمر مرهونًا بعدد الأشخاص الذين سيقتلهم، بل يصبح الأمر مرهونًا بحريته المُطلَقة في ممارسة فعل القتل.

وليس هنالك قتلى كُثر أيضًا، بحيث يمكن القول إن خمس دقائق من أيّ فيلم تقليدي أمريكي، يمكن أن يقتل فيها، أضعاف أضعاف من قُتلوا على مدى مئة وثمان وخمسين دقيقة هي مدة عرض (سيكون هنالك دم - **There will be blood**) 2007.

كعادته يأتي المخرج بول تومس أندرسون، ليقدّم ملحمة سينمائية استثنائية مكونة من شخص واحد في الحقيقة هو دانيال بلينفيو الذي يلعب دوره الممثل الأيرلندي دانيال داي لويس، والذي يحمل الفيلم بأكمله على كتفيه، بحيث يبدو الآخرون مجرد ظلال تحت شمسه الحارقة.

ممثل كبير ومخرج كبير، قدَّم الأول عددًا من أهم الأدوار التي عرفتها السينما، بدءًا من فيلم (قدمي اليسرى)، مرورًا بفيلم (باسم الأب) و (الموهيكان الأخير) و (الملاكم) وصولا إلى (عصابات نيويورك)، فيلم مارتن سكورسيزي الملحمي، الذي بدت فيه شخصية هذا الممثل تأخذ أبعادًا جديدة؛ وإن كان من شيء يقال في هذه المسألة بالذّات، فهو أن شخصية

دانيال داي لويس التي قدّمها في فيلم أندرسون هذا، ما هي إلا امتداد خلّاق لذلك الدّور الذي لعبه في (عصابات نيويورك).

ممثل مقلّ إلى أبعد الحدود، ويبدو خارج حمّى السباق للظفر بعدد أكبر من الأفلام، يكتفي بالقليل المؤثّر الذي يحمل في جوهره أسئلة إنسانية وسياسية بارزة مُقدَّمة بصورة شجاعة.

أما بول تومس أندرسون فقد بدأ حياته السينمائية مبكرًا، واستطاع أن يفاجئ الناس عام 1997 بصورة مذهلة، وهو في السابعة والعشرين من عمره، حين قدم فيلمه الجريء (ليالي بوجي)، ثم فيلمه (مغنوليا)، الذي يشكل واحدة من أهم وأذكى ملاحم السينما.

فيلم (سيكون هنالك دم) اقتبسه أندرسون عن رواية (نفط) لأبتون سينكلر، وتدور أحداثه في نهاية القرن التاسع عشر وبدايات القرن العشرين، حيث تبدو المغامرة الفردية بأنها تودّع زمنًا لن يعود، وهي تضع قدمها على عتبة زمن جديد، بعيدًا عن الصوّرة التقليدية للباحثين عن الذهب التي شاهدناها في كثير من الأعمال السينمائية، وقرأناها في عديد الروايات.

في هذا الفيلم بداية جديدة لعصر الاستكشاف، الذي يتجاوز بطموحاته وآثاره تلك الأبعاد الفردية القائمة على الأحلام الفردية بالغنى، عبر الحصول على الذّهب البراق، وصولًا إلى أزمنة جديدة سيشكل صورتها ذهبٌ من نوع جديد، ذهب أسود، قالبًا بذلك كلّ مناحي الحياة رأسًا على عقب.

***

حين يبدأ الفيلم بدانيال الباحث عن الفضة في منجم حفره بيديه، في بقعة مهجورة لا شيء فيها يشير إلى أيّ شكل من أشكال الحياة، فإنه يفعل ذلك كما لو أنه يذكّرنا بأن ما ترونه لن يعود أبدًا؛ إنه مشهد من مشاهد الحنين لزمن الأحلام الصغيرة التي، إن غيّرت، فإنها ستغير حياة أصحابها لا أكثر.

في منجم الفضة، يقدِّم أندرسون الملامح الأساس لشخصية بطله دانيال: وحيد، قويّ، لا يثق بشيء؛ فرغم وجوده في بريّة لا أثر فيها لأيّ شكل من أشكال الحياة، بريّة أقرب إلى الصحراء، إلا أن دانيال لا يهبط إلى الملجأ إلّا وبندقيته معه، ولا يتحرّك إلا وهي على كتفه، وحين يفجّر الصخور باحثًا عن الفضة، ويسقط في البئر وتُكسر قدمه، ويكون وحيدًا في ذلك القعر المظلم المغبر، يكتم ألمه، ويمسك بحجر ويأخذ بتفقّد عروق الفضة فيه، بعد أن يمسحه بلعابه.

إن السؤال الذي يتبادر إلى الذهن في تلك اللحظة: ما الذي يمكن أن يفعله بالفضة وهو في قعر هذا البئر العميق، وهو يكابد آلام قدمه المكسورة بصمت؟! إذ كلّ ما حوله يشير إلى أنه سيقضي وهو في مكانه، إذا لم يمدّ أحد يد المساعدة إليه، فالسُّلم مكسور، والحبل وحده هو ما يربطه بتلك البقعة المضيئة في الخارج.

لكن ذلك كلّه يبدّده أندرسون في مشهد واحد، حين يرينا دانيال مستلقيًا على ظهره في مكان ما، وبندقيته إلى جانبه، وهو يجري صفقة بيع منجم الفضة.

ثمة مساحات غائبة من الأحداث هنا، وعلى المشاهد أن يملأها، أن يتصوّر كيف خرج دانيال من القعر، وكيف استطاع مواصلة العمل وهو على تلك الحالة، وكيف زحف حتى تمكّن من الوصول إلى ذلك المكان الذي سيبيع فيه فضته.

هذه الصّورة، ليست صورة دانيال الخارجية التي نراها، بل هي في الحقيقة صورته الدّاخلية.

مشهد البداية هذا، المشهد الصّامت الذي لا كلام فيه، واحد من أهم أجزاء الفيلم قوّة وتأثيرًا وتشويقًا أيضًا. وعلى الرغم من أن كل مكوّنات هذا المشهد الطويل هي وجود رجل وحيد في مكان معزول، إلّا أن أندرسون الذي كتب السيناريو استنادا إلى رواية سينكلر، يقدِّم لنا مقطعًا دراميًّا عاليًا، كما يبثّ في هذا الجزء بُعدًا تشويقيًّا. ولعل الموسيقى التصويرية، التي سنسمعها في

منتصف الفيلم أيضًا تتردّد بالوتيرة ذاتها، هي ما رفع مشاهد العزلة هذه إلى ذُراها، فقد كانت الموسيقى أقرب ما تكون إلى صوت سيارة الإسعاف أو سيارات الشرطة؛ قوية ومُنذرة بحدوث سوء كبير، بحيث يمكن للمرء أن يتساءل: هل كانت هذه الموسيقى الإنذارية تشير إلى وضع لويس المأزوم في قاع البئر، أم أنها تقوم بإنذارنا وهي تشير إلى أن الخطر الحقيقيّ الذي يمثله دانيال قادم نحونا، أم تقديم لتلك النبوءة الدامية التي يحتشد بها عنوان الفيلم؟! وبهذا فالموسيقى تأخذ هنا معنى مختلفًا، يشبه إلى حدٍّ بعيد ما تمثّله صفارات الإنذار التي تنطلق قبل دقائق من بداية الغارات في أزمنة الحروب.

لعلّ هذا التفسير هو الأقرب، لأننا لن نشاهد دانيال مرّة ثانية، وحيدًا، في منجم فضة أو ذهب، سنشاهده فوق بئر من نوع آخر هو بئر نفط.

سيكون هنالك دم إذن، ولكن المفارقة الماثلة هنا أمامنا، وحتى بعد الانتهاء من الفيلم، تتمثّل في أن عدد القتلى ليس أكثر من خمسة أشخاص لا غير، وهم يسقطون في المرحلة التالية التي تشهد التحوّل في مهنة البحث عن الذّهب. وهكذا نرى بأن الفيلم يعمل في مساحة أكثر اتساعًا بكثير من مساحة أحداثه، فالدماء التي أريقت في الفيلم، لا تبدو بأنها الدماء التي أشار إليها العنوان، بل الدماء التي ستسيل كثيرًا، خارج الفيلم، مع بدء مرحلة جديدة في حياة الرأسمالية الجديدة. ولذا، فالفيلم ليس معزولًا عن كلِّ حدث جاء بعد انتهاء الفترة التي تناولها، لأنه في الحقيقة يرصد سيرة كل بئر بترول حُفر بعد ذلك؛ ما فعله أصحابه كي يكون لهم وحدهم، وما فعله الطّامعون في امتلاكه بأي وسيلة كانت.

يمكننا من هذه الزاوية أن نتأمل الفيلم من خلال استعادة كلّ المناطق التي تم اكتشاف النفط فيها، ولعل جملة دانيال لولده الصّغير الذي يرافقه في رحلة شراء أرض آل صندي، تختصر تاريخ النفط كلّه (لن نعطيهم ثمن النفط، سنعطيهم ثمن السّمان!!)، وقد كان دانيال وصل إلى هناك بحجة صيد طيور السّمان في أراضيهم، ولكنه في الحقيقة يتتبّع تلك المعلومة التي دفع ثمنها

ستمائة دولار، المعلومة التي تقول: إن تلك المنطقة الواقعة في كاليفورنيا تعوم على بحيرة نفط.

لا يحتاج دانيال أن يحفر لكي يتأكّد من وجود النفط، فقدم صغيره كافية لكي تؤكّد له الأمر، القدم التي تغوص في حفرة مملوءة بالذهب الأسود، أثناء مطاردة الصغير لطيور السّمان.

صحيح أن دانيال لا يدفع لأصحاب الأرض ثمن السّمان فعلًا، ولكنه يدفع لهم ما يشبه ذلك، عدة آلاف من الدّولارات- يستطيع ابن عائلة صندي الطامح في أن يكون واعظًا وله كنيسة- انتزاعها من بين يدي دانيال.

وما يحدث مع أراضي هذه الأسرة، يحدث مع أراضي الأُسر الأخرى، الأسر المحرومة من كلّ شيء، من الخبز ومن الطّرقات ومن المدارس ومن الكنيسة ومن كلِّ مقومات وجود كيان اجتماعي سويّ.

***

أول ما يبرز في شخصية دانيال هو خطابه الدّيني المبُشِّر بأهمية الأسرة، وأهمية تعليم الأطفال وإيجاد فرص العمل وأهميّة الزراعة، لكنه في الحقيقة منقطع تمامًا عن الدّين؛ فأول ما يفعله بعد الانتهاء من عقد الصفقة مع آل صندي هو أن يسحب يده من يد الواعظ الشّاب بخشونة، ما إن يبدأ هذا بتلاوة الصلوات على مائدة الطعام.

ما سنكتشفه بعد ذلك، دون أن يقوله لنا الفيلم، هو أن دانيال أدرك منذ البداية زيف الواعظ الشاب، الذي لم يكن في الحقيقة سوى صورة من صور دانيال الباحث عن النفوذ والقوة والغنى.

يؤدي دور الواعظ الشّاب وأخيه الشبيه الممثل بول دانو الذي سطع نجمه في فيلم (ليتيل مس صن شاين) وقد كان يستحقّ أوسكار أفضل ممثل ثانويّ عن ذلك الفيلم وقد أدى شخصية الأخ، لكن الجائزة ذهبت للممثل آلان أركن الذي أدى شخصية الجدّ.

إن إيلاي صندي هذا الواعظ، مستعدٌ لأن يفعل كلّ شيء من أجل أن تكون له كنيسة، مستعدٌ لأن يخدع الجميع، أهله ومحيطه الاجتماعي كلّه، لكي يصل إلى هدفه؛ ولذا، فبقدر ما يبدو ممانعًا في مفاوضاته مع دانيال، بقدر ما يبدو متواطئًا معه، لأنه يدرك أن دانيال لا يعطيهم أكثر من ثمن السّمان، رغم أن لم يسمع هذه الجملة من دانيال مباشرة.

كان حلم الواعظ قائمًا في امتلاكِ فرصةِ مباركة البئر، وعندما يتأخّر دانيال في طلب ذلك منه، يذهب إليه ويطلب بنفسه ذلك، وحين يأتي الموعد يقوم دانيال نفسه بأداء دوْر الواعظ، وقول كلام لا يقلّ أهمية عما يمكن أن يقال في مناسبة كهذه! ويترك الواعظ مهملًا كأي واحد من الذين حضروا الاحتفال.

ولعل خطأ الواعظ، بما يمثّله، أنه اعتبر نفسه قادرًا على مقارعة دانيال وترويضه، كما لو أن قوّة السماء هي التي تقف في وجه قوّة الجشع التي يمثلها دانيال. لكن هذا الأخير، ليس من عادته التراجع، أو القبول بأيّ منافسة، أيًّا كان مصدرها.

في تلك المناخات القاتمة، الليلية، لم يكن باستطاعة أحد النّجاة من دانيال، إنه القوة المنفلتة، التي تشبه الأعاصير. وكلّ إنسان، سواء عمل مع دانيال أو عمل دانيال في أرضه، أو كان قريبًا من دانيال، هو مشروع ضحيّة، ومن لم يقع ضحية، كان ضحية مؤجلة، لا غير، لهذا الكائن المفترس المتربّص بكل شيء، والذي يتصرّف كما لو أنه إله، لا يقبل أن ينافسه أحد. فكل اقتراب منه ينتهي بدم ذلك المنافس. ليس هناك نجاة، حتى وأنت تريد أن تبتعد عن طريقه.

الشيء الذي لا بدّ من الإشارة إليه أن الفيلم يلعب في أكثر من منطقة التباس، تبدأ الأولى بذلك الطفل الرّضيع الذي نراه مع دانيال وهو يحفر بئر النّفط الأولى، ثم نراه معه بعد سنوات وقد أصبح فتى، ونراه فيما بعد، وقد تزوّج تلك البنت التي أحبّها مذ كان طفلًا.

ومصدر الالتباس قائم في أن دانيال يقدِّم الطفل للمجتمع باعتباره ابنه، لكنه يصدمنا، كما يصدم الابن، حين يقول له: أنت لست ابني، لقد التقطكَ

ملقىً على الطريق في سلّة، وكنتُ بحاجة إلى وجه جميل إلى جانبي كـي أتمكّـن من شراء الأراضي!

وهكذا يبدو الطفل أشبه بطُعْم. وسواء كان ابنه حقيقـة، وهـذا أدهـى، أو غير ذلك، فهو ليس أكثر من إكسسوار لتحسين صورة دانيال وإقناع المجتمع المتديّن البسيط الذي يؤمن إيمانًا مطلقا بقدسيّة العائلـة بأنـه مُـدافع عـن هـذا الجوهر.

لكن دانيال لا يقول هذه الكلمات (لابنه) إلّا حين يقرر هذا الابـن أن يبدأ البحثَ عن النفط بنفسه، أي عن مشروعه الخاص، وهنا، لا يجد دانيال وسيلة لقتل ذلك الابن إلا بإلقاء تلك (الحقيقة، أو الكذبة القاتلة) في وجهه.

إنه يقتله بصورة من الصّور.

أما الشخص الثاني الذي تقوم العلاقة معه على التباس لا يُغتفر، فهو ذلـك الرّجل الذي ظهر فجأة أمام دانيال ليقول له بأنه أخوه، ويسرد عليه الكثير من التفاصيل التي يعرفها دانيال، لكن دانيال غـير متأكـد مـن أيّ شيء؛ إذ غـادر مزرعة أبويه طفلًا، وهو يلتقي اليوم برجل في العقد الخامس من عمـره، لكنـه يُفسح له مكانًا في عالمه، ولا ندري هل يفعل ذلك لأنـه يريـد أخًـا إلى جانبـه، بعد أن أصيب ابنه بالصّمم جراء انفجار وقع في بئر نفط؟ أم أنّه يعطـي نفسـه المجال ليكتشف كذب هذا الدّخيل؟

يبدو (الأخ المزعوم) ضحية مثاليّة، لم تعـرف حجـم الفـخّ المنـصوب لهـا، وتبدو طيبة، رغم مكرها أكثر من اللازم وهي تتـوهّم أن باسـتطاعتها خـداع دانيال.

عدّة أسئلة بـسيطة، كانـت كافيـة لأن يقـع (الأخ) في الفـخّ أخيرًا، ولأن دانيال لا يحتمل استهانة بهذا الحجم وإهانـة بهـذا الحجم، فإنـه يقتـل (الأخ) ويدفنه ليلًا.

أما الالتباس الثالث، فقائم في شخصية إيلاي الواعظ وأخيه بول، فهما متشابهان تمامًا، ونكاد نقتنع كمشاهدين أن الأخ الشبيه هو من أخبر دانيال عن النّفط في أرض أهله، آل صنداي، مقابل أن يبتعد، لكن يبدو لنا أن الأخ هو إيلاي نفسه، دون أن نكون على يقين تام، إذ يبدو أنه استدرج دانيال إلى أرض أهله ليحقّق طموحاته الشخصية، وهذا ما نلمحه في كلّ تصرفاته: شهوة الحصول على القوّة، وشهوة الحصول على المال. وعلى الرّغم من أن دانيال يفهمه جيدًا، إلّا أن لحظة غير متوقّعة تخدم إيلاي، فبعد أن يمنعه دانيال من مباركة البئر، يحدث الانفجار، فيصاب (الابن) بالصّمم ويُقتَل عاملان، وهكذا تسري بين الناس تلك الحقيقة القائلة: إن ذلك حدث لأن البئر لم تُبارك.

في مجتمع مغلق محافظ، يجد دانيال نفسه مضطرًّا للذّهاب إلى الكنيسة والاعتراف بخطئه، وأنه السبب فيما حدث لابنه، وهنا يستغلّ إيلاي الأمر إلى أبعد الحدود، إذ يبدأ بتوجيه الصّفعات إلى وجه دانيال، دون أن يستطيع هذا فعل أيّ شيء، وحين يحسّ الواعظ بأن روَّضه وأذّله أمام الجميع، يميل نحو إذن دانيال، ويهمس شيئًا، ثم يعلن أن دانيال تبرع للكنيسة بخمسة آلاف دولار.

تلك كانت غلطة الواعظ الكبرى، وهنا تبدأ فعلًا رمزيّة صراع القوتين، الأرضية، وتلك التي تتحصَّن بقوة سماوية أو تدَّعيها.

والنتيجة قاسية في النهاية، لأن على دانيال أن يتوِّج مسيرة جرائمه بقتل الواعظ أخيرًا، إذ لا أحد يستطيع قهر وحش العصر الجديد.

***

إن كل خطوة خطاها دانيال في طريقه لترسيخ قوّته كانت معمَّدة بالدم، بدءًا بدمه هو، في منجم الفضة، ومرورًا بدم أولئك العمال في البئر الأولى والثانية، وانتهاء بتلك الجريمة التي يرتكبها، حين يصرُّ الواعظ على الحصول

على مئة ألف دولار، لأن الواعظ لم يكن يتصوّر أن أزمنة الكساد ستكون قوّية إلى هذا الحدّ!!

وبهذا، فإن محطات دانيال، الذي لا نعرف سوى القليل القليل عن ماضيه، ملطّخة بالدّم: دم أخيه، دم ابنه، حتى وإن لم يُرِقْهُ، ودم الواعظ نفسه بما يرمز إليه. كما أن دانيال يعيش بلا امرأة، أو حتى طيف امرأة، وحين تجلس امرأة جميلة بجانبه في الكنيسة، يخطر ببالنا أن جمالها يمكن أن يؤنسنه إذا ما التفت إليها، لكنه لا يفعل ذلك أبدًا.

وبهذا، يقدّم لنا أندرسون في فيلمه الصّورة الجديدة لوحوش العالم، التي لا يوقفها شيء وهي في طريقها لتحقيق مآربها. وحين يرسم صورة المجتمع في بلدة النّفط هذه، فإننا نرى أنه مجتمع صامت، مُعدَم، غير فعال، يحيا بالوعود، رغم أنه يرى القسوة تجتاح كلّ مناحي حياته. وإذا ما تأمّلنا أركان هذا المجتمع فهي السلطة الدينية المتطلعة لحصة من الثّروة عبر حلْفها المضمر وتواطؤها مع القوة الاقتصادية الجديدة التي تنمو بطريقة لا يمكن تصوّرها، ولا مكان لأي جانب إنساني في حياة أصحابها، لأنهم مستعدون لفعل أيّ شيء، وعقد أيّ صفقة مقابل أن يستمر تدفق النفط!!

لكن المأساوي في شخصية دانيال، أنه يمتلك ثروة، يبين لنا الفيلم في كل مراحله أنه لا يستطيع الاستمتاع بها، وفي مشهده الأخير مع إيلاي، ما يوحي بأنه يسكن في قصر كبير ولديه خادم مثالي أنيق، لكن دانيال ينام على أرضية صالة البولينغ بلا غطاء، كما كان ينام في أيّ مكان مُقفر عاش فيه. كما أنه يتناول طعامه بصحن صغير على الأرض، لا يختلف عن أيّ صحن يقدَّم فيه الطعام لأيّ كلب!

إنه القوّة والغنى، لكنه يبدد هذا كلّه في سحق الآخرين، ولا ينجو من ذلك أحد، حتى (ابنه) الذي يتخلّى عنه ما إن يصاب بالصّمم، ففي عالم القوة هذا لا مكان لأي شخص ضعيف.

إنه الحلم الأمريكي عاريًا، لا شيء يكبحه، لا الأخلاق ولا الدِّين ولا القانون، لأنه يضع نفسه فوق هذه الأمور جميعًا وهو يتصرّف كقوة مطلقة لا تقبل المنافسة ولا تقبل الضعف أيضًا.

يقول أحد النقاد الأمريكيين عن دانيال: (النفط جعله غنيًّا، الثروة جعلتْه قويًّا، والسُّلطة جعلته مجنونًا.)

واعظ مزوَّر أمام وحش جهنميّ؛ إن النتيجة واضحة، سيبتلع الوحش الواعظ، وسيغرق كلُّ شيء في بئر النفط، سيغرق القرن العشرون بأكلمه وقرننا الحالي، فحيث يكون النفط لا بدّ من أن يكون هنالك دم.

ولذلك، قد يبدو الفيلم مراوغًا هنا، وهو يقدِّم لنا نفسه باعتباره سيرة ذلك المستكشف دانيال بلينفيو، في حين أنه ليس في الحقيقة سوى سيرة النّفط.

ولكن السؤال الذي لا بدّ من طرحه: هل ما حدث في بدايات النفط، معزول عما يحدث باسمه الآن؟ هل الفيلم مجاز لصورة مصالح وحروب وجرائم لم تزل ترتكب حتى يومنا هذا؟

يذكَر أن هذا الفيلم قد رشح للفوز بثماني جوائز أوسكار، لكنه لم يفز سوى بجائزتي أفضل ممثل رئيس وأفضل تصوير، وحصد فيلم (لا مكان للعجائز) على الحصة الكبرى من الجوائز بفوزه بأربع جوائز أوسكار، منتزعا جائزة أفضل مخرج وأفضل فيلم من (سيكون هنالك دم).

(قتلة بالفطرة):
زمن القطعان

(ينبغي أن يحدث ذلك لك- It Should Happen to You) 1954، عنوان فيلم، لكنه أشبه ما يكون بنبوءة استثنائية أُطلقتْ عام 1953، لكننا نلمس صداها اليوم في كلٍّ ما حولنا.

لقد (حدث الأمر) وانتهي؛ هذا ما يمكن أن نقوله الآن ونحن نرى الطريقة التي باتت فيها الصّورة تشكّل حياتنا، من الصّعود الاستثنائي للسينما، إلى الرّواج الأكثر استثنائية للشاشة الصغيرة التي باتت تتواجد في البيوت بأعداد تفوق أعداد الغرف واعدد أفراد العائلة، إلى البرامج الحيّة والميتة التي تحوّلتْ إلى حالة من الهوس العام!

ورغم أن حكاية الصورة والحسّ بأهميتها، أو بخطرها، حكاية قديمة، منذ أن شاهد الروائي العالمي الكبير تولستوي واحدًا من أشرطة السينما وقال: (إن هذا الاختراع الجديد الذي له يدٌ تدور سوف يحدث ثورة في حياتنا- نحن الكُتّاب)، ولكنه لم يفطن إلى تلك الثورة التي سيحدثها هذا الاختراع في حياة القراء أو المواطنين؛ وقد كان تولستوي على يقين حسب قول موريس بيجا: أن على الكُتّاب (منذ اليوم) أن يكيّفوا أنفسهم.

لم يكن تولستوي يتخيّل ما سيحدث، وأن اليد الدوّارة التي تحرّكها يد بشريّة لكي يستمر عرض الفيلم، سيتم استبدالها بأشياء لا يمكن تصوّرها،

وأن الفيلم الذي يُعرض في الصالة المغلقة بين فترة وأخرى، سيتحوّل إلى جزء أساس من حياة البشر في الغرف المضاءة وعلى مدى أربع وعشرين ساعة في اليوم، وعبر مئات المحطات الفضائية المتاحة. وما لم يقدر تولستوي على تصوّره في ذلك الزمان البعيد، لم نكن نحن بدورنا قادرين على تصوره، في الزمان القريب، وأعني هنا أواسط السبعينات مثلًا.

لكن الصورة، وإن كانت مفردة السينما الأولى، كما الكلمة مفردة اللغة، إلا أن استخدامات الصورة اتّسعت بما لا يقاس، إذا ما قورنت بالمفردة في اللغة، التي ظلّت لغة وفي حدود استخداماتها التي يبدو أن لها دائمًا سقفًا؛ في حين راحت الصورة تتّسع وتتجاوز كلَّ السّقوف، بما في ذلك سقف خيالنا، ليس كقراء فقط، بل ككتّاب، وأصبح السؤال الأكثر تردّدًا في حياتنا المعاصرة: (هل رأيت؟) وقد كان حتى زمن قريب (هل قرأت؟!)

ونعود لـ (ينبغي أن يحدث ذلك لك). فقد شاهدتُ هذا الفيلم من زمن طويل، لكنه ترك أثرًا استثنائيا في ذاكرتي، وظلّ يمور في داخلي كواحد من أجمل الأعمال السينمائية التي شاهدتها، الأعمال التي تخرج من ركام الفيض الهائل للأفلام، وقد تحوّلت السينما إلى تجارة، خاضعة لمتطلبات السّوق، في معظم حالاتها.

بالعودة إلى هذا الفيلم، يتبين لنا أن تلك الفتاة الشقراء النَّكرة! التي تصل إلى نيويورك، لا تملك من هذا العالم سوى بعض مدّخراتها، وترفُّعِها على ذلك الخطيب الأقل من طموحات جمالها. فتاة عادية تمامًا، شبه ساذجة، تلفت نظرها ذات يوم، وهي تعاني من وطأة (الحياة التي لا تليق بها)، لوحةُ إعلانات في واحد من ميادين مانهاتن، فتلمع الفكرة فورًا في ذهنها، وتقرر استئجار تلك اللوحة!

لم تكن تلك الفتاة التي تؤدي دورها جودي هوليدي تعرف أو تتصوّر حجم ذلك التحوّل الذي سيطرأ على حياتها بسبب قرارها هذا، لكنها بدأت خطوتها الأولى، الخطوة التي ستقلب حياتها تمامًا.

بعد أيام نرى صورتها الكبيرة تغطي لوحة الإعلانات وتحتها قد سُطِّر اسمها بخط كبير.

كلُّ من يمرّ في ذلك الميدان، لا بدّ له من أن يرى تلك الصّورة ويقرأ ذلك الاسم، دون أن يعرف تمامًا ما الذي يعنيه ذلك. لكن، وفي أعماق كلّ شخص لا بدّ أن تتكوّن صورة لائقة مُكبَّرة للدّور الكبير لامرأة عملتْ الكثير كي تحتل صورتها قلب هذا المكان!

بفرح وسذاجة تتأمل الشقراء صورتها، ولكن إحساسها بكل ما حولها يبدأ بالتغيّر، إنها معروفة!! إنها أكثر تميّزًا من كل أولئك الذين يدورون حولها، ويخطبون ودّها، بما فيهم ذلك الخطيب الطيّب الذي تبدأ صورته بالتضاؤل شيئًا فشيئًا مع ما أصبحت عليه صورتها.

إنها تنظر للجميع من عل، وقد أصبحت صورتُها على هذا المستوى من الارتفاع.

الخطوة الكبرى التّالية، هي الصراع الذي يبدأ فجأة بين شركات كبرى على استئجار هذه اللوحة نظرًا لأهمية موقعها؛ وهكذا يبدأ البحث عن صاحبة الصّورة التي تحوّلت إلى نجمة لا يعرف أحد عنوانها، أو أي إنجاز من إنجازاتها، وما الذي أهّلها لتحتلّ هذه المكانة، دون نجوم السينما والثقافة والمجتمع وما تقدِّمه الصناعة من مُنتَجات.

يتألّق كاتب السيناريو غارسون كانين والمخرج جورج كيوكور بدفع الأمور إلى درجة أعمق، حين يبدأ رجال الصناعة بالبحث عن هذه الشقراء لإجراء مفاوضات معها، بغية إقناعها بالتّنازل عن هذه اللوحة، مهما كان الثمن؛ ولكن الشقراء التي باتت المسافة التي تفصلها عن خطيبها ضوئية، لا تريد المال، بل ما هو أكثر منه (الشهرة)، ولذلك، ترفض كلّ العروض باستثناء ذلك العرض الذي تستطيع بموجبه استبدال تلك اللوحة بعدد كبير من اللوحات في عدد من الأماكن العامة المهمّة للغاية، ومن بينها محطات القطارات، المطارات، وغيرها.

ليس ثمة مبرر للحديث هنا عما سيحدث لها، وسيحدث لنا (الجمهور العريض) وقد باتت صورتها أكثر انتشارًا، وقد تحوّلت إلى نجمة كبيرة، مثل أهم نجمات السينما، أهمّ السياسيين، الشعراء والكتاب، وباتت فرصة اللقاء بها حلما يراود الكثيرين!!

ربما هنا، بالذات، تكمن واحدة من أهم المعاني الخطيرة لفكرة (سطوة الصّورة)، هذا الأمر الذي بتنا اليوم أسراه بلا منازع. ولذلك، كان الأمر يحتاج إلى لملمة تفاصيل ما حدث في المشهد الصغير وأعني هنا (صورتها واسمها) إلى المشهد الواسع وأعني عيون الناس والقناعات التي تشكّلت لديهم حول صاحبة الصورة، القناعات العمياء التي لا تخضع لأي مساءلة عقلية، القناعات القارّة التي لا نقاش فيها، القناعات التي تقول: ما دمت تملك صورة بهذا الحجم، فإنك بالتأكيد شخص مهمّ للغاية، إنك نجم مجتمع، واحد من العباقرة الذين يتطلّع الجمهور لملامستهم والتبرّك بتوقيعهم الذي يتحوّل إلى تميمة بشكل أو بآخر.

كان على الشقراء أن تنطق اسمها مرتين، مرّة بصورة منخفضة، ومرة بصورة عصبية، حين أعادت تلك المرأة توجيه السؤال لها في واحد من المجمعات التجارية الأكثر اكتظاظًا. وبمجرد أن حدث ذلك، عمَّ الصّمت فجأة، ثم بدأ الهياج العام، الذي لا يوازيه شيء سوى لحظة حدوث زلزال أو حريق مدمِّر أو وجود قنبلة على وشك الانفجار.

هكذا تندفع الجموع باتجاه مصدر الصّوت، للحصول على توقيعها، الجموع التي تصرخ مردّدة اسمها بهستيريا مجنونة، كما لو أنّ كلّ واحد أو واحدة من الجمهور قد عثر على أحلامه دفعة واحدة.

حالة الهياج هذه، هي المحصِّلة النهائية لمسيرة لا يمكن القول إنها طويلة، بين اليوم الأول الذي التمعتْ فيه الفكرةُ إلى تحقق هذه الفكرة ومن ثم اتّساعها.

إذن، ينبغي أن يحدث لك ذلك بالفعل، ليس لك كصاحب صورة، بل لك أنت مشاهد هذه الصورة، وبغض النّظر عن أيّ معيار، لأن الأمر يحدث في ظلّ غياب العقل تمامًا، كما لو أن كلَّ طاقات ذلك العقل غير قادرة على دحض واقعية وسطوة ما تراه العين.

***

كان ذلك الفيلم يرسم بطريقة فذّة ما سيؤول إليه حالنا بعد نصف قرن، ويمهّد الطريق رحبًا لأفلام أخرى، وأعمال أدبية أخرى، لتأمّل حال البشر في ظل هذه الشرائط التي باتت تملك قدرة استثنائية على جعل العين تنفتح على آخرها والعقل يُغلق على اتساعه.

بعد أربعين عاما من (ينبغي أن يحدث ذلك لك) حدث لنا فعلًا، ولم تكن هناك مرافعة ضد العنف، الذي تؤجّجه وتحميه الصورة، مثل تلك التي قدمها أوليفر ستون في فيلمه الكبير (قتلة بالفطرة-Natural Born Killers) 1994، والذي أحدث دويّا هائلًا في العالم، بل وتحوّل الفيلم ذاته - وهناك مناطق مربكة فيه - إلى أداة قتْل، إذ ارتُكبتْ بُعَيْدَ عرضه مباشرة عشر جرائم قتل في أمريكا وحدها، بل ووصل الأمر إلى دول أوروبية أخرى. لكن (ستون) واحد من أولئك الذين لا بد للمرء من أن يشاهد أفلامهم، وإن كان تأرجح في بداياته في تطرُّف كبير، قيل إنه اعتذر عنه لاحقًا ونعني فيلم (قطار منتصف الليل) الذي اشتغل فيه مع ألن باركر كواحد من كتاب السيناريو، ويمكن أن نلاحظ في (قتلة بالفطرة) الأثر العميق للفيلم الكبير (الجدار) الذي قدّمه ألن باركر استنادًا لأغنيات (بِنْك فلويد) والذي رصد فيه تاريخ العنف المدمِّر الذي اجتاح القرن العشرين. بل يغدو هذا العنف في فيلم ستون القضيب الثاني لسكّة الحديد التي سيمضي فوقها مسرعًا قطار الجنون الذي سيقوده ميكي وصديقته مالوري خلال أيام، وتكون حصيلته ثلاثًا وخمسين جثة. أما الطرف الأول فهو تلك القوة الجهنمية التي باتت وسائل الإعلام تملكها، القوة القادرة على قلب الحقائق وتنصيب الرّموز أيًا كانت أعمالهم،

وتحويل المجتمع بأسره إلى قطيع يتراكض حول ذلك الذي يستطيع أن يوصل صورته إلى برنامج التلفزيون الأهمّ، أو إلى غلاف المجلة الأهمّ، كما لو أن بشرًا لا صورَ منشورةً لهم لا قيمة لهم!

يذهب ستون إلى المنطقة الخلْفية التي يجري فيها صناعة العنف، وهكذا فإن صاحب البرنامج الأكثر نجاحًا في التلفزيون (مجانين أمريكا)، على استعداد لفعل أي شيء من أجل تسجيل حلقة مع بطلي الفيلم، وهو يتعامل مع المجرمين كأبطال شخصيين له، على الأقل، لأنهم أبطال لعبته، وكلّما أوغلوا في القتل كلمّا كانوا أكثر أهمية. أما الجمهور فهو في نظره - كما يقول المذيع لفني المونتاج الذي يُعيد تركيب إحدى اللقطات هاجيًا الجمهور: هل تعتقد أن هؤلاء المغفلين السلبيين يذكرون أيّ شيء؟ هذا طعام غير مغذّ للدّماغ. لملء الفراغ. عَلَف. أي شيء!!).

لقد تحوّل جمهور المشاهدين فعلًا إلى قطيع لا يصلح له إلا هذا العلف. يقول أوليفر ستون: كان عند الأقدمين رؤى، أما نحن فعندنا تلفزيون، لقد أردتُ تصوير فكرة العنف ووصف المحيط، وهما جزء منه، والتلفزيون لا يفعل شيئًا سوى أن يبثّ لهم صورتهم الشّخصية والجماعية.

وكما لو أن تاريخ الصورة هو تاريخ العنف نفسه في زمننا الحديث، يعيد ستون إدانة العنف مستخدمًا الصورة نفسها، مستدعيًا مقاطع خاطفة من أفلام روائية ووثائقية وصور متحرّكة وأغلفة مجلات، ويحيل أخطر مشهدين في الفيلم يصوِّران حياة أسرة مالوري إلى حلقتين من برنامج كوميدي لا يتوقّف فيه الناس عن الضّحك من خارج الكادر، وهم يشاهدون مشهد اغتصاب أو مشهد القتل الرهيب للأب والأم على يد ابنتهما وصديقها ميكي. كل شيء يتحوّل إلى (عرض) وهذا هو الجزء الخطير من سطوة الصورة هنا.

إن الجريمة الحقيقية يمكن أن يتمّ تأليفها في البرنامج الواقعي بتوفير شروطها ودفعها للأمام عبر تصعيدها، فحين يتمكّن ميكي من السيطرة على سلاح أحد حراس السجن ويبدأ فصلًا مجنونًا من القتل، تكون مهمّة

الصحفيّ الذي يُجري معه المقابلة في الزنزانة الواسعة أن يلتقط ما استطاع من صور المعركة، وحين يتاح له أن يوقف ميكي، لا يفعل ذلك، بل يُمسك بعدسة الكاميرا التي يحملها المصور المرافق كما لو أنه يقول له: صور هذا أيها الغبي، وحين يتم له ذلك ويندفع ميكي لعناق صديقته في قبلة محمومة فإن المذيعة التي تنقل الأحداث على الهواء مباشرة تبتسم برضا لهذه النهاية السعيدة التي تحققت للقاتل وصديقته القاتلة.

ما يريده الجمهور نهاية سعيدة إذن، حتى للقتلة، لهذا النوع المجنون من القتلة، لأنه لا يريد سوى (العَلَف) والعلف هنا موجود بوفرة. يقول ستون: في السابع عشر من شباط 1994 بثّت محطات التلفزيون الأمريكية خمسة وأربعين برنامجًا حول جرائم القتل، وقدّمت في هذه البرامج العديد من المقابلات مع القتلة، هذه المقابلات التي يُقبل على مشاهدتها الجمهور بأعداد كبيرة.

ليس غريبًا والحال هذه، أن يتحوّل الصحفي إلى مجرم وأن يبدأ بإطلاق النار باتجاه رجال الشرطة لكي يحمي بطلي برنامجه (ميكي ومالوري)، لكي تكون هناك حلقات أخرى بوجود دماء أكثر تدفّقًا، وأن يعلن أنه يحسّ بأنه قد تحرّر أكثر حين بدأ بممارسة القتل وغدا أمام الكاميرا بطلًا من أبطال الجريمة، هو الذي اكتفى دائمًا بدوْر المُحَاوِر. وليس غريبًا أيضًا أن يتحوّل ذلك المحقق الذي يتابعهما إلى قاتل أيضًا، ومغتصب، وهو يسعى للقبض عليهما. وليس غريبًا أن يتحول الجمهور إلى ضحايا تتمنّى الموت على يد ميكي لأنه مشهور. كما لو أنه حين يقوم بقتلك مجرم مشهور تصبح مشهورًا بالضرورة!! أو يكون لك من الشّهرة نصيب لم تستطع تحقيقه ببقائك على قيد الحياة. ولذلك، لا يتورّع الجمهور في مقابلات تلفزيونية مع الصحفي نفسه أن يقول على لسان أحد أفراده: إنهما رائعان. ويقول آخر موجِّهًا كلامه للمجرمَين: أنتما الأفضل في عالم القتل. وترفع فتاة شقراء جميلة جذابة يافطة كَتَبَتْ عليها: أقتلني ميكي!

يعمل التلفزيون هنا على تأليف (الجريمة)، وقد تجاوز دوْره القديم المتمثّل في تقديمها. وهكذا تتحوّل الصورة إلى أداة طيعة لمن يريد الذّهاب بها إلى هذا الحدّ، الذي ليس هو الأقصى! ففي فيلم آخر لباري لفينسون (واغ ذا دوغ) يتمّ تأليف حرب في الأستوديو للتغطية على فضيحة جنسية تطال الرّئيس قبل أسبوعين من موعد إجراء الانتخابات؛ فيستعين مستشاره كونراد برين - دي نيرو، بالمنتج الهوليوودي (ستانلي موتس - هوفمان) لاختراع التفاصيل، ومن بينها الإشاعات والنّفي المصاحب لها عن التحرّكات العسكرية، لقطات الفيديو حول اللاجئين، تصاعد الشّعور الوطني، ثم الموقع الذي ستشتعل فيه هذه الحرب المخترعة، فيكون ألبانيا. وينجح سيناريو هليري هنكن وديفيد ماميت المقتبس عن رواية عنوانها (البطل) للكاتب لاري بينهارت في تقديم صورة خطيرة عما يمكن أن تقوم به الصورة من وظيفة مضادة لكُنْهها، باعتبار الصّورة هي الحقيقة، إذ يتم تحويلها هنا إلى أداة كذب؛ وهكذا يمضي الجمهور لمتابعة وقائع حرب على شاشة التلفزيون لا وجود لها على أرض الواقع، من خلال هذه الهندسة الإعلامية الشّيطانية.

لا يوجّه الفيلم أصابع الاتهام للسياسة، التي تبدو دائمًا، مستعدّة لفعل أيّ شيء في سبيل مصالحها، بل أيضًا إلى أولئك الذين يحتكرون قوّة الصورة ويسخِّرونها لتكون في خدمة أصحاب النفوذ.

وبالعودة إلى فيلم أوليفر ستون، فإن رموز السّلطة حاضرة في الفيلم: مأمور السجن، الشّرطة، الإعلام، الجمهور؛ والمضي قُدمًا في اختراع ميكي ومالوري بتصعيد جرائمهما وتقديم المساعدة لهما عند الضرورة، نموذج آخر للخروج بالجريمة وتأليفها من جدران البيت الأبيض الضيقة إلى الحالة العامة برمّتها.

(حان الآن لأن نكبر.. طريق الجحيم أمامنا.) ولا يعرف المرء ما الذي يعنيه ميكي حين يقول هذه الجملة لصديقته، هل نكبر لننضج أم نكبر لنكون نجوم هذا المجتمع؟ وأيًا كان المعنى، فالدلالة واحدة، وتبدأ أمارات هذا

الإحساس لديه حين يزوّج نفسه من مالوري، إذ يقول: بصفتي إلها عالميًّا أُعلننا زوجة وزوجًا. وفي مشهد آخر يرفع هذا الحسّ إلى نقطة أخرى ذات أبعاد ما فوق أرضية، فيغازلها قائلا: هل تريدين رهينة؟ ماذا عن هذه؟ أهي سمينة؟ وبالتالي يتحوّل البشر إلى قرابين لهذا العنف المجاني بغضّ النظر عما يمكن أن يكونوا فعلوه أو لم يفعلوه.

يسأل الصحفي ميكي: كيف تقتل شخصًا بريئًا؟!

فيرد ميكي: بريء؟!! من هو البريء؟ أنتَ؟! إنه مجرد قتْل. كل المخلوقات تفعل ذلك بطريقة أو بأخرى. أنظر إلى الغابة، الكائنات تتقاتل ونحن نقتل جميع الكائنات بما في ذلك الغابة، ونُطلِق على أعمالنا هذه اسم (الصناعة) وليس القتْل!

ولعل هذه واحدة من أخطر العبارات التي تظهر في الفيلم على لسان ميكي، إذا ما تغاضينا عن شيء أساس هو أن هذه العبارة أكبر وأعلى كثيرًا من وعيه. إنها وعي أوليفر ستون وقد كان أحد كتّاب سيناريو هذا الفيلم أيضًا مع ديفيد فيلوز وريتشارد روتواسكي، ونجد صدى هذه العبارة في فيلم مايكل مان (المُصاحِب)، الذي قام فيه توم كروز بدور قاتل محترف يجبر سائق سيارة على مرافقته في ليلة قتل كابوسية.

يقول ماكس - السائق، لفنسنت - القاتل: لقد ألقيتَ بالرّجل من النافذة!

فيرد فنسنت: لا، لقد سقط.

- ما الذي فعله لك؟!

- لا شيء. لم أقابله سوى هذه الليلة.

- لقد رأيتَهُ للتو وقتلته بهذه الطريقة (البشعة)؟!!

- وهل يجب عليّ أن أقتل الناس بعد التعرّف إليهم؟! يجب أن نتأقلم مع هذه الأمور، فالأمور السّيئة تحدث في أيّ وقت. يوجد ستة بلايين شخص ليسوا في وضعهم الطبيعيّ بسبب شخص واحد!! هل سمعت برواندا،

عشرات الآلاف يُقتَلون يوميًّا قبل غروب الشمس. لم يتمّ قتْلُ هكذا عددٍ منذ هيروشيما وناغازاكي.

إن حوار (فنسنت مع ماكس) صورة أخرى تستكمل خطاب ميكي أمام آلة التّصوير، إذ يغدو فعل القتل الفردي لا شيء أمام القتل الجماعي، كما لو أن وجود القتل بالجملة يبرر هذا النّوع من القتل (بالمفرَّق)! ووجود الزلازل والبراكين والفيضانات والأعاصير، يبرر القتل الجماعي الذي تحتكره الدولة فيما بعد وهي تشن الحروب! وهذه نغمة واضحة في عديد الأفلام الأمريكي، بل تكاد تكون لازمة توازي تلك الموجة الأولى التي قادها ذات يوم نموذج رامبو السينمائي وهو يتنقّل من مكان إلى مكان مجتاحًا تلك البلدان لإنقاذ العالم من الشّرّ!!

لا تخلو هذه الأفلام أبدًا من هذه الإشارات التي تبدو على المستوى السّطحي لقراءتها مقنعة ومُغرية للكثيرين ليقوموا بارتكاب الجرائم، لأن جرائمهم لا شيء يُذْكَر مقارنة بجرائم الطبيعة وجرائم المؤسسات!! ولذلك، يستعير القاتل في (قتلة بالفطرة) فكرة العِبْرَة، فهو يقتُل، ولكنّه حريص على أن يترك خلْفه شاهدًا على ما حدث ليخبر الناس وينذرهم!! وفي المشهد ما قبل الأخير، حيث، لا يوجد سوى شاهد واحد، هو المرشّح لأن يكون الضحية أيضًا، تعود الكاميرا حاضنةُ الصورة وحافظتها لتكون هي الشّاهدة الأخيرة على مقتل الصحفيّ الذي بنى مجده عليها.

يقول الصحفي لميكي حين يُدرك بأنه سيقتله: ولكنك دائما تترك شخصًا ما ليروي القصة أخيرًا.

فيشير ميكي إلى الكاميرا: أجلْ إنه كاميراتك. ويبدآن بإطلاق النار عليه أمام عدستها.

لقد عاش الصحفي شهوة الشّهرة، كما نَعِم ميكي ومالوري بها، ومات ضحية الصّورة؛ ولا نستطيع هنا أن نتجاوز تلك العبارة التي قالها لميكي كي

يقنعه بإجراء حوار (عميق) معه. قال له: ألديك فكرة عن الشّهرة التي سنحققّها إذا ما واصلْنا هذه اللعبة؟!

لكن السؤال المطروح هنا: ما هي النهاية الطبيعية لمجرمَين قاما بقتل هذه العدد الهائل من البشر، وما وقْعُ هذه الجرائم فيهما وعليهما؟!

طوال الفيلم لا يبديان أيّ حسٍّ بالذّنب، سوى ذلك الذي بقي يؤرّقهما، وهو قيامهما بقتل الهندي الذي آواهما وفتح لهما باب بيته. والإشارة هنا لا تخفى، إذ يحوّل ستون تاريخ القاتلَيْن، أو يسعى ما استطاع، إلى تاريخ لأمريكا نفسها، لكن هذا الرّمز على أهميته يبدو خارج الحالة الأمريكية العامة. وكان يمكن أن تكون حالة الإحساس بالذّنب صادقة لو أنها صدرتْ عن شخصين لا ينتميان لهذه الفئة، لأن سياق الفيلم وسياق التاريخ الأمريكي نفسه ومنطق هذا التاريخ خارج حالة الإحساس بالذّنب فيما يتعلّق بالهندي الأحمر. وإن كنا لا ننسى ما قام به الممثل والمخرج كيفن كوستنر في (يرقص مع الذئاب)، لكن مشكلة فيلم كوستنر أن الذي يلعب دور المُنقذ هو بطل أبيض، على غرار الغالبية العظمى من أفلام السينما الأمريكية، وهذا ما تحدّثتُ به مع ثلاثة شعراء أصدقاء من الهنود الحمر زاروا عمّان مؤخرًا، إذ لم يخفوا خيبتهم من هذا الفيلم، وأبدوا ملاحظات سلبية كثيرة عليه.

أما نهاية (قتلة بالفطرة)، فهي جريئة فعلًا، وبعيدة عن منطق الجريمة والعقاب، فرغم كونهما قد تحوّلا إلى نجمين، إلّا أنهما يتمكّنان من الإفلات من قبضة العدالة!! حيث نراهما في المشهد الأخير في تلك العربة/ البيت يتجوّلان عبر السّهوب الأمريكية وحولهما أطفالهما، ومالوري على وشك إنجاب طفل آخر، في وضع ينبئ عن رفاهية عالية يمكن أن تحلم بها أيّ عائلة، كما لو أن أوليفر ستون أراد بهذا أن يقول للأمريكيين: هؤلاء الذين ترونهم على الشاشة الآن هم نحن.

وبعد..

في واحد من الأفلام الحديثة، تتوقّف النادلة أمام الزبون وقد انعقد لسانها والتصقتْ يداها بصدرها، غير مُصدِّقة أنها تقف، وجهًا لوجه، أمام هذا الرّجل الذي لا تكفُّ محطات التلفزيون عن نشر صورته في واحدة من القضايا الكبرى، باعتباره المشتبه الأول في سلسلة من جرائم القتل التي ارتُكِبَتْ ضد نساء، (يخرج بالكفالة في انتظار المحاكمة).

للحظة تبدو لك دهشة النادلة صدْمةً، وقد وجدتْ أن المسافةَ التي تفصلها عن هذا القاتل الرّهيب لا تتجاوز مترًا واحدًا، لكن المفارقة التي ستهزّنا ستكون انفراج ملامحها فجأة وسؤالها له: هل أنت الذي يبثّون صورتك في محطات التلفزيون فعلًا؟!

- أجل. يرد غير عابئ بشيء.

ووسط دهشته كنجم ودهشتها كجمهور، ودهشتنا كمشاهدين ستسأله بلطف: هل باستطاعتي الحصول على توقيعك؟!

(في موطني):
سياحة كابوسية في أزمنة الحكم العنصريّ

كأن العلاقة التي كانت محرمة في الماضي كان لا بدّ من وجودها في الحاضر؛ هكذا يلتقي لانغستون الصحفيّ الأسود القادم من أمريكا مع آنا مالان الشّاعرة والصحافية البيضاء من مواطني جنوب أفريقيا في قصة حبّ عابرة، تبدو كما لو أنها اعتذار كبير عن خطايا أكبر طحنت جنوب أفريقيا على مدى مئات السنين، حين تحكّمت أقلية أوروبية بيضاء بحياة شعب بأكمله وحوّلت البلد كله إلى مسلخ لا مثيل له.

(في موطني - **In My Country** (2005، هو اسم فيلم المخرج الكبير جون بورمان، ويكفي أن ترى توقيعه على أي فيلم لتتقدّم بجرأة لمشاهدته، وفيلمه الأخير هذا محطة أخرى من محطات هذا السينمائي المخضرم (1933-) الذي قدم عددًا من أبرز الأفلام السينمائية (أمسك بي إن استطعت) 1965، (جحيم في الباسيفيك)، هذا الفيلم الرائع الذي يقوم على شخصيتين فقط، جندي ياباني وآخر أمريكي يخوضان حربهما الخاصة في إحدى الغابات بعد انتهاء الحرب العالمية الثانية، وهو بالتأكيد واحد من التّحف السينمائية النادرة في تاريخ السينما، كما قدّم بورمان بعد ذلك عددًا من الأفلام البارزة أيضًا من بينها: الخلاص، زورادوز، غابة الزّمرد، الأمل والمجد، الجنرال، وكان أخر أفلامه (في موطني) عام 2005 وهو موضوع هذه القراءة.

أما الممثل الأمريكي صموئيل جاكسون الذي يقوم ببطولة هذا الفيلم فقد ظهر كواحد من أبرز الممثلين السّود في السينما الأمريكية، وإن لم تحمل تجربته ذلك الزّخم الذي عبّرت عنه تجربة ممثلين سود آخرين مثل دينزل واشنطن، فورست وتكر، ومورغان فريمان، وقبلهما بزمن سدني بواتيه، فقد ظلت أعمال جاكسون متأرجحة بين سينما التّسلية وسينما تحاول أن تصل إلى مستويات مهمّة، كما حدث في فيلم (نُهير حواء) و (وقت للقتل)، الذي قد يكون لعب فيه أبرز أدواره، وفيلم (غير قابل للكسر) مع المخرج نايت شملان صاحب (الحاسّة السادسة) و (علامات)...

أما الممثلة الفرنسية جولييت بينوشيه فهي واحدة من أبرز النجمات العالميات، وأدوارها الكبيرة لا تحصى، سواء لعبت هذه الأدوار في السينما الفرنسية أو في السينما الأمريكية، ولعلها واحدة من أبرز نجمات ربع القرن الأخير. وقد كان دورها في فيلم (المريض الإنجليزي) واحدًا من الأدوار التي لا تنسى، وكذلك الأمر مع دورها في فيلم (شوكلاه).

***

ينهض فيلم (في موطني) على واقعة حقيقية حين قررت حكومة نيلسون مانديلا، وفي خطوة استثنائية-من أجل إعادة سير الحياة للبلاد من جديد- أن يكون هنالك صفح عن المجرمين من رجال الشّرطة والاستخبارات البيض الذين تورّطوا في تعذيب وقتْل السُّود، إذا ما قام هؤلاء بطلب الصَّفح من الضحية، أو ذويها، في لقاءات عامة يلتقي فيها طرفا المعادلة: تسرد الضّحية حكايتها ويسرد الجاني روايته (بصدق)، وقد تمّ الاستماع في هذه الفترة لشهادات اثنين وعشرين ألف ضحية تقريبًا، وشهادات واعترافات ألف ومائتي رجل شرطة واستخبارات، على رأسهم الكولونيل دي غاغر الأكثر عنفًا وقسوة.

يبدأ الفيلم بلقطات متتالية متقاطعة، لمشاهد الاعتقالات والتعذيب والقمع التي يفصل الواحد منها عن الآخر مشهد طبيعي جميل من مكان آخر

في جنوب أفريقيا؛ في مقابل مشهد العنف ينبسط هناك دائمًا مشهد رائع لسهل أو جبل، جدول أو نهر، كما لو أنّ بورمان يقول، كان من حقّ البشر هنا أن يتمتعوا ويعيشوا جمال بلادهم لا هذا الواقع الكابوسيّ الذي فرضته العنصريّة عليهم.

بعد ذلك، يتحول الفيلم إلى (سياحة كابوسية) بين الحكايات المحزنة والأماكن التي يسكنها الشهود، كما لو أن بورمان، يعود هنا ليجمع مقدمة مشاهد فيلمه مع بعضها البعض بعد أن صورها متناثرة في البداية.

هناك حكايات كثيرة إذن، ولكن لا بدّ من توليفة، أو خيط يربطها لتكون صالحة للتّحول إلى فيلم درامي، وهي حيلة معروفة في السينما والكتابة، وليست جديدة؛ لكن الجديد في هذه مرة هو بسط كل هذه الحالات الخاصة على مدى الفيلم، وتقديمها خارج الوثائقية، في عمل درامي، لا شكّ أن له مذاقًا آخر وتأثيرًا آخر.

يأتي لانغستون (صموئيل جاكسون) من مشهد يشير إلى عائلة تفكّكت، لا يستطيع الأب فيها أن يَعِدَ ابنه (9 سنوات) بأنه سيعود إليه بعد هذه الرّحلة، وتأتي آنا مالان (جوليت بينوشيه) من عائلة بيضاء تفتتح الفيلم بمطاردة لرجلين أسودين حاولا سرقة أبقار العائلة، وتنتهي بقيام زوج آنا بإطلاق النار وإصابة أحدهما في ساقه؛ وعندما يعود إلى البيت ملطّخًا بالدم يقول لآنا: أنا غاضب، إنهم يجبرونني على إطلاق النار عليهم!! أما شقيقها الأحب إليها، والذي يثبت في النهاية أنه كان من مجموعة الكولونيل الأكثر قسوة فيقول ساخرًا وناقمًا: هذا هو زمن اصطياد البيض! لكن آنا نموذج مختلف، فهي الشاعرة المعروفة، الحساسة التي تكتب بقلبها لا بقلمها، الرّقيقة، التي سنراها تنهار مرة تلو أخرى في قاعات استماع الشهادات.

لقاء لانغستون - آنا، محاولة لإعادة الأمور إلى بداياتها، فهو ناقم في الأصل بسبب عذاباته كأفريقي، وهي معذَّبة في تصليح أخطاء غيرها.

بعد استماعهما لإحدى الشهادات تكون آنا هي الوحيدة التي تنهار باكية في القاعة، يسأل لانغستون مرافقَ آنا الأسود: لماذا بكت وهم لم يبكوا (السود). فيقول له: هذا لأننا بكينا كثيرًا في السّابق!

ويسألها لانغستون: أين كانت السّماء حين كان هؤلاء يتعذّبون؟!

فترد آنا بجملة لا تنقصها المرارة ولا السخرية: كانت إلى جانبنا!!

يرحل بنا الفيلم إلى الماضي عبر الشهادات، في الوقت الذي يمضي بنا عبر دروب الحاضر في الحكاية الرّومانسية التي تتفتّح وتحتل الواجهة، مخفِّفة بطريقة أو بأخرى من سطوة الماضي؛ كما لو أن الحكاية اعتذار، وكما لو أنها وسيلة للتطّهر في آن، وكما لو أن إقدام آنا على إقامة علاقة حبّ مع أمريكي من أصول أفريقية، محاولة لإصلاح معادلة كان يمكن أن تُفضي إلى موت أحد طرفيها، أو كليهما لو أنها أقيمت في زمن العنصرية البغيض.

ولعل حكايتهما هنا، هي معادل آخر لواقعية الشهادات وفكرة الصّفح وتجاوز الماضي، بمعنى أن بورمان يتّخذ هنا القرار الذي كان قد اتخذه مانديلا، كي يبدأ الجميع حياة يمكن أن تُحتمل، دافعًا الأمر إلى مداه الطبيعيّ!!

يعود لانغستون إلى زوجته وابنه حاملًا عصا أهداه إياها أحد الأفارقة المعذبين؛ العصا التي كان يدقُّ بها الأرض كلما ذكر اسم واحد من أجداده وهو يذكر اسمه الكامل، ونجد ابن لانغستون يحمل العصا أمام جدّه ويحاول أن يذكر أسماء أولئك الذين جاء من نسلهم بالطّريقة نفسها وسط استحسان الجدّ وابتهاج الأب وابتسامة الأم التي باتت تشعر أن هذه الرحلة قد أعادت إليها زوجها.

يصوِّر بورمان الحكاية كما لو أن مجرد لقاء جسد أبيض بآخر أسود كفيل بترميم الماضي، أو كما لو أنها رمز لزمن آخر جديد في علاقات البشر، وهي بالتأكيد فكرة تبالغ في رومانسيتها رغم إشارتها الدّالة والبليغة وصدق النوايا.

يبدأ الفيلم بعبارة تشير إلى أنه سيكون وفيًّا وصادقًا ما أمكن في تناوله لرحلة العذاب الجنوب أفريقية هذه، وهو يقدم نماذج غاية في الحزن: مريض بالقلب أعتقل وتلقى سبعًا وثلاثين طعنة، بحجة أنه قاوم السجانين! يد طفل وضِعت في إناء زجاجيّ في محلول يحفظها فوق مكتب لمدير شرطة، كان يقول إنها يد قرد! رجل مسن داهموا بيته وحين خرجوا اقتلعوا خمس شجرات زرعها بيديه، وهو لا يكف عن التساؤل: ما الذي فعلته هذه الشجرات كي يقتلعوها؟! طفل قُتِل جميع أهله أمامه، ومن يومها توقّف عن الكلام، وحينما يسمع شهادة القاتل الذي يبكي ويقول إنه لم يعد قادرًا على النّوم لهوْل ما فعله، وأنه مستعد لعمل أي شيء كي يكفر عن ذنبه، ينهض الصغير فجأة ويقترب منه، وفي لحظة نتوقع فيها أن يصفع القاتل نراه يعانقه!! رجل فقد ذكورته لأنهم وصلوها بالكهرباء، وحين يسألون المحقق ألا تعرف نتيجة عمل كهذا؟ فيرد: أنا لست كهربائيًّا، ولم أكن أعرف أن ذلك سيحدث للضحية!

وحين يسأله القاضي: ولو أنك علمت؟

فيرد: كنت سأفقد راتبي إن لم أنفّذ الأوامر!!

وحين يستجوب الكولونيل الذي يعجّ بيته برؤوس الحيوانات الأفريقية المحنطة، يرد: لقد قتلتُ من أجل بلدي، وفي مكان آخر يقول: كلّ شيء عادل في الحرب والحب. وحين يصف عمليات القتل في لقائه الصحفي مع لغنستون يقول: أتريد أن تعرف كيف كان القتْل؟ كان كممارسة الحب مع امرأة للمرة الأولى، في بعض الليالي لا أستطيع الانتظار حتى الصباح، فأخرج لأقتُل!

ويقول شقيق آنا لها حين تواجهه: فعلتُ ذلك من أجلنا، من أجل أن ينام شعبنا بسلام، لوثتُ يدي بالدَّم كي أستطيع النوم!

لكن آنا لا ترى ذلك في علاقتها بنفسها وبلغتها ورؤيتها للحبّ والعنصرية وهي معذبة بماهية اللغة، نفس اللغة، ويحيرها أن هذه اللغة التي تكتب فيها عن الحب والجمال هي اللغة نفسها التي تصدر بها أوامر القتل.

تكتب آنا عقب كل هذا الذي رأته:

يقومون كالأموات في يوم الدّينونة
صوت بعد صوت
قصة بعد قصة
كم كنّا مطيعين عندما جلسنا في المدرسة
وتعلَّمنا درسنا عن ذلك التاريخ المخبأ في الماضي المخجل

**

الشيء الذي لا يستطيع المشاهد أن يستبعده عن مخيلته أثناء مشاهدة هذا الفيلم التفاصيل المروّعة للحكاية الفلسطينية، والتي يراها ماثلة بقوّة في هذه الحكايات، في هؤلاء الضحايا، وفي هؤلاء القتلة الذي لا يكفّون عن تبرير جرائمهم في حالات كثيرة؛ لا لشيء إلّا لأن هذه الجرائم محمية بالقانون، أو ما يمكن أن ندعوه: تشريع الجريمة.

ولعل هذا الفيلم واحد من الدّروس البليغة التي يمكن أن تتأملها السينما الفلسطينية بشكل خاص وسينما العالم الثالث بشكل عام؛ ومصدر بلاغة هذه السينما قدرتها الفائقة على العمل، على، وفي، ما هو يومي ومتاح، ورفْعه إلى مستويات فنية، لا تخدم الذّاكرة الإنسانية فحسب بل تقدّم اقتراحات فنية تعلو بالفن نفسه.

(البلد الجميل):
الحروب لا تنتهي أبدا!!

رحل الأمريكيون عن فيتنام، مخلِّفين إرثًا ثقيلًا لم تستطع الطائرات العمودية التي رحلت على عجل حمْلَه على متنها! إرثًا لا يتعلّق بالعدد الكبير من الجثث الذي ملأ الشوارع، بل بالعدد الكبير من الأحياء الذين أُلقيَ بهم، وكانوا بمثابة المخلفات لهذه الحرب الرهيبة التي عصفت بالبشر والشجر والحجر.

لكن المهزوم الفرح بنجاته، حمل معه أيضًا الكثير من مخلّفات انتصاره الفادحة التي كان يظن أنه حققها، يوم كان يصول متحكمًا بالأرض ومن عليها.

كثيرة هي الأفلام التي تناولت حرب فيتنام، وقد شكَّل بعضها الهجاء الأكبر للسياسة الأمريكية وأمريكا نفسها، وكانت هذه الأفلام ولم تزل شهادات كبرى حققها بعض أهم المخرجين الأمريكيين: كوبريك، ستون، كوبولا. وقد شكّلت هذه الأفلام علامات كبيرة في مسيرة الاحتجاج ومسيرة الفن السابع على السواء.

وبعد سنوات من انتهاء تلك الحرب البشعة، لم تزل ثمار القسوة تنمو، عبر آلاف الأبناء الذين ولدوا لآباء أمريكيين وتم تجاوزهم كما لو أنهم جزء من مشهد الحرب الذي لا يريد أحد أن يتذكّره.

يسلط فيلم (البلد الجميل - The Beautiful Country) 2005، إنتاج أمريكي نرويجي، الضوء على واحد من ثمار تلك الحرب، الشاب (بينه) الذي ولد لأم فيتنامية من سايغون وأب جندي في الجيش الأمريكي. ويتتبّع الفيلم تفاصيل الجحيم الجديد الذي خلّفه الأمريكيون وراءهم، والعذابات الكبرى التي يرزح تحت وطأتها هذا الشاب، بدءًا من رفض المجتمع له باعتباره عنوان مرحلة لا يريد أحد تذكّرها، وانتهاء بمحاولته العثور على جحيمه الخاص كخلاص أخير، عبر بحثه عن أمّه في الرّحلة الصغرى، من القرية إلى سايغون، وبحثه عن أبيه في الرّحلة الكبرى من سايغون إلى تكساس.

لا يصوِّر لنا الفيلم طفولة (بينه)، لكن، ومنذ المشهد الأول الذي نراه، نكتشف فيه شابًّا منكسرًا أمام كلّ شخص أمامه؛ ولذا ليس غريبًا أن تقول له الفتاة (لينغ) التي أحبّته في رحلة المهالك: أنظر إلي. فيرد: إنني أنظر إليك. ولكنه في الحقيقة كان ينظر إلى حذائها لا إلى وجهها، وهذا ما كان يفعله دائمًا مع كلّ مَن يصادفه.

للحظة يبدو لنا حجم انكساره كما لو أنه نوع من الإعاقة، لكننا نعود ونتذكّر مهارته في اصطياد السمك، خفَّته، وقدرته على القيام بأشياء كثيرة بإتقان، كما سيتبين لنا مع تطور الأحداث.

في المسافة التي تفصل (بينه) صاحب النظرة الكسيرة عن والده ستيف صاحب القدم الكبيرة (يقوم بدور الأب نيك نولت) ثمة مساحة هائلة من الرّعب، وليس من المصادفة أن يكون الأب الذي يعثر عليه الابن أخيرًا أعمى؛ وإلا، فكيف يمكن لابن عاش كلّ ذلك الانكسار أن يحدّق في النهاية في عينين مبصرتين؟!!! لقد وجد ذلك الانكسار معادله الموضوعي في عينين مصابتين بالعمى (كعقاب للأب أيضًا)، ولذا كان من الطبيعي أن يحدّق فيهما (بينه) مباشرة، أخيرًا، دون خوف.

لا يصوّر المخرج النرويجي (هانز بيتر مولاند) الجانب المشرق لأيّ شيء، سوى تلك العلاقة الطيبة التي ربطت (بينه) بفتاة صينية وجد نفسه إلى جانبها

في معسكر اعتقال ماليزي للمهاجرين عاثري الحظّ الذين وقعوا في أيدي رجال خفر السواحل لهذا السبب أو ذاك. ويعتبر دور الفتاة واحدًا من أهم الأدوار، حيث تحطّمت أحلامها بالوصول إلى المسارح كفنانة، وحوّلها الاعتقال إلى فتاة تبيع جسدها من أجل الحصول على أبسط شروط العيش في ذلك المعسكر.

تنمو علاقة (بينه) بها في حيز مغلق، لا يتربّص الحراس فيه بالمهاجرين فقط، بل يتربّص فيه المهاجرون بأنفسهم، ويكون (بينه) نفسه معاديًا في نظرته لها، بسبب ما تفعله، لكن علاقة الفتاة بأخيه الصّغير الذي لا يتجاوز عمره السنوات الخمس، تُفصح عن حميمية وأمومة ورحمة غير عادية تسكن قلب هذه الفتاة.

لقد اضطر (بينه) للهرب، خوفًا من اتهامه بجريمة قتل سيدة أرستقراطية فيتنامية متسلطة، وجد نفسه يعمل لديها ماسحًا لأحذية ابنها، ومساعدًا لأمّه التي تعمل خادمة في ذلك البيت الثري؛ ولا يلبث أن يكتشف أن أمّه عرضة لتحرّشات لا تنتهي من ابن السيدة، وأمام عينيه، في حالات كثيرة، لكن حجم الهزيمة الرابض في داخله، لا يتيح له أن يحتجّ أو أن يرفع بصره إلى ما هو أعلى من حذاء السيد المدلل، وهذا ما سيتكرّر فيما بعد حين يصل إلى أمريكا وتتحوّل فتاته إلى بائعة هوى رسمية، وفي كلّ مرة نجده غير قادر على رفع عينيه لمجرد النّظر.

الانكسار إذن هو محصّلة وجوهر هذا التاريخ الثقيل والشخصية المطحونة بكل أنواع الإذلال، ولذا تتحوّل رحلة الحلم المتمثلة في العثور على الأب إلى رحلة للوصول إلى الجحيم، ولا شيء غير ذلك؛ فالأم بقيت وراءه مرشّحة مثالية لاتهامها بجريمة لم ترتكبها بعد وقوع سيدة البيت وموتها على البلاط المبتلّ، والابن الأصغر لها، شقيق (بينه) ذو الحضور الجميل والطاغي يموت على متن السفينة المتوجّهة إلى أمريكا، هذا الابن الذي سيتبين لنا فيما بعد أن والده هو ابن تلك المرأة الأرستقراطية، كما لو أن الأمريكيين وأثرياء سايغون

يقومون بالدّور نفسه: إنجاب أولاد من فتيات عامة الشّعب الفيتنامي وإلقائهم إلى المجهول فاقدي الهوية والمصير. كما أن وصوله بمعجزة إلى السّواحل الأمريكية، يخفي جحيمًا آخر في انتظاره، فالعصابات المنظّمة التي تعمل على تهريب المهاجرين، تعمل على استغلالهم في أرذل المهن كي يوفوا بديونهم المستحقّة عليهم مقابل نقلهم لهذا (البلد الجميل).

إن العثور على الأب، يُضحي هنا معادلًا للعثور على الذّات، لكن (بينه) الجاهل بكل شيء، لا يعرف أن القوانين الأمريكية تعتبره أمريكيًّا، وفي هذا العبث، يواصل العمل أجيرًا في أسوأ الظروف، إلى أن يعرف ذلك مصادفة من عدد من الشباب المقامرين.

يرسم الشّاب لأبيه صورة راعي البقر الجسور الذي يمتطي حصانه ويلوّح بحبل في يده ويلقيه بمهارة حول عنق بقرة هاربة، وتوقد تكساسُ في مخيلته صورًا كثيرة في هذا المجال، لكنه حين يهتدي لأبيه، يجد أنه أمام شخص أكثر انكسارًا، محطّم بسبب فقدان البصر نتيجة انفجار صندوق متفجرات في وجهه، وأن صاحب المزرعة يتحيّن فرصة لطرده، ولم تكن هناك فرصة أفضل من وصول عامل جديد شاب، حتى لو كان فيتناميًّا، لكن الابن يرفض أن يطرد العامل الآخر ويقترح أن يتقاسم معه العيش في المقطورة، وهكذا يصل الابن لأبيه.

الأيام التالية لهما معًا، محاولة للتعرّف على ماضي الأب وأسباب عدم عودته لاصطحاب زوجته وابنه معه (كان قد تزوج الأم في الكنيسة)، لكن هذه الأيام التي تتوالى رتيبة في ذلك البرّ الصّحراويّ الفسيح الموحش، لا تَعِد بشيء يجعل لتلك الرّحلة المميتة طعمًا أو معنى، فالشيء الوحيد الذي نحسّ به أن علاقة طيبة تنمو ببطء، تحكمها الضّرورة من قبل الأب الذي وجد في النهاية شخصًا ما، أي شخص، إلى جانبه، ويحكمها الاختيار الذي تحوّل إلى قدر، لأن ذلك الشاب لا يملك حرية العودة إلى الوراء، لأنه لا يملك أي شيء خلفه.

قدران بائسان على حوافّ الصّحراء، يؤنس الواحد منهما وحدة الآخر، ولا شيء أمامها يعد ببلد جميل أو نهاية جميلة، كما لو أن كلا منهما قد عثر على يأسه أخيرًا، يأسه الذي لا يملك شيئًا سواه، ولذا انزرع إلى جانبه متشبثًا به باستماتة.

بقي الإشارة هنا إلى أن الشخصيات الرئيسة كلّها غير أمريكية باستثناء الدّورين القصيرين المؤثّرين للمثل نك نولت (الأب)، والممثل تيم روث الذي قام بدور قبطان سفينة الهجرة.

فيلم (البلد الجميل)فيلم مؤثر حقًا، وهو مرافعة عميقة ضد القسوة والعنف والتحلّل من المسؤولية، وهو شهادة حيّة على أن الحروب لا تنتهي لمجرد وقف إطلاق النار، شهادة حية على أن الحروب التي تبدأ لا تنتهي أبدًا!!

(أنت المُراد!):
التّصالح مع الحاضر.. التصالح مع الماضي

تنتهي من مشاهدة بعض الأفلام دون أن تدرك أحيانا الأهمية الحقيقية للفيلم، لكنك تكتشف بعد حين أن الفيلم يعود إليك ويسكنك ويحتلّ المساحة الأوسع من تفكيرك، كما لو أن مشاهدتك له كانت أشبه ما تكون ببذرة ألقيت في أرض روحك، ثم فجأة راحت تنمو وتكبر، مشكِّلَة شجرة كبيرة في داخلك.

مثل هذه الأفلام تجعلك لزمن غير قادر على مشاهدة أفلام أخرى، لأنك تحسّ بحاجتك لأن تتشبّع بها أكثر فأكثر، بما رأيت، وبما سمعت، وبما أحسست؛ بذلك المذاق الفريد الذي حظيتَ به وتريد الاحتفاظ به لأطول مدّة ممكنة.

يفاجئك فيلم (أنت المُراد) أو (You're the One) 2000، للمخرج الإسباني (خوسية لويس غارسيا) ببساطته، لكنها البساطة المخادعة، التي تجعلك تتساءل: هل يستحق الفيلم ثلاث عشرة جائزة، من بينها 5 من جوائز (غويا) و 25 جائزة أخرى رُشِّح لها؟!! في عديد المهرجانات العالمية.

إنه رقم هائل بالتأكيد لا يستطيع فيلم ما الظفر به بسهولة.

ولذلك تمضي لتتساءل: لماذا؟ وفي الوقت نفسه يبدأ الفيلم بالإجابة على سؤالك باستحواذه عليك تدريجيًّا.

***

بعض الأفلام لا يمكن أن ندرك أهميتها الفعلية إلا إذا ما أدركنا خلفيتها التاريخية، حيث تتحرّك الأحداث؛ ولعل هذا الفيلم هو نموذج لسينما إسبانية متألّقة عالجت في العديد من الأعمال السينمائية الحرب الأهلية الإسبانية ومخلَّفات التّمزّق الذي تركته في الوعي واللاوعي، وفي الحياة اليومية للبشر ومصائرهم، ويعتبر فيلم (الصَّيد) للمخرج كارلوس ساورا، الذي أُنتج في منتصف الستينات من القرن الماضي، واحدًا من أبرز الأفلام التي صُوِّرت هذه الظلال القاسية.

يوجه فيلم الصّيد إدانة مميزة للرّوح الإسبانية الفاشية التي حكمت ذات يوم: ثلاثة رجال في منتصف العمر ومعهم فتى يذهبون في رحلة لصيد الأرانب، ويأخذون معهم كلّ ما يلزمهم ليكون الصيد ناجحًا، بنادقهم وثرثراتهم المتقاطعة مع الوضع العام القائم - يعاونهم أحد الحيوانات الذي يتمّ إطلاقه عبر جحور الأرانب وفي رقبته جرس، حتى يُفزعها ويضطرّها للخروج- وهنا تبدأ حفلة الصيد التي تتصاعد دمويتها بتسارع مرعب.

من بين ثرثراتهم، التي تبدو كمنولوج جماعي طويل، يطلُّ الشعور بالأسف والمرارة والغيرة، لكن المشاعر في الحقيقة أعمق من ذلك، فهي غير محددة، ومع تقدّم الفيلم يصبح الشّعور بالذَّنب هو المسيطر أكثر فأكثر، فالمكان الذي يختاره ساورا ساحة لصيدهم هو ساحةُ واحدةٍ من معارك الحرب الاسبانية، التي يبدو أنهم كانوا ممن خاضوها، وما زال الموقع يحتوي على بعض بقايا الجثث؛ ويظهر أثر الحرب أمامهم قائمًا لأن نصف الأرانب التي قتلوها كانت مريضة، وهكذا كلّما ازدادت حرارة الشمس أصبح تحديق الكاميرا فيهم أكثر شراسة بحيث يكاد يحرق جلودهم وهم يتقلّبون في ماضيهم.

يشير دليل الأفلام لعام 97 الصادر عن دار بنغوين إلى أن التلميحات الجنسية المحمومة التي يحفل بها (الصيد) تحيل إلى القمع السياسي، ثم ما تلبث أن تنقلب إلى حالات عنف وشعور يُنذر بأنهم ذاهبون لتدمير ذواتهم.

تظل هذه الأحاسيس تتصاعد في الدّاخل إلى أن تنفجر في لحظة غير عادية، فتستدير بنادقهم بعيدًا عن الأرانب المذعورة باتجاه أنفسهم ويبدأون بإطلاق النار على بعضهم البعض، حيث يموت الجميع، باستثناء الفتى الذي يرافقهم لا للصيد، بل للعناية بطعامهم وشرابهم. ويمكن لمن يُشاهد هذا الفيلم، رغم مرور كل هذه السنوات على إنتاجه، أن يلحظ مدى براعة ساورا، ومدى شراسته وهو يقدِّم فيلمًا صادمًا يحاول برؤيته إعادة ترتيب الماضي الإسباني. ولعل أحد أسباب فرادة هذا الفيلم تكمن في الكراهية الواضحة التي يبديها تجاه شخصياته، إذ من النادر أن يحمل فيلم مثل هذا الإحساس وبمثل هذه القوّة.

يأتي فيلم (أنت المُراد) ليقف على الجانب الآخر من رؤيا ساورا، حيث العطف الواضح على الشخصيات؛ وبدل أن تنتهي الحفلة كما انتهت هناك بمشهد الصيد الجهنمي لأنفسهم كوسيلة للخلاص من إرث لا يمكن للرّوح أن تحمله للأبد، تنتهي الأمور في هذا الفيلم، الذي أنتج بعد خمس وثلاثين سنة، هادئة وهي تسعى لتصالح البشر مع أنفسهم ومع خساراتهم وآمالهم. ولعلّ هذا الوجود الكثيف للشخصيات النسائية الثلاث التي تحتلّ الواجهة، ووجود ذلك الطفل الذكيّ اللامع (خوانيتو) ساهم إلى حدٍّ بعيد في تقديم شخصيات تبحث عن خلاصها بتصالحها مع بعضها البعض أكثر من سعيها لتصفية الحسابات. ولأن كلّ هذه الشخصيات ضحايا لواقع لم يكن لها يد فيه، واقع لم يورثها سوى الأسى، يتحوّل الفيلم إلى مساحة لحنو الضّحية على الضحية والتخفيف من آلامها، رغم أن الخلفية التي شكّلت عالمها هي خلفية التناحر والتصفيات والقتل.

يبدو الفيلم محاولة للبحث عن الخلاص والخروج للعالم مرة ثانية بعيدًا عن إرث الدم.

إلى بيتها الريفي، في نهايات الأربعينات، تصل (خوليا) المنهارة التي درست في اسبانيا، سويسرا، إنجلترا وتطمح لأن تكون كاتبة، بعد فشلها التّام في معالجة تمزقاتها النفسية بسبب موت حبيبها الفنان في سجون الحكم الفاشي، في الوقت الذي تعيش فيه القرية التي تضمّ هذا البيت في عزلة تامّة عن العالم.

وفي بيت سكنته ذات يوم كطفلة - سيِّدة، تحلّ أشبه بضيفة على (بيلارا) وابنها (خوانيتو) وحماتها الحكيمة الذكية (تيّا غالا) التي تدير شؤون هذا البيت الريفي منذ زمن بعيد. إنها في بيتها الذي تملكه أجل، ولكنها في الحقيقة غير ذلك، لأنها تأتي بحسّ من فقد الدّنيا بأكملها. ولذا، فأن يكون البيت واحدًا من أملاكها لا يعني لها أيّ شيء أبدًا. لقد جاءت إلى هنا لتُعيد ترتيب نفسها لا لتزهو بما تملكه. ولكن الشيء الأهمّ الذي يحدث أنها تعيد ترتيب ماضيها مع أم الطفل التي كانت بعمرها ذات يوم، وكبرت وتزوَّجت في البيت نفسه وأنجبت طفلها وفقدت زوجها أيضًا. ولكن على الجبهة الأخرى من الصراع، فالزوج كان جنديًّا وقد اختفى منذ ثلاث سنوات بعد مهاجمة الثوار للقرية بحثًا عنه.

تبدو معادلة الصراع مقلوبة هنا، (الفقيرة زوجها جندي، والغنية حبيبها ثوري) ولعلّ هذا ما يقدِّمه الفيلم بجرأة بعيدًا عن ذلك التبسيط الذي يوزِّع الحياة بين لونين: أبيض وأسود، ويمنح كلّ فئة لونها الأبديّ الذي تظلّ محتفظة به!

لكن وجود (خوليا) في قرية لا يخرج منها أحد إلا ويختفي ولا يولد فيها أحد إلا ليستقر فيها إلى ما لا نهاية، أمرٌ يشعل الكثير من الخيالات ويوقد الكثير من الآمال، ويمنح الحياة نكهة خاصة، باعتبارها الأمر المدهش الجديد الطارئ.

تحلم القرية كلّها بالسفر، الأستاذ يشحذ خيال تلاميذه داعيًا إياهم للخروج لرؤية العالم، لكنه في الحقيقة عاش وهرِمَ وفقد الأمل في العثور على ما يجعله يحس بالحياة، فلا امرأة تحبه ولا أحد يعيره الاهتمام المطلوب! وهو يعاني من وطأة شعور عارم بأنه غير مرئي، إنه يؤدّي وظيفة لا بدّ من أن يؤديها أحد ما، ولذلك يتحوّل إلى شيء، أو إلى شجرة تخضرُّ وتصفرُّ وتمرُّ عليها الفصول دون أن يعيرها أحد نظرة اهتمام. وخارج المدرسة، يحلم الجميع بالسفر كشهوة عامة عارمة، ولكنهم في النهاية لا يجدون وسيلة سفر سوى ذلك المكان المظلم الذي تُعرَض فيه الأفلام.

السينما هي السفر، هي التنقّل من مكان إلى مكان، هي التعرّف إلى البشر واللغات والشوارع والمدن والبحار والمحيطات والمعارك وحكايات الحب، هذا ما تعبِّر عنه (أم الصغير) وهي تتحدّث لخوليا عن السينما.

لكن خوليا التي كان يمكن أن تسافر إلى أي مكان، وهي تستطيع، لا تجد أفضل من المكان الذي عاشت فيه طفولتها ملجأً؛ وهكذا، تبدأ علاقتها بالنمو تدريجيًا مع الطفل الذي التهبت خيالاته بسببها كامرأة. كما تتفتح علاقتها مع أمه بشكل خاص، وهما تستعيدان معًا ذكريات مشتركة وتنقّبان في البيت عن الألعاب القديمة كما تنقّبان عن الذّكريات الحميمة التي كانت محكومة بالوضع الاجتماعي لخوليا صاحبة البيت، وبيلارا التي لم تكن أكثر من فتاة قروية.

لكن خوليا، التي تَظهر لنا طوال مشاهد الفيلم بلا أي صديقة يمكن أن تلجأ إليها، تبحث في الحقيقة عن صداقة لم تكتمل، في الماضي، بسبب الفارق الطبقي؛ ولذا تعمل ما استطاعت خلال وجودها في البيت الريفي على تقريب بيلارا إليها، بل وتجعلها تلبس واحدًا من ثيابها وتسرِّح لها شعرها وتدعوها لمشاركتها التّدخين من سيجارتها.

تدخِّن بيلارا التي أدّت دورًا فاتنا حقًّا، وانقلبت في هذا المشهد الحميم إلى امرأة أخرى، وحين تسألها خوليا كيف تستطيعين التّدخين بهذا الطريقة الأخّاذة؟! تردّ بيلارا: لأنني أرى ذلك كله في السينما!

في مساحة الفقد التي تغمر المرأتين، يبدأ تصالح لا مع الماضي فحسب، بل مع الحاضر أيضًا، فكلٌّ واحدة منهما ضحية للطّرف المقابل الذي يمثله الرّجلان الغائبان، الذي مات في السجن، والذي تشير الأمور إلى أنه مات.

من هنا تتسع رؤية الفيلم، ليشير إلى إسبانيا ممزقة لا بدّ من أن تعود للملمة جراحاتها، والبدء من جديد. ولعل الفيلم هنا رسالة تتجاوز الحالة الإسبانية لتصيب اليوم كثيرًا من البؤر في العالم التي باتت رهينة الكراهية المتبادلة بين الفِرق والطوائف والأعراق، لأن كل الأطراف حتما ستكون خاسرة في حروب من هذا النوع.

وكما في فيلم ساورا، يحدث الأمر نفسه في فيلم (لويس غارسيا) حيث يُضاء الفيلم بوجود ذلك الطفل اللامع الذكيّ الذي استطاع بمثابرته أن يصل إلى مرحلة تؤهّله أن يغادر القرية لتأدية امتحان متقدِّم، النجاح فيه يعني بداية فتْح آفاق جديدة.

ليست مصادفة إذن أن يرافق الطفل في رحلته هذه، معلِّمُه وخوليا، بما يعنيه ذلك من تحوّل الطفل إلى أمل مشترك.

عبر رحلتها في سيارتها، وفي فيلم صوّره المخرج بالأبيض والأسود، كعادته في تصوير أفلامه، نستعيد تفاصيل الحكاية كلّها، ونستعيد أزمنة التحوّل التي انبثقت منها إسبانيا أخرى.

وحين ترحل خوليا تخلِّف جراحًا في نفس الصغير، كما في نفس معلِّمه؛ لقد أصبح الاثنان رهينَي حبّها. وفي مشهد يجمع المعلم بتلميذه على شاطئ البحر، يقول المعلم: يكفي أنك أحببت وتذوّقت هذا الإحساس الذي يتمنّى كثيرون أن يعرفوه في حياتهم ولو لمرّة واحدة. فأن تفقد وأنت تحبّ، ويبادلك

من تحبه المشاعر نفسها، خير ألف مرة من أن تفقد وأنت تكره ويبادلك الآخر الكراهية.

.. وفي الحقيقة، يبدو أن الفقراء أقلّ مأساوية هنا وهم يفقِدون، كما لو أنَّ الفقدان جزء أساس من حياتهم، في حين أن امرأة كخوليا غير معتادة على الخسارة، بدتْ في وضع مأساوي لا يرممه سوى ما عاشته من براءة الذكريات.

في لحظة فاصلة بين زمنين يتحرّك هذا الفيلم، لكنه في الآن نفسه استعادة للماضي بكل ما فيه، كما لو أن التصالح مع الحاضر ما هو في الحقيقة إلا التصالح مع الماضي.

مصير قاتم

(ذكاء اصطناعي):
أحــلام الآليين

حتى المستقبل.. لم يعد كما كان!

فليري

عمل الإنسان طوال وجوده على هذه الأرض على ترويض الطبيعة دون هوادة، وجاء عديد محاولاته هذه في النهاية بنتائج لم يكن يتصوّرها، وبسرعة لم يكن يتصوّرها أيضًا، إذ انتصبتْ بعض اكتشافاته لغزًا محيّرًا أمام العين التي تراها؛ وكان بعض هذه الاكتشافات على درجة من السّرعة إلى حدّ لم يستطع العقل البشريّ إلّا أن يقف مشدوها غير مصدّق أمامها.

وإذا كانت الاكتشافات تُدشّن كلّ مفصل زمني من مفاصل حياة البشر بثورة ما، كأن يكون اكتشاف النار في زمن، أو المحراث في زمن آخر، أو اختراع العجلة أو المنجنيق أو البارود في أزمنة تالية؛ فإن ذلك، على أهمّيته العظمى، يبدو متواضعًا أمام الاختراعات والاكتشافات الجديدة التي تطلّ علينا الصّحف حاملة أنباءها كلّ صباح.

لقد غدا التّسارع حولنا مجنونًا، إلى حدٍّ يبدو الإنسان نفسه، الذي يُحدث هذا التسارع، ويزيد من وتيرته، مُسمَّرًا مكانه في حالات كثيرة، وفي بقاع أكثر على وجه هذه المعمورة، التي لم تزل (معمورة) حتى الآن!

لكن الشيء الذي لا نستطيع أن ننفيه، هو أن هذا الاندفاع يتقدّم بلا حدود، بحيث لم تعد العين المجرّدة قادرة على رصد حركته لفرط اندفاعه؛ هذا الجنون الذي يطال بهبوبه كلّ شيء، ويعصف بكل شيء، بشكل الحياة وتفتُّحها وماهيتها، وأخلاقية البشر أمام القوّة الجديدة، قوّة العلم التي تنفرد بصنع شكل الحياة وأفقها المقبل على هذا الكوكب الصغير المسكين، الذي يبدو الآن تحت رحمة، لا الطبيعة وحدها، لفرط ما أفسدها الإنسان، وشوّه حواسّها، من حواس الشمس إلى حواس الجليد، إلى حواس الرّيح والغابات! بل تحت رحمة كائن لا يلبّي سوى نداء غروره، ليعيد تشكيل الحياة على هواه، غير عابئ بشيء - وفيلم (ذكاء اصطناعي - Artificial Intelligence) 2001، لسبيلبيرغ، مثال متقدّم في حواره مع هذه الحالة - وحين تحقّق لهذا الكائن بعض مما أراد، أو كثير منه، نراه الآن ينعطف باتجاه ذاته، أي باتجاه الإنسان نفسه، حالما بسوبرمان جديد، بإنسان مُحَسَّن، كما أوجد القطن المحسَّن، والشَّعير المحسّن والقمح المحسّن والطماطم المحسَّنة.

الآن ينظر حوله فيبتسم للنتائج المتحقِّقة، وينظر لنفسه في المرآة فيكتشف أنه آن الأوان لإدخال هذا (التحسين) على ذاته.

البروفيسور كيفن ورويك، دخل تجربة غير عادية مؤخرًا، إذ لم يعد مكتفيا بكونه إنسانًا، فقام بزرع كمبيوتر صغير للغاية في قناة العصب الرّئيس في ذراعه، ويهدف من خلال هذه الخطوة إلى ربط نفسه مباشرة بشبكة الإنترنت، وتطوير حواسَّ جديدة؛ ويتوقع أن يتمكّن من تكرار التجربة على زوجته، وعندها، وعلى حدِّ قوله، سيخطو النّوع البشري خطوة مهمّة باتجاه تطوّره في المستقبل البعيد.

ولكيفن حجَّة يدافع عنها، تتمثّل في أن الروبوتات والكائنات الآلية بمختلف أنواعها، يجري تطويرها إلى درجة قد يغدو التّحكم بها أمرًا مستحيلًا، وسنصل إلى ذلك اليوم الذي تصبح فيه هذه الروبوتات تتصرّف بمحض (إرادتها) وتحمي نفسها (منّا)، بل يبلغ به الأمر حدًّا لأن يقول: إننا

قد نصبح حيوانات أليفة لها أو عبيدًا. ولذا، لا يرى بوجود مستقبل للإنسان في واقع كهذا.

نظرية كيفن هذه، تبدو رسالة نبيلة، لو كانت تهدف للحدّ من جموح الجنون التكنولوجيّ، الذي لن يوقفه شيء بالتأكيد! لكنها ليست كذلك، لأنها تخترع جموحًا أكثر جنونًا، فبدل أن يكون الروبوت خارجك، هكذا سيكون داخلك، كما لو أن الجسد البشري سيكون سجن هذه الكائنات الآلية، وقفص الصدر هو القضبان التي تحول دون تمرد هذه الآلات عليه!!

(إن علينا اكتساب أفضل ما في هذه الروبوتات من ذكاء، وعلينا بناء ذلك في أجسامنا، وأسوأ شيء هو تجاهل هذه التكنولوجيا، والأمل بابتعادها عنا وعدم إيذائها لنا، فالمستقبل يداهمنا سواء أردنا ذلك أم لم نُرد.) يقول كيفن، ويضيف:)عندما نتّصل جميعًا كبشر بالآلات ونندمج بها، فلن يكون هناك (أنا) بل (نحن) وسنتشارك جميعًا في ذكائنا وإدراكنا، وسيكون هناك نوع من الإدراك المتعدِّد! تصوَّر أن تكون لديك القدرة على رؤية العالم وأنت تمتلك الأشعة السينية و..)

طبعًا، لا تبدو أطروحات كيفن بعيدة عن مدى تحكُّم التكنولوجيا بحياتنا المعاصرة، فمئات الخدمات اليوم تقدِّمها التكنولوجيا مباشرة لنا، شَعرنا بذلك أم لم نشعر. والتسارع كما أشرنا يزداد ضراوة، وفي زمن لا ضوابط أخلاقية فيه أو له ولا روادع من أي نوع، نبدو كما لو أننا نقف في صف طويل للغاية كبشر طائعين، مستسلمين في انتظار لحظة إعدام إنسانيتا. فما يفكِّر فيه كيفن مبتهجًا الآن، ومعتقدًا أنه الحلّ، وهو يذكِّرنا، دون أن يدري، بذلك الدّرس القديم الذي تركته طروادة وصيةً لنا، ونعني حصانها. فالسيد كيفن، تبرع بنفسه بتكرار التجربة حين قرر أن لا ضرورة لوجود أعداء يخترعون حصانًا لطروادة الجسم البشري، لأن صاحب هذا الجسم سيُدْخِلُ الحصانَ وما فيه بنفسه إلى القلعة الأخيرة.

يمكننا أن نطل على بعض الآراء والرؤى المتعلقة (بالذكاء الاصطناعي) أيضًا، في الحياة اليومية لإنساننا على حافة قرن مضى وقرن يخطو ببطء حاملًا ما يفوق خيالنا، ولعله قريبًا، سيفوق خيال خيالنا.

فقبل ظهور فيلم (ذكاء اصطناعي) بعامين، أعدَّت جريدة لو فيغارو الفرنسية مِلفًّا نشرته (النهار البيروتية) تحدّث فيه عدد من المثقفين في هذا الموضوع تحت عنوان: (هل ينبغي أن يخشى الفكر الإنساني الذكاء الاصطناعي)، ربط بعضهم الموضوع بفكرة وجود الكمبيوتر مثل رولان مورينو الذي قال: لا أعتقد أن الكمبيوتر مهما يكن جبارًا يسعه أن يحلّ لغز الفكر، الفكر شيء متعدِّد البُعد.. فالدّماغ يفعل ما يشاء، يَعْقِدُ الصِّلة مباشرة بين كلّ مفهوم وتصوّر وانفعال وفق سلسلة من المعطيات تخصّه. أما الاختصاصي في الذكاء الاصطناعي والعلوم الإدراكية جان غابرييل غاناشيا فيرى أن الخطر الحقيقيّ في الذكاء الاصطناعي يكمن في أنه يدفع الإنسان إلى الاستقالة من وظائفه الفكرية.

في حين يقترب الباحث ألان فرينكلكراوت من الموضوع ملامسًا النقطة التي تهمّنا عندما يقول: تعبير الذّكاء الاصطناعي يحمل بذاته أو يكشف بالأحرى عن مفهوم منحطٍّ ومقلق حول الذكاء.. المهم هو قوّة الانفعال، الرابط الغامض والسِّري، الذي بين الفكر والإحساس. في وقت يعلن فيه إيف كوبنر الأستاذ الجامعي باطمئنان: إني واثق أن لا داعي للخوف، لا راهنًا ولا مستقبلًا، هذا الخوف ناتج عن الحنين. حين ظهرت الآلة الحاسبة الصغيرة، كان ردّ الفعل ذاته، وقيل إنه سيجعل دماغ الأولاد يعتاد الكسل. كل ذلك كان مزاحًا.. لنا موعد بعد عشرين عامًا، كلّ هذا سوف يكون مستوعَبًا، والحنين سوف ينتقل إلى أشياء أخرى. ويذهب دومنيك فولتون إلى الفيلم مباشرة، إلى ذلك الطبيب الذي أدّى دوره وليم هارت، الطبيب المشرف على الموضوع، وهو يلتقي مع ما يسعى لتحقيقه البروفيسور كيفن ووريك: ترتيب اللقاء بين الآلة والإنسان. يقول فولتون: التفكير الأساسي ينبغي أن

يقاد نحو اللقاء بين الإنسان والآلة، من وجهة النظر الإدراكية والسيكولوجية والانفعالية. الرّهان يقوم على أن نجعل الآلة إنسانية، لا أن يصبح الإنسان آلة لاعتقادنا أنه بذلك أكثر عقلانية.

أما إذا ما عدْنا للأدب، شقيق الفراشة والعصفور والدفء الإنساني، فإنه لا يتلعثم، إنه يواصل إيمانه بموقفه من الحياة، وكونها حياة فعلية، يواصل إيمانه بالرّوح، حتى بعد أن هُزِم قليلًا على جبهة القلب، حين تمكَّن العلماء من اختراع قلب اصطناعي وتركيبه داخل الصَّدر، أو استبداله بقلب آخر!!

لكن حكاية كيفن، تبقى الحكاية المثيرة، لأنها التّطبيق العملي، وتلخيص لحكاية العلم، وجنون كثير من العلماء، الذي ما إن تندلع ناره، حتى يتحوّل إطفاؤها إلى مهمة مستحيلة، فنوبل الذي اخترع البارود ذات يوم، لن يستطيع أن يبرئ نفسه مما أحاق بالبشرية من ويلات اختراعه، حتى وهو يمنح أعداء اختراعه الجوائز، حين يحفِّزهم لاختراع ما هو صالح للإنسانية؛ تمامًا كالقائد الذي يقتل نصف شعبه أو حتى طفلًا واحدًا بيديه قبل أن يحقّق النصر على أعدائه، والذي لا يمكن أن تنتزع عنه صفة القاتل، ضمن منطق العدل، لتمنحه صفة البطل المنتصر.

بعيدًا عن العلم، يستعيد الإنسان أخلاقيات الأدب، الذي يبدو وكأنه جرس الإنذار، هذا الأدب الذي تسرّب كثير منه إلى السينما، ليتحوّل من حال إلى حال، فبعد أن كنا نتخيّله، أصبحنا نراه.

لكننا لا ننسى، كما أشرنا، أن فكرة كيفن عن إدخال التكنولوجيا إلى داخل الجسد، لإعلان زواج المعدن باللحم، ليست جديدة، فقد وجدت وجوهها الخيّرة في الطب بشكل حافظ على استمرار الحياة، حين كان العلم يتقدّم باقتراح ميكانيكي بديل لعضو بشريّ تالف، أو يسند قامة لم يعد هيكلها العظمي قادرًا على أن يمنحها الوقوف، وقد تهالك في موضع أو مواضع كثيرة. إلا أن فكرة كيفن، أو مشروعه، يجعلنا نستعيد فيلمًا باهرا هو (غزاة الجسد) الذي قدمته السينما ثلاث مرات، حيث كان قُدِّمَ للمرة الأولى في العام

1945 من إخراج روبرت وايز، عن قصة لـ (روبرت ستفينسون) كتبت في القرن التاسع عشر: أما النسخة الثانية، فقدمها فيليب كوفمان في فيلم أخّاذ العام 1978، وقدمها آبيل فيرارا العام 1993. وتدور الحكاية حول كائنات تنتهز فرصة نوم البشر للتّسلل إلى أجسامهم واحتلال هذه الأجسام، بحيث يموت سكان هذه الأجسام (الأصليون) ويتصرّف الغزاة كما لو أنهم هم أولئك السكان.

الفيلم رؤية مرعبة، وهجاء غير عادي للغَفْلَة، والاستسلام للنوم، حتى وهو مظهر من مظاهر حياة الإنسان! ويكون في نهاية الفيلم على شخصين أن يقاوما النّوم كي لا يتمكّن الغزاة من احتلال كل البشر.

ثمة جملة يهمس بها أحد المطارِدين ممن احتلُت أجسامُهم لزميله، أثناء محاولتهم الإمساك بالرجل الأخير الباقي على قيد الصحو في فيلم كوفمان (أتركه، لن يظلّ مستيقظا إلى الأبد). أما في فيلم فيرارا فتبدو الأمور أقلّ سوداوية، لكنها أكثر ميلًا للحلول السينمائية، حين ينقضّ البطل وصاحبته على معسكرات الجيش التي تمّ احتلالُ ضباطها وجنودها من قبل الكائنات الغريبة في حلٍّ أمريكيّ نموذجيّ!! بطائرة عمودية تمزّق المعسكر تمزيقًا. وإن كان ثمة إشارة جيدة في فيلم فيرارا فهي تلك التي يؤكّد فيها على أن الجيش، بما يعنيه من قوّة، سيحتَل كلّ شيء، ولعلها كانت صرخة التحذير الصائبة من القوّة المتصاعدة للعسكر في هذا العالم، وخصوصًا أمريكا. في حين أن فيلم كوفمان كان يقدّم رؤيته الأوسع، حيث يتحوّل الجهاز المدني والأمني بأكمله إلى مخلوقات غريبة، وتدعو مكبرات الصوت الناسَ للتوجّه إلى مبنى البلدية للنوم، مما يدفع صبيًّا صغيرًا في طريقه (للمنومة) للقول: لماذا عليّ أن أنام الآن.. وأنا لست متعبًا.

الآن بعد كل ما حدث في العالم يمكننا القول إن كوفمان وفيرارا كانا على حق، وقبلهما بكثير ستيفنسون، بالطبع..

وكما لا تشكل رؤى كيفن بداية كلّ شيء في مضمارها، رغم أنها واحدة من الاندفاعات نحو الحدّ الأقصى راهنًا، لا يشكل فيلم (ذكاء اصطناعي) البداية الأولى، وإن كان، بمثابة صرخة رعب أمام رؤى ذاهبة نحو تحقّقها بتصميم يتجاوز مشاعر البشر وأخلاقهم، ماضية نحو الهوّة، الهوَّة التي صرخ الأدب دائما: إنها هناك أمامنا، دون أن نُعيرَ صرختَه أيّ اهتمام.

فرانكشتاين:

في عام 1931 قدّم المخرج السينمائي جيمس ويل فيلما بعنوان (فرانكشتاين)، قام ببطولته بوريس كارلو؛ وبين فيلم ويل ذاك، واليوم، أفلام كثيرة استندت إلى رواية ماري شيلي، من بينها (فرانكشتاين يقابل الرجل الذئب) لروي وليم نيل عام 1943. وما لبث المخرج تيرنس فيشر أن قدّم ثلاثة أفلام حول هذه الشخصية: (فرانكشتاين والمرأة المخلوقة) عام 1966، (ولابدّ من تدمير فرانكشتاين) عام 1969، و (فرانكشتاين ووحش الجحيم) عام 1973. ثم جاء فيلم (القصّة الحقيقية لفرانكشتاين) للمخرج جاك سمايت في العام ذاته. وفي عام 1985 قدم المخرج جيمس وال (عروس فرانكشتاين). وقدم المخرج والممثل البريطاني كينيث براناغ عام 1995 فيلم (فرانكشتاين حسب ماري شيلي)، من بطولة روبرت دي نيرو. وأتيح للفيلم الأخير بشكل خاص إمكانيات كبيرة على المستوى التّقني لم تكن قد أتيحت لأفلام سابقة. وقد أراد براناغ تقديم رؤية تعيد الاعتبار لهذه الشخصية الشائكة، بعيدًا عن النظرة التقليديّة إليها كشخصية شريرة مخيفة ليس إلا؛ حيث يسرد الفيلم حكاية طبيب شاب، تموت أمه أثناء ولادة شقيق له، فيصمّم أن ينتصر على الموت: يبدأ العمل على جثث كثيرة، مستفيدًا من أعضائها بهدف بناء كائن حيٍّ كامل؛ وحين يتمُّ له الأمر، يأتي هذا الكائن مخيفًا. لكن ما يسبق الوصول إلى هذه النقطة بشكل خاص، وما يليها بشكل أخص، هو أهمّ ما في هذا الفيلم.

يقول براناغ في سنة إطلاق عمله: هذا الفيلم مختلف عن أفلام سابقة تحدّثت عن فرانكشتاين منذ ستين عامًا؛ ففكرة ابتداع الحياة كانت تبدو في ذلك الماضي خيالية، بعيدة عن التحقق. ولكننا اليوم نعيش في عصر وجود قلوب من البلاستيك، عصر نختار فيه جنس الجنين؛ ولم يعد المشاهد بحاجة لكثير من الجهد في التخيُّل ليصدِّق. اليوم، لم يعد وجود المسخ هو المشكلة المطروحة ولكن المشكلة في المأزق الأخلاقيّ.

وقد كان من الطبيعي أن يجد (الكائن الجديد) نفسه في غربة كاملة بعد أن استيقظ حيًّا.

ثمة حوار في هذا الفيلم ليس ببعيد عن حوار دار في فيلم (ذكاء اصطناعي) كما سيتبين لنا؛ فالقضية التي وجد الطبيب نفسه أمامها: لقد أوجدْتَ الكائنَ، ولكن ما الذي تفعله به؟! ما مصيره؟!

في حين، تبدو قضية الكائن ذاته في فيلم براناغ، أنه لا يريد أكثر من إنسان واحد يحبه. فهو يصرخ: ماذا عن روحي، ألديَّ روح؟! من هم الذين أتكوَّنُ منهم؟! أخيار أم أشرار؟!

فيرد الطبيب: موادّ.. موادّ ليس إلّا!!

: هناك شيء واحد - يقول الكائن - أريد صديقًا، رفيقًا، أنثى مثلي لا تكرهني. ببساطة أريد مخلوقًا واحدًا، وسأسالم الجميع. لديّ في داخلي الحبّ، أنت لن تصدّق!

يعمل الفيلم هنا على إعادة الاعتبار لهذه الشخصية التي رُسمت في ذهن العالم شريرة، مخيفة؛ لكنها الشخصية المشرّدة التي يفرّ منها الجميع، ولا تنجح عبر الفيلم كلّه إلا بإقامة علاقة قصيرة مع عجوز أعمى!!

حينما نشاهد الفيلم، لا نستطيع أن نفصل وقْعَ المكان على روح ذلك الطيب القبيح المنبوذ، بدءًا من الأجواء المعتمة الغامضة للمختبر والقصر والمشاهد الجماعية، وانتهاء بالأزرق الليلي في مشاهد صحراء الجليد.

وبين (فرانكشتاين) و (جزيرة الدّكتور مورو)، أكثر من خيط، حيث طموح العِلم بأن يقهر الطبيعة ويلوي عنقها دون رحمة، أو اعتبارٍ لما يمكن أن تؤول إليه الأمور. لكن المفرح في الرّوايتين أن الجموح المجنون يصل إلى نهاياته الحتمية. أما المخاوف نفسها التي تثيرها هذه الأعمال، فإنها لا تنطفئ أبدًا بعد مغادرة الصّالة أو الانتهاء من قراءة الكتاب، فثمة جنون - الآن - أكثر خطرًا، لأنه أكثر معرفة، مع ذلك التقدُّم المذهل في مختلف العلوم.

في فيلمه (رجل المائتي عام)، أو الرّجل الذي عاش مائتي عام، يلعب روبن وليامز دور رجل آلي يكافح كي يكون إنسانًا. حين يدرك كآلة ما لا يدركه البشر من نعيم بين أيديهم. لذا، يبدو في الحقيقة، كما لو أنه الإنسان الوحيد بين مجموعة من البشر الآليين رغم ذلك. فالخطأ الذي وقع عند تصنيعه، أدى إلى أن يكون (أندرو) واحدًا من الآليين الذين يُبْدُونَ مشاعر آدمية تجاه ما يحيط بهم. في البداية يقلق مالكه وأسرته؛ لكنهم يقبلون به كما هو (على علّاته)!!، بل ويصرُّ ربّ العائلة على أن يبقى كذلك، مهدّدًا الشّركة بأنه سيرفع عليها قضية، إذا ما قامت بإجراء تعديل عليه، أثناء فترة صيانته.

تدريجيًّا يغدو أندرو صديقًا للعائلة، بل الصّديق الأقرب لكل واحد منهم، وحين يتسبّب في كسر تمثال الحصان الذي تملكه الفتاة الصغيرة، أو كما يناديها: آنستي الصغيرة. يقوم بصنع واحد آخر لها. إنه موهوب ويستمتع بما يقوم به، على عكس الآليين وسواهم. وفي وقت تبدأ العائلة فيه تشيخ، وتتزوج آنسته الصغيرة؛ يكون هو قد أدرك عبر القراءة أن ما ينقصه هو الحرية؛ في وقت يحسّون فيه أن حديثه هذا، يعني، أنه يودّ أن يتركهم، لكنه يردّ: لا، فقط أودّ أن أعلن أنني حرّ.

إن المعاملة الإنسانية الكبيرة التي يلقاها أندرو لا يمكن وصفها بأقل من عظيمة، وهو يحبّ هذه العائلة فعلًا؛ لكن حريته بينها تتضعضع، ما إن يصدرَ أمر إليه بتنفيذ شيء ما، عندها يحس بعبوديته!

- لكننا نطلب منك، ولا نأمرك. تقول له آنسته الصغيرة (المتزوجة الآن) والتي يتقافز أولادها حولها.

لكن أندرو، الذي قرأ تاريخ الإنسانية، يقول لها: لقد جرت الكثير من الحروب، ومات فيها الملايين من أجل فكرة واحدة، وهي: الحرية. يبدو أنها شيء يعني الكثير للبشر، وهي تساوي ثمن الحصول عليها.

لا يسعى أندرو سوى لشيء واحد، أن يقوم بما يقوم به، لا لأنه مجبر على ذلك، بل لأنه يحبّ القيام به؛ أي أن يخدم العائلة من منطلق الحب، لا من منطلق الجبر. وهي حالة يمكن أن ننظر إليها من منظور بشريّ أيضًا؛ وما فوق بشري! حيث يمكن أن يغدو إحساس الناس بما يقومون به مختلفًا تمامًا، إذا ما أحسّوا أن عملهم، أو إخلاصهم، يفهمها الآخرون باعتبارهما حبًّا، وليس واجبًا. لأن إلزامهم بهذا كواجب، فيه قتْل لحريّتهم وقتْل لأحاسيسهم الصّادقة.

ترعى أسرتك، سواء أكنت رجلًا أو امرأة، لأنك تحبّ أسرتك، ولكن حين يغدو الأمر واجبًا بحتًا، عليك القيام به تحت كلّ الظروف، فإنك تبدأ بكُره ما تحبه. وهكذا أندرو، الذي يقوم بشراء حريته من مدخراته (أي من رواتبه)! وهذه المسألة غير مقنعة في الفيلم. فما دام اندرو آليًّا، فلماذا تمَّ التعامل معه كموظف؟!! فأندرو في النهاية مثل أيّ جهاز كهربائي أو الكتروني. إذ ليس معقولًا أن تدفع راتبًا للتلفزيون في بيتك، لأنك تشاهده، أو للكمبيوتر، لأنك تعمل عليه ويقدِّم لك الخدمات!

معضلة الحريّة هذه، تؤدّي إلى قطيعة بين أندرو وربّ العائلة، الذي يطلب منه مغادرة البيت؛ وهو في الحقيقة مَن حماه دائمًا، وزوّده بالكتب، وأنار له طريقه عبر شرح الأمور الإنسانية..

لكن شهوة أندرو للحياة، تصبح بلا حدود. فيذهب ويبني له بيتًا قرب البحر، بعيدًا عن المدينة (المستقبلية) العجيبة التي يعيش فيها البشر! ومن

هناك يبدأ رحلته ساعيًا لأن يكون إنسانًا، وباحثًا عن أيّ رجل آليٍّ يمكن أن يكون على قيد (الحياة)، أو الخدمة، من جيله؛ بعد أن تطوّرت الأجيال الآلية!

رحلة بحثه عن كمال إنسانيته، تؤدي به إلى الوصول إلى أحد المختبرات، فيعمل لدى صاحبها، الذي يزوِّده بوجه بشري، يستطيع أن يُظهر أحاسيسه الدّاخلية. وهنا نرى الممثل روبن وليامز بلحمه ودمه لأول مرّة في الفيلم، بعد أن كان يؤدي دوْره عبر هيكل الرّجل الآلي. وما يلبث أن يبتكر جهاز أعصاب، وقلبًا، وهكذا؛ إلى أن يصل إلى كماله. لكنه في هذه الأثناء يقع في حبّ (بورشا) حفيدة سيده الأول. وتبقى معضلته قائمة في : من الظّلم أن يتمكّن الإنسان من البكاء، وأن لا أتمكّن أنا منه. فهناك ألم كبير لا يمكنني أن أعبِّر عنه؛ فكلّ مخلوق بشري أحببته يغادر فجأة.

يدرك أندرو مأزق البشر أمام مصيرهم الكبير، لأنه لا يتردّد في أن يكون مثلهم. يسعى لأن يتألم، يحيا، يحب، يعيش الحب، ويمارسه؛ حيث يصفه بأنه: أشبه ما يكون بالذّهاب إلى الجنة والعودة حيًا من هناك.

لكن كمال أندرو مثقلٌ بالنقصان، لأنه بعد أن يحصل على جهاز عصبيّ، وبعد أن تحبه (بورشا)، لا يقوم بأيّ عمل خاطئ! في وقت تقول له هي: إن البشر فوضى كبيرة. عليك أن ترتكب الأخطاء كي أتأكد بأن لديكَ قلبًا!!

فيلم روبن وليامز هذا، الذي أخرجه كريس كولومبس، واحدٌ من الأفلام الجميلة والعميقة، التي تؤكد أهمية هذه الحياة رغم قِصرها، فأندرو يقاتل في النهاية في المحكمة الكبرى كي يأخذ اعترافًا بكونه إنسانًا، وليس آلة، بعد أن بدأ يشيخ. هو الذي عاش مائتي عام. وحين ينجح في ذلك وهو على سرير الاحتضار، لا يترك لنا من الوصايا سوى الأجمل: لو كنتُ آليًا، فإنني سأعيش للأبد؛ ولكنني أخبركم اليوم بأنني أُفضِّل أن أموت كإنسان، من أن أعيش للأبد كآلة!

فيلم (رجل المائتي عام) جاء بالتأكيد سابقًا لأجواء فيلم سبيلبيرغ (ذكاء اصطناعي)، وهو لا يقلّ جمالا وقسوة عنه؛ لكن قوّة الدّعاية وطول الحديث

حـول (ذكـاء اصـطناعي) وطرحـه كطمـوح لمخـرجَيْن لامعـين: كوبريـك وسبيلبيرغ. رسّخا الفيلم في الأذهـان باعتبـاره الأول في مجالـه، وفي ذاك ظلـم غير عادي لفيلم الممثل روبن وليامز هذا.

فيلم جميل تلعب فيه الآلة دور الإنسان، بعد أن غدا الإنسان آلة أو يكاد!!! وليس بعيدًا عن هـذا الفهـم، بـل في صـلبه تمامًـا، ومـن صـلبه يولـد (ذكـاء اصطناعي).

***

مرّة أخرى يأتي الأدب، ليمدّ يده البيضاء للسينما! التـي هـي اليـوم، الفـنّ الأكثر إخلاصًا لخيالاته، وهي تدفع بهـا للأمـام مجسِّدة كـلًّ مـا فيهـا، ماديًّـا وروحيًّا. يأتي الأدب قارعًا الجرس الذي يحرص العلم، في حالات كثيرة، على أن يظل صامتًا. وتتكفّل هـذه المرّة قصة كتبهـا بريـان الـديس عـام 1969، والتقط ستانلي كوبريك حبكتها، وتحوّلت إلى هاجس غير عـادي لـه، بحيـث أضحت مشروع حياة. ولفرط حبه لهذا المـشروع بـات مـستعدًّا للـتخلّي عنـه لسواه، لا لشيء، إلّا لكي يضمن تحقّقه الأمثل.

يأتي سبيلبيرغ، ليحقق حلم أستاذه. وما كـان يمكـن أن يكـون سـبيلبيرغ بمستوى الحلم لو أن كوبريك ألقى بأوراقه هذه بين يديه في مطالع الثمانينات مثلًا. فسبيلبيرغ نضج على نار هادئة تمامًـا، وخـاض تجاربـه وتعلّـم منهـا، أن شباك التذاكر ليس الدّليل الوحيد على وجود الفنان؛ بخاصة بعـد أن حققـت أفلامه نجاحات تجارية لم تحققها أفلام أيّ مخرج في تاريخ السينما، حيـث يبـدو اليوم زاهدًا في تحقيق أيّ ربح كبير على حساب ما يطمح إليه فنيا: يسأله النّاقد محمد رضا في جريدة الحياة: لماذا لم تخرج فيلم هاري بوتر؟ فيرد: ليس في ذلـك أيّ تحدٍّ؛ إن إخراجه أشبه ما يكـون بتحويـل مليـاريّ دولار مـن حـساب إلى حساب!!

تقول الممثلة فرانسيس أوكونور، التي أدّت دوْر الأم: ذكاء اصطناعي هـو مزيج من أسلوبي المخرجين.. كانت لدى كوبريـك مقـدرة كبيرة عـلى سـبر

أغوارنا، في حين أن سبيلبيرغ يعرف طبيعة أحلامنا. وكانت هناك لحظات مرعبة وغريبة، نحسُّ فيها أننا جميعًا ما زلنا في فيلم كوبريك. أما سبيلبيرغ فيقول: كان عليّ أن أذيب نفسي في عالم كوبريك وأن أقدِّم قصّتي وأنا أقدِّم قصته.

***

غالبًا، كان ثمة (عالم مفقود) في أفلام سبيلبيرغ؛ عالم لا يمتّ لعالمنا؛ عالم يُصعِّد الرعب، ويدفعه على أكفّ اليومي تارة، كما في: (الفك)، والخيالي تارة، كما تجلّى في: (الحديقة الجوراسية). ولم يكن (غريملنز)، و (إنديانا جونز) الذي تحوّل إلى مسلسل فيلمي، بعيدين عن ذلك؛ حتى وإن كان الأخير يسعى إلى تحويل التاريخ إلى خيال، والوهم إلى أسطورة. إن تاريخ (فتى هوليوود المدلّل) حافل، ومليء بالأعاجيب. إنه صاحب (الفك) و (الحديقة الجوراسية) زبدة فن الإثارة في السينما العالمية. لكنه أيضًا صاحب الفيلم الباهر (إمبراطورية الشمس)، والفيلم الكبير (اللون الأرجواني)، و (أمستاد)، وذلك الفيلم الرّقيق العذْب الذي يُقبل عليه الناس بشغف (إي. تي). كما أنه صاحب (إنقاذ الجندي ريان). لكن تاريخ الاعتراف به كمخرج كبير على مستوى أرفع جائزة! ونعنّي هنا: (الأوسكار)، لم يتحقق إلّا بعد أن قدّم فيلمه (لائحة شندلر) المكرَّس للمسألة اليهودية، وحكاية ذلك الرجل الذي استطاع إنقاذ عشرات اليهود من المذبحة النازية!

تدور أحداث فيلم (ذكاء اصطناعي) في منتصف قرننا الحالي؛ لكن أرضنا التي نعرفها اليوم، لن تكون على ما هي عليه الآن؛ فإفساد البيئة المستمر، سيكون قد أطلق عنان ظاهرة الاحتباس الحراريّ من عِقالها. وهكذا، سيزحف الجليد ويُغرِق سواحل العالم تقريبًا. وفي واقع جديد تنحسر فيه مساحة الأرض، ومساحة المدن أيضًا، سيُفرض على العائلات ألا تنجب أكثر من ولد واحد، في زمن يقتسم فيه البشر الآليون الأرضَ مع الآدميين؛ بعد أن تضاعفت أعداد الروبوتات، وأصبحت قوة لا يستهان بها؛ وبعد أن استطاع

الإنسان أن يزرع فيها الكثير من صفاته، ويجعل الفرق الخارجي بينه وبينها شبه معدوم.

في وسط هذا الواقع الرّماديّ، وفي جلسة كبيرة تضمُّ عددًا من العلماء وتلامذتهم، تُطرح فكرة إيجاد مخلوق آليٍّ يمكن أن يُبادل الناس الحبّ؛ بعد أن نجحت تجربة إنتاج روبوت يحسّ في موضع إحداث الألم. ويكون البروفيسور هوبي - وليم هارت، أب المشروع الجديد. إلّا أن التحدّي الذي يبرز أمامه فجأة، يتمثّل في تساؤل تلك العالمة السوداء، حول المعضلة الأخلاقية التي ستستجدّ في حال نجاح المشروع: ولكن، ماذا لو لم يبادله الآخرون الحبّ؟! أي معضلة أخلاقية هذه؟! وهنا تكمن حكاية الصّبي الآلي (ديفيد) ومأساته، التي تعيدنا مباشرة إلى مأساة مخلوق الدكتور فرانكشتاين ومأساة الآلي آندرو.

***

بعيدًا عن محيط العلم والعلماء هذا، نجد والدَين مصابين بفجيعة مرض ابنهما، ما دفع الأطباء لتجميده بانتظار التوصّل لعلاج لمشكلته. ورغم أن الطفل ابن الثانية عشرة تقريبًا، يرزح تحت ثِقل ما يمكن أن يُسمى: (الموت السّريري)، إلّا أن الأمّ تأتي وتجلس ملاصقة للشرنقة الزّجاجية التي تحيط بجسده، لتقرأ له قصص الأطفال.

هذه العائلة، تكون بالنسبة للبروفيسور هوبي، هي العائلة الأمثل والأكثر أحقّية في احتضان الطفل الآلي الجديد الذي سيصنعه: (ديفيد - هالي جول أوسمنت)، والذي يماثل عمره عمر ولدها. وهكذا تجد الأم نفسها وجهًا لوجه مع الابن البديل؛ ليتبين لنا بعد ذلك، أن معضلتها قائمة في ابن حقيقي تحبه (مارتن - جاك توماس) لا يستطيع التّواصل معها، وابن آلي لا تستطيع أن تحبّه وتتواصل معه، مع أنه يحبّها. ويتبدّى فزع الأم (مونيكا - فرانسيس أوكونور)، قائمًا، ليس في كونه طفلا آليا، بل لأنه جِدٌّ حقيقي؛ ولأنه يبدو كذلك، يكون هذا الإحساس بمثابة القوّة الطاردة التي تدفعها بعيدًا عنه.

- هل رأيت وجهه كم هو حقيقي؟! كأنه طفل. تقول الأم لزوجها (سوينتون - سام روباردز).

- اسمه ديفيد. يردّ الأب.

وعندما يحين موعد النّوم، يُحضر (ديفيد) منامته، على أمل أن تُلْبِسه إيّاها. لكنها تغادر الغرفة مسرعة، فيتقدّم الأب ويُنقذ الموقف.

- هل يمكن أن تنام، يسألونه.

- لا أستطيع أن أنام، ولكن يمكنني أن أظلّ مستلقيًا بهدوء.

إن الحقيقة التي لا جدال فيها قائمة هنا، في عبقرية الممثل الصغير هالي جول أوسمنت الذي يقوم بدور ديفيد، ولعلّ دوْره هو الأهم في تاريخ السينما بين الأدوار التي لعبها الأطفال، دون أن ننسى أداءه البارع في فيلم (الحاسة السادسة)، الذي برز فيه ممثلًا مذهلًا. هنا يأتي سبيلبيرغ ويدفع بموهبة أوسمنت إلى الأمام درجات؛ وعند مشاهدة الفيلم يكون الانطباع الأول: أن فيلما كهذا لا يمكن أن يبلغ ما بلغه دون هذا الأداء. يقول سبيلبيرغ: (لو لم يكن هالي جول أوسمنت على قيد الحياة، لما صنعت هذا الفيلم. هالي كان نموذجًا لا أعتقد أن هناك صبيًّا يستطيع أن يوازيه). ومن هذا المنطلق يمكن القول إن سبيلبيرغ بوجود أوسمنت، قد حقق ما لم يكن ممكنًا أن يتحقّق لو أن كوبريك أخرج الفيلم مستخدمًا ولدًا آليًا كما كان يفكِّر.

تكمن عبقرية أوسمنت في تعابيره الهائلة، التي تُراوح بين الطفل الآلي حينًا، والطفل المعذَّب الحقيقيّ حينًا آخر. والذي يبدو أحيانًا أشبه بشبح. كل شيء في وجه: برود الآلة المعدني، البراءة الكاملة، الروح الحيَّة، وتلك المسحة العميقة في ملامح طفل مستعد لأن يتخلّى حتى عن طفولته من أجل أن يُحبّ. بمعنى أن يكون طيِّعًا ومطيعًا إلى حدٍّ يقطّع نياط القلوب!

ويمكن أن نرصد هنا حالات الذّعر الذي يسببها للأم، حين تجده أمامها أشبه ما يكون بشبح، فتندفع هائجة دافعةً إياه أمامها؛ تُغلق عليه الخزانة،

منهارة أسفل الجدار، وحين يرقّ قلبها وتفتح له في النهاية، تجده ثابتًا في مكانه كما تركتْه، يسألها: أهذه لعبة؟!

فتقول مضطرة ونادمة: أجل!

فيفاجئها بعد وقت، وهي تقضي حاجتها في الحمام، يقول بفرح: لقد وجدتك!

فتصرخ: اغلق الباب!

ولذلك يبدو فيلم (ذكاء اصطناعي) أنه مصنوع لممثل واحد لا غير، هو أوسمنت، الذي يُغيِّبُ أداؤه، كل أداء مقابله، ويحوّل الأدوار الأخرى إلى متوالية من الأجزاء الشّاحبة، ولعل هذا ما يمكن أن يؤخذ على سبيلبيرغ وهذا الجمال، جمال الفيلم، الذي لم يكتمل.

بعد هذه المشاهد، يبدو كما لو أن وجوده كطفل في البيت قد بدأ يترسّخ، ويدفع هذا الأمر قُدمًا مشهد اندلاق زجاجة عطر؛ إذ تقف الأمّ متحسِّسة ما تبقى من قطرات، تمثل الأم، الأمومة نفسها، كما يعترف سبيلبيرغ، وفي هذه اللحظة يفاجئها ديفيد بسؤال غير متوقّع: مامي، هل ستموتين؟

- ذات يوم.

- سأكون وحيدًا عندها. كم ستعيشين؟

- خمسين عامًا.

- أرجو أن تعيشي أبدًا.

بعد هذا تحتضنه وتعطيه دُبّ ابنها. اسم الدّب (تيدي)، وهو لعبة متطوِّرة تحكي وتمشي، وتجيب عن الأسئلة، وترفض أن تُعامل كلعبة!

في حوار معه، يقول سبيلبيرغ: من المستحيل أن نعود إلى الطفولة مرّة أخرى. لكن من الممكن أن نشعر من جديد كما لو كنا أطفالاً.

وبعيدًا عن هذا القول، قريبًا منه، يمكن أن نتلمَّس فكرة التبنّي (الحقيقي) في حياة سبيلبيرغ نفسه، هذه التجربة التي لا يمكن إلّا وأن تُلقي بظلالها

الشفيفة على طبيعة فهمه وإحساسه بفكرة التّبني في حال تحقّقها؛ يقول: أنا مع التّبني، لأن هناك أطفالًا كثرًا حول العالم يحتاجون إلى الحبّ. لقد تبنَّيتُ طفلين إلى جانب أولادي، أما فكرة وجود كائن آلي، فأنا لستُ متحمسًا اليوم لكي يقف كمبيوتري على قدميه، ويبدأ بالتجوال في البيت!

يعلن سبيلبيرغ بوضوح، وعمليًا، أنه مع الحياة، ومع المشاعر الإنسانية ومع الإنسان؛ ويرفض فكرة وجود كائن يشاطره حياته، مثل ذاك الذي تفرضه الحاجة على الأم (مونيكا) في فيلمه. وحين يذهب أبعد من الرّاهن ليستعيد علاقته بأمه وأبيه يقول سبيلبيرغ: إنهما أول حبٍّ لي، فقد كانت المرّة الأولى التي أشعر فيها طبيعيًّا بالحبّ حيال أحد على هذا النحو؛ ولذلك، ترك هذا الحب تأثيره فيّ طوال حياتي، وحين وصلت إلى تقديم هذا الفيلم كنتُ مُجهَّزا بما تعلّمته.

هذه العلاقة بين الفن والحياة، لا يمكن فصلها عن مشروع فيلم كبير مثل (ذكاء اصطناعي)، لأن ثمة امتدادًا للفنان المخرج، يتسلل إليه ويُغْنيه، ويحرر فكرته، على مستوى العلاقات الإنسانية التي تشكل في أي عمل أدبي، أو فني، عموده الفقري، وتكسر التجريد المحتمل، وهي تحوّله إلى مُشخَّص ملموس بالقلب والرّوح وليس بالعقل وحده.

يذكِّرنا هذا بعلاقة المخرج فرانسيس فورد كوبولا مع شخصية الطفل (جاك) في فيلمه الذي يحمل العنوان ذاته، الطفل الذي يكبر أربعة أضعاف سنِّه الحقيقي، ويعاني من عزلة مروعة؛ حين يتحدث كوبولا عن طفولته: في هذه الحالة سأستعين بتجربتي الشّخصية كطفل، مُتذكِّرا ما عانيته وأنا في التاسعة من العمر، عندما أُصبت بعارض شلل الأطفال، وبقيت حبيس البيت سنة كاملة، دون أن أتمكن من تحريك ذراعي وقدمي اليسرى على الإطلاق. لقد واجهتُ شعورًا مهينًا ومعذِّبا، لأنني موضوع على الرفّ وفي خانة الإهمال والتّجاهل.

ويمكننا القول هنا: إن الفيلم، أو العمل الأدبيّ، وإن بدا مستقلًا تمامًا، ومغرقًا في الخيال، ومستقبليًّا إلى درجة أن مبدعه لن يعيش الفترة التي يتحدّث عنها عمله، إلا أن ذلك لا يمنع أن يكون ذلك المستقبل جزءًا حقيقيًّا، بل جزءًا من سيرة الماضي التي هي سيرة المبدع نفسه.

ولكن ماذا عن تعاطفنا نحن، كمشاهدين، مع الطفل الآلي ديفيد، رغم معرفتنا (العقلية) بأنه غير حقيقي؟

إن ما يشدّنا للفيلم بالدرجة الأولى، هو تعاطفنا مع هذا الطفل وقلقنا عليه، بالدّرجة الأولى، ثم قلقنا الخفيّ أمام ذلك المشهد الذي يحتضنه، المشهد المستقبلي، الذي يمسّنا بصورة مباشرة، وينتظرنا، وينتظر أبناءنا، ونعني: هلاك الأرض.

ولكن، ما هو سرُّ هذا التعاطف مع ديفيد؟

سرّ التعاطف في اعتقادنا راجع لذلك التّحذير الذي يمر سريعًا، وتطلقه في بداية الفيلم العالمة السوداء حين تتحدّث عن المسؤولية الأخلاقية بالتّحديد؛ لأن جملتها تخرج من حروفها القليلة، وتتخلّق حياة كاملة ملموسة. أي تذهب الفكرة نحو تشخيصها، الذي يُخرجها من إطار التّجريد، ويحيلها إلى واقع فعلي ملموس لا مجال للفرار منه. ولذلك، فإن التعاطف مع الأم، سرعان ما يتبخّر، رغم أن سبيلبيرغ يختار ممثلة ملائمة تماما للدّور، كأم نموذجية، فيها الكثير من الأمومة، الرّقة، والجمال الهادئ. وهذا التعاطف العابر لا يرقى إلى تعاطفنا مع الطفل الآليّ، وفي ذلك ربما، تكمن حكمة الفيلم وهي تبلغ مداها، لأننا ببساطة، لا ندين الأم التي لم تستطع أن تلبي نداء الحبّ، لكائن هو ضحيّة فعلية، كما سيتأكد أكثر مع تقدُّم مسار الفيلم، بل لأننا في لاوعينا ندين نمطًا من الحياة لا نتمنى أن نعيشه، أو نكون جزءًا منه. إذ يعمل سبيلبيرغ على إثارة مخاوفنا، استحضارها كذاكرة مستقبلية، تنتظرنا بقسوتها وتفترسنا، مثيرًا، ومحركًا في آن ذاكرتنا القابعة فينا حول أنفسنا، وحول كوننا لا ننتمي للمشهد الذي نراه، ولكننا رغم هذا نحثُّ السَّير

نحوه. كما أنه ليس ثمة أفضل من استحضار شخصية مُحِبَّة، وتُحبُّ، لطفل من هذا النوع، هو ضحية أيدينا، بشكل أو بآخر، أو ضحية امتدادنا من الأبناء الذين أنجبناهم، أو الذين سننجبهم بعد قليل.

لا مفرّ لأيدينا من الدّم الذي سيغطيها، حتى وإن لم يكن هناك قطرة دم واحدة يمكن أن تنبثق فجأة من هذا الجسد الصغير الذي يملأ حواسنا.

ويعزز سبيلبيرغ حسَّ الذَّنب تجاه الآخر، الذي لا حوْلَ له ولا قوّة، بتجسيد صورتنا المستقبلية كبشر، حين يقدِّم لنا طبيعة الحياة التي سنعيشها في منزل المستقبل: فالصمتُ غير العادي في أركان البيت، وأصوات الناس الذين يتحدّثون فيه، تبدو قادمة من أماكن بعيدة، وليس من حناجرهم، كما لو أن الإنسان يعيش في مكان، وصوته في مكان آخر؛ حين يريد أن يتكلّم يستحضره، يقول من خلاله ما يريد، ويعيده إلى حيث كان، سواء إلى شرفة البيت المطلة على الدّمار، أو إلى غرفة أخرى يسكنها، أو إلى الثلاجة!

ويُصعِّد سبيلبيرغ أجواء البرود، حين يضع الجميع وجهًا لوجه أمام بعضهم البعض على مائدة الطعام؛ بدءًا من محاولة ديفيد لتقليد الطّريقة التي يتناول فيها الأب والأم الطعام، وانتهاء بتناوله الطّعام في تحدٍّ للابن الذي شفي من مرضه وعاد إلى الأسرة؛ مع ما تعنيه عودته من صراع على قلب الأم. ثمّ ذلك المكر الذي يسكن الابن الحقيقيّ، مقابل تلك الوداعة غير العادية والبراءة اللتين تسمان شخصية ديفيد. ومع عودة مارتن يتراجع الاهتمام بديفيد، ويتسارع إلى حدِّه الأخير: الإقصاء.

يسأل مارتن ديفيد: متى عيد ميلادك؟

- لا أعرف.

- متى عيد صُنْعك إذن؟

- لا أعرف.

وما تلبث معضلة ديفيد الحقيقة أن تتفجّر مع إدراكه بأنّ كلّ شيء في الإنسان موجود فيه تقريبًا، إلا أنه ليس إنسانًا. إنه أمام سؤال مصيره، الذي أطلقه بحرقة بالغة (رجل المئتي عام). وتتفاقم مشكلته بعد تعرّفه إلى شخصية بينوكيو، اللعبة الخشبية التي حوّلتها الجنية الزرقاء إلى إنسان عادي.

أمام هذا الإدراك المخيف للمصير، يذهب ديفيد في لعبة رعناء يعرفها، والتي أشرنا إليها، حين يقبل بتحدي مارتن له على مائدة الطعام، أثناء تناول العائلة للسبانخ، حين يأكل بجنون قبل أن ينتبه الأبوان، مما يؤدي إلى تلف أجهزته الدّاخلية.

أثناء إجراء عملية تصليحه: يقول لمونيكا: لا تحزني مامي إنني لا أتألم!

تبدو الأم، غير قابلة لاحتمال كلّ هذا الحبّ، الحبّ غير المتبادل، حبّ الطرف الواحد، الذي عادة ما يُرفض بصورة أشدّ من الطرف المقابل كلما كبر وأصبح أقوى. وهذه الحالة الغريبة يمكن أن يتأمّلها المرء على الصعيد الإنساني، بين طرفين حقيقيين، غير متناقضين في تكوينهما، كما هما في حالة مونيكا وديفيد. إذ إن تصاعد وتيرة الحبّ من طرف واحد، تضاعف تلقائيًّا حالة الرّفض من الطرف الآخر! ومع إحساس الطّرف الثاني بأنه غير قادر على العطاء تتحوّل مشاعره هذه إلى نوع من الكره الذي يتشكّل من مزيج غريب لا يمكن وصفه؛ لعل الإحساس بالذنب جزء منه، ولكنه بدل أن يذهب نحو الشفقة، يذهب باتجاه مغاير لها كليًّا.

ويفاقم الإحساس بعزلة ديفيد، اللؤم الذي يُضمره مارتن حين يطلب من ديفيد أن يُحضر له خصلة من شعر والدته مونيكا إذا أراد أن يحبّه!

يرفض ديفيد، لكنه يستجيب في النهاية، فهو محتاج للحبّ، أيِّ حب. وفي ظل يأسه من إمكانية أن تحبه الأم، يكون مستعدًا في تلك اللحظة أن يَقبل، ولو إلى حين، ويكتفي، بحبِّ (الأخ). لكن أمره ينكشف، ويظهر كما لو أنه كان يريد قتل (مونيكا) أثناء نومها، إذ تصحو في اللحظة التي ينجح فيها

بالوصول إلى خصلة شَعر، ما تلبث أن تسقط على الأرض فيخبئها (تيدي الدبّ) في جيبه.

- ما دام صُنِعَ ليُحبّ، فيمكن أن يكره! يقول الأب.

وعندها يقررون التخلُّص منه.

يمثل هذا الجزء من حكاية ديفيد الفصل الأول من فصول الفيلم الثلاثة، والتي يحتضنُ كل فصل منها، جوًّا آخرَ، على المستوى البصري؛ وإن كان كل واحد منها يكمل الآخر، صعودًا إلى ذروة النهاية. فالبيت البارد عتبة الدخول إلى الخارج الأكثر برودة، والذي لا يقلّ قسوة؛ والفصل الأخير هو تتويج لفصول الصقيع، حيث عصر الجليد الممتدّ، الذي يراه الإنسان فيبكي زمنَ الماء الذي ابتلع المدن.

يمكننا القول: إن الفيلم يبدأ من الفرديّ المشوّه: الأسرة مع ديفيد؛ وينتقل إلى الاجتماعي الأكثر تشوّها ذلك الذي يدور في الغابة: آليون آيلون للتّلف يطاردهم صيادون قساة، ويحملونهم طرائد لمهرجان إبادة مُعَدٍ لهم، حيث يُقذَفُون عبر مدافع خاصة نحو مراوح عملاقة تدور بجنون، فتفتّتهم، أو يُغرقونهم بما يسكبونه عليهم من أحماض.

وإذا كانت الأم في الحلقة المشوّهة الأولى تكتفي بإلقاء ديفيد (الآلي) بعيدًا في الغابة، بعد أن أقنعته بأنها ستأخذه في رحلة سيحبّها وهو يحتضن دبَّه؛ وتكون النتيجة أن يجد نفسه هناك وحيدًا يواجه مصيره، دون أن تنفعه وصيَّتها التي لا تبخل بها عليه حين تحذره من صائدي الآليين؛ فإن الحلقة المشوّهة الثانية هي كرنفال الإبادة الوحشي، الذي لا ينقذ ديفيد منه بعد أسره سوى طفلة صغيرة تؤكد لأبيها العامل في المهرجان، أن هناك طفلًا حقيقيًّا سيُقتل، فينتزعانه في اللحظة الأخيرة من دمار محقّق، وقد أطبق عليه ذراعا امرأة آلية أحبّته بحساسية لا تتوافر لذلك الجمهور البشريِّ الهائج في المدرّجات!

يبدو البشر هنا متحلّلين من المسؤولية تجاه أيّ شيء، بل يبدون أقرب إلى فرقة إعدام، مبيدين، يصنعون ويدمرون ما صنعوه، وما لم يصنعوه؛ قوة

مطْلقة عاتية تتحكّم بالمصائر والمشاعر والحبّ، وكل ما هو موجود على الأرض. ولا يدّخر سبيلبيرغ وسعًا وهو يصور هذا الهياج، إذ يقدِّمهم نماذج لبشر ما قبل التاريخ، بشعين، قذرين، بملابس مهلهلة، وحسٍّ غير عادي في تعطّشهم للقتل، تمامًا كمشردي العالم السّفلي الذي صوّرته كثير من أفلام الكوارث.

لكنه لا يبخل عليهم في النهاية بمسحة إنسانية، حين ينفجر النِّزاع بين والد الطفلة وأحد المبيدين، على الطفل، إذ ما إن يبدأ ديفيد بالتوسُّل طالبًا إنقاذه، حتى يصيح الجمهور: اتركوه.

- إنه آلي. يأتي الجواب.

- لم يسبق لنا أن سمعنا آلة تتوسّل! يصيح الجمهور.

وينجو ديفيد من أن يتحوّل إلى سائل معدنيّ بفعل الأسيد، ليبدأ الفصل الثالث: فصل البحث عن الجنّية الزّرقاء، التي بإمكانها وحدها، أن تحوّله إلى إنسان حقيقي، أولم تحوِّل بينوكيو في الحكاية الأسطورية، التي سمعها من مونيكا، إلى طفل؟!

يقيم سبيلبيرغ عالما ثالثا، غير عالمي البيت والمهرجان، عالم المدن الغريبة، حيث يتجوّل الآليون، بملامحهم الإنسانية، برُخَص، ويقومون بعديد الأدوار في الحياة اليومية. ويلتقي ديفيد هنا (بجو - جود لو)، الوسيم الذي يقدّم المتعة للنساء الوحيدات، كعاشق آلي، أو كزانوفا آلي، ويرتبط مصيراهما، لأن جو أصبح مطاردًا بتهمة القتل؛ ولا يتردد في مدّ يد العون لديفيد في بحثه عن الجنية الزرقاء التي ستجعله ولدًا، وبالتالي، ليظفر بحب أمه (مونيكا).

مغامرات كثيرة يخوضانها معًا، قبل أن يلتقي ديفيد بالبروفيسور هوبي، صانعه، الذي نرى في مختبره عشرات الأطفال الآليين الذين هم في طور الإنجاز، وكلّهم نسخ عن ديفيد.

ولكن ما يهمنا هنا، هو مآل ديفيد الذي سيجد نفسه في قاع البحر قبالة نيويورك، أو في أسفل بناياتها المغمورة بالماء، ثم ذلك البيات الطويل الذي سيهبّ على ديفيد المحاصر في الغواصة - الطائرة، قبالة تمثال للجنية الزرقاء. هذا البيات الذي يستمر ألفى عام، وحين يصحو ديفيد على حركات قربه، يجد نفسه وجها لوجه مع كائنات غريبة، لا تمتُّ للبشر بصلة، كائنات تذكِّرنا بتماثيل جاكوميتي: طويلة مستدقّة، ببشرة معدنية، كائنات قادمة من الفضاء، تسكن الأرض بعد انقراض البشر تمامًا!

في هذا الفصل بالذات، يقدم سبيلبيرغ رؤيته لمصير الأرض، مدفوعًا إلى حدّه الأقصى، ويدفع إدانته للبشر بصورة موازية لها. إذ إن أمنية ديفيد، تتحقّق أخيرًا (بأن تحبه أمه) على يد الفضائيين، الذين يعتبرونه المعجزة الوحيدة التي تثبت وجود البشر، وذاكرة البشر، الكامنة في ذاكرة ديفيد.

والمفارقة الكبيرة هنا، أن الدّليل الوحيد على وجود البشر الذي يبقيه سبيلبيرغ هو ديفيد الآلي، ديفيد الباحث عن الحبّ، مثل جلجامش الباحث عن عشبة الحياة؛ كما لو أنه يريد أن يقول: إن ديفيد وحده ما يستحقّ، أو من يستحقّ الحياة، لأنه الحياة الوحيدة؛ وكل ما خارجه من بشر هم الآليون الحقيقيون؛ بدليل أنهم لم يستطيعوا تلبية حاجة صغيرة لطفل ابتكروه وتركوه فريسة للعذاب طوال قرون كثيرة! بل يحوّل ديفيد إلى ما هو أكثر من ذلك، إلى أسطورة باحثة عن الحبّ، الحبّ، الذي يتجاوز حدود الحاجة، إلى حدود الرّسالة. فالحاجة قابلة للانطفاء مع مرور الزّمن، أما الرّسالة فهي شيء غير ذلك تمامًا. وحين يترك سبيلبيرغ للفضائيين المجال لكي يحققوا أمنية ديفيد، فإنه في الحقيقة، يقول: إن هؤلاء هم الأجدر بأن يرثوا الأرض، بعد أن دمرّها البشر.

كل ظواهر الخراب المحيطة بأجواء الفيلم، في هذا الجزء، تبدو كأصابع اتهام موجهة للبشرية؛ لأن الأرض تبدو أمامنا هنا، جثة عملاقة باردة، لا يبدد وحشتها سوى ذلك التفهُّم الإنساني الذي يبديه الفضائيون تجاه الضحية.

مرّ زمن طويل على إنتاج فيلم (إي . تي) حيث كان البشر، والأطفال منهم بوجه خاص، هم المنقذون لذلك الكائن الفضائي الطيب الذي يجد نفسه معزولًا، بعيدًا عن أهله، فيحميه الأطفال حتى تتحقّق عودته للفضاء. أما الآن، فإن سبيلبيرغ يقدِّم هؤلاء الفضائيين كما لو أنهم لم ينسوا صنيع البشر تجاه غريبهم ذات يوم، فيحتضنونه كإنسان، ويبددون وحدته!!

بين ذلك الفيلم، وهذا الفيلم، يبدو سبيلبيرغ كما لو أنه دار مائة وثمانين درجة، منقلبًا على رؤياه، وهو يرى البشر يذهبون في اتجاه مغاير تمامًا لإنسانيتهم؛ بحيث يعلن بطريقة أو بأخرى، موتهم، ومصيرهم الأسود، هم الذين لا يستحقون هذا الكوكب الجميل. وكأنه يقول: ها أنتم تعملون على تدميره، إذن سأريكم كيف يمكن أن يكون، أو سأريكم، لا كهولة هذا الكوكب فحسب، بل جثته أيضًا.

(هناك الكثير من العِلم اليوم نحن في غنى عنه)، يقول سبيلبيرغ في حوار معه، ويضيف: هناك مؤسسات لا تريد صرف جزء من أرباحها لإصلاح ما تفسده، لأنها تسيطر على الوضع السياسي في أمريكا. وسيطرتها تلك، تعود إلى عهد بعيد. وها نحن اليوم نعيش على كوكب يتألم ويكبر سنًا، ونعمل على أن يهرم قبل أوانه.

لا يخفي سبيلبيرغ بأن هدفه في عدد من الأفلام التاريخية التي أخرجها كان يتمثّل في عبارة تلخص هواجسه: لماذا وقعت مآس كنا في غنى عنها؟ وهو يبدو الآن، كما لو أنه يقلب زمن الجملة - الهاجس، كما لو أنه يقول، في فيلمه هذا: لماذا ستقع مآس باستطاعتنا تلافيها؟

وتلك صرخة يمكن القول إنها تأتي في لحظات ما قبل فوات الأوان.

فيلم (ذكاء اصطناعي) فيه الكثير من الحزن، الكثير من اليأس، الكثير من الرِّقة، الكثير من العنف، والكثير من فقدان اليقين بالمستقبل. فيلم لم يَلعن به سبيلبيرغ الظلام كثيرًا فقط، بل أضاء شمعة كبيرة أيضًا.

(أحلام كوروساوا):
كتاب الحكمة

سيبقى المخرج الياباني الكبير أكيرا كوروساوا (1910- 1998) واحدًا من أكثر المخرجين العالميين إثارة للدّهشة، لا بسبب أعماله الكبيرة التي أغنت السينما، وأصبحت علامة فارقة في تاريخها؛ بل أيضًا في قدرته الهائلة على التجدّد والتجريب، وطرح رؤى بالغة العمق، حتى، وهو في عقده التاسع.

منذ مطلع الأربعينيات من القرن الماضي بدأت مسيرته، ولم يمرّ الكثير من الوقت قبل أن يقدم العلامات الكبرى في مسيرته (رشامون)، و(الأبله) عن رواية ديستويفسكي، ثم (السّاموراي السبعة)، ويتبعها فيما بعد بـ (كاغيموشا)، و (ران)، مستوحيا عمل شكسبير (الملك لير)، وصولا إلى (أحلام كوروساوا).

من النادر أن يملك فنان في عمر كوروساوا قلبًا حيًّا كقلبه. ولعل فيلمه (أحلام - **Dreams**) 1990، الذي أخرجه وهو في الثمانين من عمره، النموذج الأصفى لسينما مختلفة مغامِرة وواثقة من قدرتها على طرح مستويات فنية عزّ نظيرها عالميًا. ومن هنا نفهم ذلك الأثر الذي تركه هذا المخرج على أجيال من المخرجين، ومنهم عديد المخرجين الأمريكيين اللامعين، من أمثال: لوكاس، كوبريك، كوبولا، سبيلبيرغ وسواهم، الذين وقفوا كثيرًا مع

مشاريعه، ولعل قيام المخرج السينمائي الكبير مارتن سكورسيزي بأداء دور الفنان فان كوخ في (أحلام)، نموذج حيّ على محبة هؤلاء لكوروساوا.

***

في ثمانية أحلام، راودته فكتبها وصوّرها، بينها ثلاثة كوابيس على الأقلّ؛ يقدّم كوروساوا نبوءته، ورؤاه، وبفنية عالية شفافة، توازي الحلم إيحاء وقدرة على التعبير وانفتاحًا على التأويل أيضًا. يساعد في ذلك فنّية تصوير هذه الأحلام التي أخرجت التصويرَ من حيز الفوتوغراف إلى عوالم الفن التشكيلي. ولعل الشّحنة بالغة الكثافة التي تسكن كلّ حلم من هذه الأحلام، تجعل كلًا منها عملًا فنيا قائمًا بذاته؛ وإن كان بعضها جاء أحيانًا ليكمل الآخر بصورة مباشرة، في هذا العمل التشكيليّ السينمائي المكوّن من ثمانية فصول.

ولهذا، تبدو مشاهدة هذه الأحلام، دفعة واحدة جرعة استثنائية من الشّعر والتشكيل والسّرد المختلف والسينما التجريبية، بحيث يمكن للمرء أن يشاهد حلمًا أو اثنين ويكتفي بتأمّلهما. ثم يعود بعد فترة لمشاهدة اثنين آخرين، وهكذا.

يبدأ كوروساوا فيلمه بمديح طفولة متمرِّدة تشقُّ طريقها بجرأة نحو اكتشاف العالم: (الغابة)، لرؤية (قبيلة الثعالب) التي تقيم احتفالها هناك في مملكتها. وينتهي الفيلم بذلك العجوز المحتفي بالحياة وقد تجاوز المائة عام، العجوز الذي يؤمن بأن أجمل ما في الحياة أن يكون الكائن حيًّا، لأن الحياة جديرة بأن تُعاش.

يعبرُ الصغير عتبة العالم واثقًا ومستعدًا لدفع حياته ثمنًا لمغامرة الاكتشاف. ولذا، لا يتوانى عن الذهاب بلا جزع لدفع الثمن، حين تقول له أمه: لقد جاء أحد الثعالب بعد أن اكتشفوا تلصّصك عليهم وأعطاني هذه: (سكين)، وطلب منك أن تقتل نفسك. يقف الصّغير أمام أمه دون أن يستطيع قول شيء، وبعد قليل تذهب وتتركه في الخارج. توصد الباب وتختفي، ولا يكون على الصغير سوى أن يمضي إلى هناك، إلى بيت قبيلة الثعالب القائم تحت

قوس قزح. في حين يُشرع كوروساوا حلْمه الأخير لعجوز يرقص في جنازة المرأة العجوز التي أحبّها ذات يوم، وراحت جنازتها تشقّ دروب القرية الشّجرية المزهرة بعرس كرنفالي ضخم وعذب.

(إننا لا نحتفل بموت الأطفال، أو الشباب.. ولكن من حقٍّ من مات بعد أن أدّى رسالته على أكمل وجه، أن نودعه بالموسيقى والغناء.) يقول العجوز.

فيلم (أحلام) لا يتقاطع مع مسيرة وحياة كوروساوا وحسب، بل هو أيضا مذكّرات روحه، والحكمة التي قطرَّها وقد بلغ الثمانين. وكما وصف كتابته لمذكراته التي أطلق عليها اسم (ما يشبه السيرة الذاتية) يمكن أن نستعير كلماته لنَصِفَ فيلمه هذا.

يقول: (أن تكتب عن نفسك، فهذا يعني أن تجلس بين أربعة جدران مغطاة بالمرايا وأن تحدّق فيها، تراقب نفسك من زوايا مختلفة فتحسّ بأنك مختلف بعض الشيء عن ذاتك..) ولعل طريقة كتابته وتصويره لـ (أحلام)، لا تختلف عن هذا الوصف.

انتحر أخوه في السّابعة والعشرين من عمره، كما أن كوروساوا نفسه أخفق في محاولة انتحار. ولكنه يُنهي (أحلام) بمديح هائل للحياة ودفاع أصيل عن الطبيعة والجمال وحق البشر في أن يتمتّعوا بعالم نظيف خال من التلوث والإشعاع والفساد والفاسدين. وهو إذ يقدّم رؤياه الكابوسية في حلم أو كابوس (الشيطان الباكي)، يقدّم إدانة كبرى للجشع والجشعين، ويرى أن الإنسان ذاهب في (تطوّره الطبيعي) ليصبح شيطانًا إذا ما واصل طريقه على هذا النّحو.

في هذا الحلم، يصوِّر لقاء أحد النّاجين من حرب نووية بشخص مشوّه نبت له قرن في منتصف رأسه، وتحوّل إلى ما يشبه الشيطان. وفي المشهد نفسه نرى زهورًا عملاقة سامة، وطبيعة شاحبة طُحلبية اللون، وشيطانا باكيًا ونادمًا لأنه لا يجد ما يؤكل الآن. في حين، أنه كان يُريق الحليب في النهر كي لا

تهبط أسعاره، ويطمر محصول البطاطا في حفر عميقة بالجرافات كي لا يحدث الأمر نفسه. وعلى مقربة منه في واد سحيق، حول بركة ملوثة بالدم، نرى (الشياطين) ذات القرون العديدة تنوح وتُطلق صيحات الألم باحثة عما تأكله، وحين لا تجد يأكل الواحد منها الآخر.

ينتقل كوروساوا من حلم إلى حلم في تناغم وتصاعد عمل موسيقي كبير، وهو المايسترو والمؤلف والمخرج أيضًا. يقدم إدانته الكبرى لحرب لم يعد منها غير القائد، في ذلك الفصل الذي يلتقي فيه هذا القائد بجنديٍّ قتيل لم يصدِّق بعد أنه ميت؛ وبعد حوار معه، يختفي الجندي في نفق مظلم ليعود بعد قليل بجنود الفرقة كلّهم، الجنود الميتين الذين لا يعرفون ما عليهم أن يفعلوه بعد انتهاء الحرب. ولذا، لا يجد قائدهم سوى أن يصيح بهم (إلى الخلف دُرْ!) ثم يصيح (سِرْ) فيعودون من حيث أتوا إلى النّفق المظلم الذي جاؤوا منه، الذي حُشروا فيه؛ ليس بعد موتهم في الحقيقة، ولكن في حياتهم منذ أن سيقوا لتلك الحرب.

لكن كوروساوا لا يترك المشهد قابعًا في كابوسية مطْلَقة، إذ يضيء شمعة في فصل (العاصفة الثلجية)، حين يصور مجموعة صغيرة من الجنود المنهارين المنهكين حتى حدود الاستسلام للموت، وقد حوصروا بعاصفة ثلجية حوّلت العالم حولهم إلى ظلام، وفي وقت يتساقط فيه الجنود واحدًا بعد الآخر يغطيهم الثلج، يُطلُّ ذلك الحلم (داخل الحلم) حين يرى أحدهم في غفوته امرأة تحاول إبقاءه حيث هو، مستسلمًا لا يستطيع الوقوف؛ لكنه يبدأ بمقاومة هذه الرّؤيا التي تجعله يصحو في النهاية رافضًا الموت ومقررًا المقاومة، وحاثًّا زملاءه على النهوض. وبعد أن يتم له ذلك، نرى العاصفة تتبدّد والضوء يغمر العالم من جديد، وتكون المفاجأة الكبرى أنهم على بعد خطوات من معسكرهم.

يصوّر كوروساوا بإتقان شديد يأس الإنسان الذي لا يُدرِك أنه على بعد ذراع من نجاته، ولعلّ هذا الحلم بقوّة الحياة الكامنة فيه، لا يقلُّ إشراقًا عن

الحلم الأخير الذي اختتم به فيلمه، الحلم الذي يصوِّر فيه الشيخ يرقص في جنازة حبيبة كسرت قلبه ذات يوم، لكنه لم يزل يتحدّث عنها بشيطنة طفل.

لقد وقع في الحب ذات يوم، وهذا يكفي ليقوله إنه عاش!

أغنية الفيلم البارزة، ومقطوعته الموسيقية الباهرة في رحلة الوجود هذه، هي الحلم الذي يصوّر فيه إحساسه بلوحات فان كوخ، وهو واحد من أكثر المشاهد إثارة حين نرى فنانًا شابًا يتأمّل لوحة في أحد المتاحف، ثم في المشهد التالي نراه يسير داخلها؛ يعرِّج على نساء يغسلن الثياب في النهر، تحت الجسر، جسر اللوحة نفسه، ونهر اللوحة نفسها، ونساء اللوحة أنفسهن؛ ثم نراه يقطع الجسر باحثًا عن ذلك الفنان، فنان اللوحة (فان كوخ).

إن بعث اللوحة للحياة وبصورة مفاجئة كان على درجة هائلة من الفنية، ويمضي كوروساوا أبعد، حين نرى ذلك الفنان يمضي متجولًا داخل اللوحات نفسها هابطا تلًا وصاعدًا جبلًا وذاهبًا في حقل قمح إلى آخره.

في هذه المُعَلَّقَة الكبرى، يقدِّم كوروساوا أجمل مديح للفن والفنانين وخلود أرواحهم المتمثل في هذه الأعمال الخالدة التي تركوها لنا؛ الأعمال التي تطلق فينا رغبة الرّحيل فيها إلى ما لا نهاية، مجسِّدا بذلك فكرة التأمل في هذه الرحلة الحقيقية.

إن ما يقال عن (أحلام) يمكن أن نقوله عن بقية أفلام كوروساوا التي تملك طاقة هائلة على التجدّد، رغم مرور أكثر من ستة عقود على تصوير بعضها.

ويبقى كوروساوا معلمًا كبيرا في فنّ السينما وفنّ الحياة دائمًا.

فهرس الكتاب

تاريخ مظلم

مصير قاتم

إبراهيم نصر الله

مواليد عمّان، من أبوين فلسطينيين أُقتلعا من أرضهما في عام 1948.

*** صــدر له شعرًا (الطبعات الأولى):**

الخيول على مشارف المدينة،1980. المطر في الداخل، 1982. الحوار الأخير قبل مقتل العصفور بدقائق، 1984. نعمان يسترد لونه، 1984. أناشيد الصباح، 1984. الفتى النهر والجنرال، 1987. عواصف القلب 1989 .حطب أخضر، 1991. فضيحة الثعلب، 1993. الأعمال الشعرية- مجلد يضم تسعة دواوين، 1994.شـرفات الخريف، 1996. كتاب الموت والموتى، 1997. بسم الأم والابن، 1999. مـرايا الملائكــة،2001. حجرة الناي، 2007. لو أنني كنت مايسترو، 2009.أحوال الجنرال، مختارات، 2011. عودة الياسمين إلى أهله سالما، مختارات، 2011. على خيط نور.. هنا بين ليلين 2012. الحب شرير، 2017.

*** الروايــات: (الطبعات الأولى):**

براري الحُمّى، 1985 . الأمواج البريّة، 1988. عَــوْ، 1990.
حارس المدينة الضائعة، 1998.

الملهاة الفلســطينية (الطبعات الأولى): (كل رواية مستقلة تماما عن الأخرى)

طيور الحذر، 1996. طفل الممحاة، 2000. زيتون الشوارع. 2002، أعراس آمنة، 2004. تحت شمس الضحى، 2004. زمن الخيول البيضاء، 2007- اللائحة القصيرة لجائزة البوكر العربية، 2009. قناديل ملك الجليل، 2012. أرواح كليمنجارو، 2015. مجرد 2 فقط، 1992. ثلاثية الأجراس، 2019.

الشــرفات: (الطبعات الأولى): (كل رواية مستقلة عن الأخرى)

. شرفة الهذيان، 2005. شرفة رجل الثلج، 2009. شرفة العار، 2010، شرفة الهاوية 2013. شرفة الفردوس، 2015. حرب الكلب الثانية، 2016.

*** كــتب أُخرى (الطبعات الأولى):**

هزائم المنتصرين - السينما بين حرية الإبداع ومنطق السوق، 2000. ديـواني - شعر أحمد حلمي عبد الباقي. إعداد وتقديم، 2002. السيرة الطائرة: أقل من عدو، أكثر من صديق، 2006. صور الوجود ـ السينما تتأمل 2008. كتاب الكتابة، 2018.

* ترجم عدد من أعماله الروائية إلى الإنجليزية، الإيطالية، الدنمركية، التركية، ونشرت قصائد له بالإنجليزية، الإيطالية، الفرنسية، الألمانية، الإسبانية، السويدية...

* أقام أربعة معارض فوتوغرافية وشارك في معرض (كتّاب يرسمون)

* عضو لجنة تحكيم في عدد من الجوائز الأدبية والمهرجانات السينمائية.

*** نال عشر جوائز عن أعماله الشعرية والروائية من بينها:**

.الجائزة العالمية للرواية العربية البوكر، 2018، عن رواية حرب الكلب الثانية.

. جائزة كتارا للرواية العربية، 2016، عن رواية أرواح كليمنجارو.

. جائزة القدس للثقافة والإبداع (الدّوْرة الأولى) 2012.

. جائزة سلطان العويس للشعر العربي، 1998.

. جائزة تيسير سبول للرواية، 1994.

. جائزة عرار للشعر، 1991.